Ulrich Quack

101 Stockholm
Geheimtipps und Top-Ziele

IWANOWSKI'S REISEBUCHVERLAG

Im Internet:

www.iwanowski.de

Hier finden Sie aktuelle Infos zu allen Titeln, interessante Links – und vieles mehr!

Einfach anklicken!

Schreiben Sie uns, wenn sich etwas verändert hat. Wir sind bei der Aktualisierung unserer Bücher auf Ihre Mithilfe angewiesen:
info@iwanowski.de

101 Stockholm – Geheimtipps und Top-Ziele
2. Auflage 2019

Salm-Reifferscheidt-Allee 37 • 41540 Dormagen
Telefon 0 21 33/26 03 11 • Fax 0 21 33/26 03 34
info@iwanowski.de
www.iwanowski.de

Titelfoto: Mauritius Images / Axiom Photographic
Alle anderen Farbabbildungen: siehe Bildnachweis Seite 250
Layout: Ulrike Jans, Krummhörn
Karten: Klaus-Peter Lawall, Unterensingen
Titelgestaltung: Point of Media, www.pom-online.de
Redaktionelles Copyright, Konzeption und deren ständige Überarbeitung:
Michael Iwanowski

Gesamtherstellung: Grafisches Centrum Cuno, Calbe
Printed in Germany

ISBN: 978-3-86197-210-5

Inhalt

Hoch, höher, am höchsten: Orte mit Aussicht 82

Architektur 96

Grünes Stockholm 122

Stockholm im Fahren erleben 141

Stockholm und sein Schärengarten 150

Pippi Langstrumpf & Co.: Stockholm für Kinder 162

Einleitung

Die Stadt, die auf dem Wasser schwimmt

Als der kleine Nils Holgersson in Selma Lagerlöfs wunderbarer Geschichte auf dem Rücken einer Graugans über Schweden fliegt und zum ersten Mal die Hauptstadt erblickt, erscheint ihm diese als „Stadt, die auf dem Wasser schwimmt". Tatsächlich ist die Durchdringung von Land und Wasser an der Stelle, wo der östliche Ausläufer des Mälarsees und die Ostsee zusammentreffen, charakteristisch für Stockholm: Buchten, Inseln, Schären, Brücken, Fähren und Boote – dem Besucher präsentiert sich die Stadt wie ein amphibisches Wesen.

Mitte des 13. Jh. gegründet, erbte Stockholm die Rolle der Hauptstadt von Uppsala. Vor allem im 17.–18. Jh., als Schweden zur Großmacht im Ostseeraum aufgestiegen war, erlebte die Stadt ihr Goldenes Zeitalter. Davon zeugen noch heute prächtige Adelspaläste, nicht weniger als zehn Königliche Schlösser und reiche Patrizierbauten.

Trotzdem war Stockholm noch zu Beginn der 1850er-Jahre im internationalen Vergleich eine rückständige Stadt mit schlimmen hygienischen Verhältnissen, ohne Straßenbeleuchtung und Kanalisation. Dann führte die Industrialisierung zu einer Verdoppelung der Einwohnerzahl, Mietskasernen ersetzten die kleinstädtische Bauweise, und der Generalplan von 1866 sorgte nördlich des historischen Kerns für eine Straßenführung nach Pariser bzw. Wiener Vorbild.

Die Attraktivität Stockholms für den heutigen Besucher verdeutlichen Beinamen wie „die Schöne am Wasser" oder „Venedig des Nordens". Es ist die topografische Lage, die der Stadt auf 14 Inseln ihren besonderen Reiz verleiht. Ein Drittel der Fläche ist Wasser, sauberes Wasser: Am Fuße des königlichen Schlosses kann man Lachse angeln und unweit des Zentrums sogar baden. Ein weiteres Drittel nehmen die Parks und Grünanlagen ein. Stockholms Einbindung in eine faszinierende Naturlandschaft unterstreicht die Zahl von 33 Naturreservaten allein im inneren Stadtbereich, darunter der 1995 geschaffene erste Nationalstadtpark der Welt, der Ekopark. Das Herz- und Prunkstück ist die geschichtsträchtige, lebendige Altstadt mit ihren meist ockergelben Gebäuden aus verschiedensten Zeiten und dem alles überragenden Königlichen Schloss. Abseits von Renaissance, Barock und Rokoko können sich Architekturfreunde auf eine große Anzahl sehenswerter Bauten freuen, die der Nationalromantik, dem Jugendstil und dem Funktionalismus zuzuordnen sind. Für das grandiose kulturelle Angebot der Stadt stehen rund 70 Museen, einige davon mit Weltruf, sowie etliche Bühnen, von denen zwei noch aus der Zeit des Rokoko stammen. Besucher werden zudem von den kulinarischen und Shopping-Möglichkeiten beeindruckt sein – sowie vom ganzjährigen Angebot an hervorragenden musikalischen und sportlichen Veranstaltungen, bei denen häufig der kugelförmige Ericsson Globe im Mittelpunkt steht.

Einzigartig ist auch das Umland der Weltstadt, sowohl rings um den Mälarsee als auch zur Ostsee hin. Deren Schärengarten stellt ein Freizeitparadies besonderer Güte dar, das zunehmend mehr Touristen nicht nur für Tagesausflüge, sondern auch für den gesamten Sommerurlaub entdecken.

In 101 Artikeln werden unterschiedliche Aspekte einer der schönsten Städte der Welt beleuchtet – einer Metropole, die Kunst- und Kulturfans, Naturliebhaber und alle Freunde urbanen Lebens gleichermaßen begeistern wird. Und die immer schon Besuchern gegenüber auf ein Wort besonders großen Wert legte: „Välkomna!"

Ulrich Quack

Stockholm entdecken

Tourenvorschläge

Erste Bekanntschaft: Stockholm in zwei Tagen

Tag 1: Die Altstadt Gamla Stan sollte am Anfang eines ersten Stockholm-Besuchs stehen: vormittags Riddarholmen, Riddarhuset, Rundgang um das Schloss mit Wachablösung. Mittagspause und Rundgang durch die Altstadtgassen. Am späten Nachmittag Spaziergang durch das Katharinenviertel, Abendessen am Medborgarplatsen, z. B. im Kvarnen. **Tag 2:** Beginn am Stadthaus mit Innenbesichtigung und evtl. Turmbesteigung, dann über Gustav Adolfs Torg zum Kungsträdgården. Dort oder im Kaufhaus NK oder in der Östermalms-Markthalle Mittagspause. Über den Strandvägen nach Djurgården mit Besuch des Vasa-Museums. Am späten Nachmittag zum Freilichtmuseum Skansen; evtl. Abendessen dort oder mit der Tram zurück in die Innenstadt.

Stockholm intensiv für Fortgeschrittene (drei bis fünf Tage)

Tage 1 und 2: (wie oben). **Tag 3:** Vormittags Rundgang durch Norrmalm, vom Gustav Adolfs Torg bis zum Hötorget. Anschließend mit dem Bus zum Hagapark (Besichtigung, Spaziergänge), Tagesausklang am Stureplan **Tag 4:** Rundgang durch Östermalm, Blasieholmen und Skeppsholmen. Am Nachmittag mit dem Fahrrad oder Kanu rund um Djurgården **Tag 5:** weitere Museumsbesuche je nach Interesse, nachmittags Aufenthalt auf Södermalm mit Panoramaweg Monteliusvägen und Besuch des Szene-Viertels SoFo.

Schwedenurlaub: Stockholm mit Schärenküste und Mälarsee-Region (2 Wochen)

Die schwedische Hauptstadt eignet sich vorzüglich für einen Sommerurlaub, bei dem auch die Naturschönheiten des Schärengartens und des Mälarsees zu ihrem Recht kommen. Dabei muss das Standquartier nicht in Stockholm sein. Wer ein Ferienhaus, einen Zeltplatz oder ein Apartment etwa in Waxholm, in Nacka Strand, in Saltsjöbaden, in Sigtuna oder auf einer der Schären hat, ist immer ganz nah am urbanen Geschehen und kann die Stadt ganz nach Belieben auf Tagesausflügen erkunden. Das ausgezeichnete System der öffentlichen Verkehrsmittel mit U-Bahnen, Vorortbahnen, Bussen und Fähren erleichtert die Sache ungemein.

Stadtviertel und Spaziergänge

1 Gamla Stan I: rund um das Königliche Schloss

Das Herz Schwedens ist Stockholm, das Herz Stockholms ist die Altstadt Gamla Stan, und das Herz der Altstadt ist das Königliche Schloss. Diese einfache Formel vermag zu erklären, warum sich die Touristen dem Schloss in Massen zuwenden und warum es auch sinnvoll ist, bei einem Stockholm-Besuch zuallererst dieses Monument der schwedischen Großmachtzeit aufzusuchen. Dabei sollte man die Dimensionen dieses riesigen Gebäudes erst einmal von außen auf sich wirken lassen; dann kann man sich dem Inneren und seinen Museen widmen (S. 98).

Viele nähern sich dem Schloss von der City/Norrmalm aus. Besonders eindrucksvoll ist der Weg über die Verlängerung der Fußgängerzone Drottninggatan, sozusagen quer durch den schwedischen Reichstag (S. 20). Man betritt die Altstadt auf dem Platz Mynttorget. Der große Komplex zur Rechten, der sich auf der anderen Straßenseite der Myntgatan fortsetzt, ist das **Kanzleihaus** (Kanslihuset). Er beherbergt u. a. das Büro des Regierungschefs, die Verwaltung und die Bibliothek des Reichstages sowie Abgeordnetenbüros. Die beiden Gebäudeteile sind miteinander und unterhalb der Stall-Brücke auch mit dem Reichstag verbunden. Ihr ältester Teil ist die einem dorischen Tempel nachgebildete Fassade zum Mynttorget hin (1790), doch insgesamt geht das Erscheinungsbild auf die 1920er zurück, als auch die beiden schönen öffentlich zugänglichen Innenhöfe entstanden.

Vom Mynttorget wendet man sich dem **Königlichen Schloss** (Kungliga Slottet) (S. 98) zu. Dieses wird von der Nähe zum Wasser und der Hanglage geprägt, deshalb gibt es nicht nur eine, sondern vier unterschiedliche Schauseiten, jede mit ganz eigenem Gepräge und einen näheren Blick wert. Dem Reichstag gegenüber erscheint die **Nordseite** des Schlosses schwer und majestätisch, außer den Fenstern schmückt allein der Balkon mit dem Reichswappen die Fassade. Damit der Höhenunterschied zum Innenhof auch für Kutschen zu bewältigen war, legte man zwei mächtige Rampen an, die seit 1704 von Bronzelöwen (Foucquet) bewacht werden. An der **Ostseite** des Schlosses sollte man die Stufen hinaufsteigen und von dort auf die wunderschönen Gärten blicken. Der Ostseite sind zu beiden Seiten Flügel vorgebaut, die zur Straße hin jeweils mit einem künstlichen Wasserfall prunken.

Auf der Südseite des Schlosses ist der Hügel **Slottsbacken** vor allem während der Wachablösung von Reisebussen vollgestellt. An seinem Anfang, auf dem Rondell nahe am Wasser, erhebt sich die von Tobias Sergel geschaffene Statue Gustavs III., die den Theaterkönig mit Ölzweig und Siegerkranz zeigt. Das Bronze-Denkmal wurde 1808 enthüllt, 16 Jahre nach Gustavs Tod. Am anderen Ende des Hügels wirkt der **Obelisk**, der von vielen Touristengruppen als Treffpunkt genutzt wird, wie ein unübersehbares Ausrufezeichen. Seit 1800 erinnert diese 22 m hohe Granitnadel an den Schwedisch-Russischen Krieg 1788–90. Am Slottsbacken ist schön zu sehen, wie die **Südfassade** des Schlosses die Steigung des Hügels auffängt, indem das untere Stockwerk des Hauptgebäudes zum oberen des Südflügels wird. Unten im Südflügel befindet sich der Eingang zu den Gewölben, in denen die Königliche Rüstkammer untergebracht ist. Das Hauptgebäude gliedern Fenster und Ni-

Wachablösung am Schloss

schen mit Skulpturen, in der Mitte öffnet sich zwischen sechs Säulen eine Art Triumphbogen, durch den man zu den Sälen und in den inneren Schlosshof gelangt.

Zur anderen Seite, dem Schloss gegenüber, fällt die rote **Finnische Kirche** (Finska Kyrkan) ins Auge, deren profanes Äußere daran erinnert, dass sie einst als Ballhaus für höfische Feste diente. Der prächtige **Tessinsche Palast** (Tessinska Palatset) daneben war die Privatresidenz des Schloss-Architekten Nicodemus Tessin d. J. Im Westen findet der Hügel seinen Abschluss in der Barockfassade der **Domkirche** (Storkyrkan) (S. 68) und dem Standbild des Reformators Olaus Petri. Auf der Ecke zum Storkyrkobrinken lugt rechts ein mit vielen Sandstein-Reliefs geschmücktes rostrotes Barock-Haus hervor: Axel Oxenstiernas Palast, benannt nach seinem Bauherrn, dem großen Strategen des Dreißigjährigen Krieges, der nach Gustav Adolfs Tod eine Zeitlang als Reichsverweser die Geschicke des Königreichs lenkte. An der **Westseite** schließlich umfassen zwei Gebäudebögen den äußeren Schlosshof, in dem die Wachablösung (tgl. 12.15, So 13.15 Uhr) abgehalten wird, ein 40-Minuten-Spektakel, das immer viele Schaulustige anzieht. Von der nördlichen Terrasse (Högtvaktsterrassen) eröffnet sich ein schöner Blick auf den Reichstag und auf den Mynttorget, den Ausgangspunkt dieses Rundgangs.

Info

Hinkommen: U-Bahnstation Kungsträdgården oder Gamla Stan, Buslinien 2, 3, 5, 9, 43, 55, 71, 76

2 Gamla Stan II: vom Stortorget durch das deutsche Quartier zum Järntorget

Südlich der Storkyrkan (S. 68) öffnet sich das Gassengewirr der Altstadt zum **Stortorget**. Auf dem „großen Platz" befand sich im Mittelalter der Hauptmarkt der Stadt, außerdem war er die Hinrichtungsstätte und Standort des Prangers. Im November 1520 fand hier das berüchtigte „Stockholmer Blutbad" statt. Damals hatte der Dänenkönig Christian II. etwa 90 Menschen köpfen und ihre Leichname einige Tage auf dem Stortorget liegen lassen. Heute gehört der Platz mit seinem Brunnen und den bunten Renaissance-Fassaden der Patrizierhäuser zu den bekanntesten Postkartenmotiven Stockholms. Seine Nordseite wird zur Gänze von der edlen klassizistischen **Börse** (1773–78, Erik Palmstedt) eingenommen, die sporadisch auch als Rathaus oder für Krönungsfeierlichkeiten genutzt wurde. Heute beherbergt sie die 1786 gegründete Schwedische Akademie, die u. a. alljährlich – wenn auch nach der Krise der Akademie nicht im Jahr 2018 – den Literaturnobelpreis vergibt. Auch die Nobel-Bibliothek und das Nobel-Museum (S. 66) sind hier untergebracht.

Bummelt man der Börse gegenüber über die Svartmangatan nach Süden, kommt man schnell in das ehemalige deutsche Quartier Stockholms – erkennbar an den vielen Straßen- und Platznamen mit dem Bestandteil „tysk", was „deutsch" bedeutet. Sein unübersehbares Zentrum ist die **Deutsche Kirche** (Tyska Kyrkan), deren 96 m hoher Turm, errichtet nach einem Brand anno 1879, die Silhouette der Altstadt beherrscht. Die Kirche geht auf den Saal einer mittelalterlichen Gilde zu-

Am Stortorget

rück, der zuerst in eine Kapelle und im 17. Jh. zu einer zweischiffigen, spätgotischen Hallenkirche für die deutsche St.-Gertrud-Gemeinde umgebaut wurde. Diese ist die älteste deutschsprachige Gemeinde im Ausland. Da immer schon gebürtige Deutsche im Königshaus vertreten und damit automatisch Mitglieder der Deutschen Gemeinde waren (wie derzeit Königin Silvia), wurde Nicodemus Tessin d. Ä. beauftragt, für die Kirche eine **Königsloge** zu entwerfen. Neben dieser sind in dem barocken Innenraum die Kanzel aus Ebenholz und Alabaster, der 10 m hohe Altar, die Taufkapelle und die Glasmalereien vom Ende des 19. Jh. sehenswert – und außen das Sandsteinportal mit Skulpturenschmuck und deutscher Inschrift.

Inschrift an der deutschen Kirche

> **Tipp**
>
> **Phönix aus der Asche**
>
> An vielen Altstadthäusern sieht man über dem Eingang ein oft in roten, blauen und goldenen Farben bemaltes Relief mit dem antiken Motiv eines Phönix, der sich unter einer Krone aus Flammen erhebt: das Zeichen der 1746 gegründeten Reichsbrandversicherung. Stockholmer Hausbesitzer, die in die Versicherung eingezahlt hatten, wurden im Falle eines Brandes bevorzugt, d. h. die Löschmannschaften konzentrierten sich auf die mit diesem Symbol versehenen Häuser.

Ein Stückchen weiter die Svartmangatan hinab findet man am **Tyska Brunnsplan** (Deutscher Brunnenplatz) eine edle, klassizistische Brunnenanlage. Auf diesem Platz mit seinen Kastanienbäumen wendeten früher die Kutschen. Ein kleiner, schöner Abstecher führt von hier aus über die Själagårdsgatan zunächst zum hübschen Mini-Platz Brända Tomten. Wenige Schritte dahinter geht es rechter Hand auf den Köpmantorget zu, als Wegweiser nimmt man hier die unübersehbare Skulptur des St. Georg mit dem Drachen, eine Bronzekopie von Bernt Notkes berühmtem Kunstschatz (S. 69). Über Treppenstufen gelangt man nun hinab auf die **Fußgängerzone Österlånggatan**, der man nach rechts folgt. Immer wieder schimmert auf diesem Weg das Blau der Ostsee durch. Viele der langgestreckten Häuser, die die schmalen Gassen zum ehemaligen Hafen Skeppsbron flankieren, stammen aus der Hansezeit, einige tragen noch die originalen Hebebäume. Es macht Spaß, über das grobe Pflaster dem gebogenen Verlauf der Gasse zu folgen, auch weil diese nicht ganz so überlaufen ist wie die Fußgängerstraße Vesterlånggatan auf der anderen Seite von Gamla Stan. Vorbei an Boutiquen, Cafés und dem traditionsreichen Wirtshaus „Den Gyldene Freden“, das bereits 1722 eröffnet wurde, gelangt man schließlich zum Järntorget.

> **Info**
>
> **Hinkommen:** U-Bahnstation Gamla Stan oder Kungsträdgården, Buslinien 2, 43, 46, 55, 59, 76 (Skeppsbron)
> **Deutsche Kirche: Tyska Kyrkan**, Svartmangatan 16, www.svenskakyrkan.se/deutschegemeinde; Mai–Mitte Sept. Mo–Sa 11–15, So 12.30–16, sonst Fr/Sa 11–15, So 12.30–16 Uhr (freier Eintritt). An Sonn- und Feiertagen findet um 11 Uhr in der Kirche ein Gottesdienst in deutscher Sprache statt.

3 Gamla Stan III: zwischen Järntorget und Riddarhuset

Der **Järntorget** erhielt seinen Namen „Eisenplatz" nach der Waage, auf der früher das Eisen, Hauptexportartikel Schwedens, vor der Verschiffung gewogen wurde. Heute herrscht hier tagsüber lebhaftes touristisches Treiben, alte Bankgebäude, traditionsreiche Konditoreien, nette Cafés und Souvenirläden bestimmen sein Bild.

Tipp

Auf Straßenschildern: antike Helden und Götter

Unter den Straßennamen in der Gamla Stan steht oft die Abkürzung „kv." und ein Name aus der griechisch-römischen Mythologie. Das „kv." steht für „kvarter", also Quartier oder Viertel. Ihre antiken Bezeichnungen erhielten die Häuserblocks im 18. Jh., als es noch keine Hausnummern gab.

Blick auf die Uferstraße Skeppsbron in Gamla Stan, im Hintergrund die Katharinen-Kirche

Vom Eisenplatz aus windet sich die **Fußgängerzone Västerlånggatan** entlang der ältesten Uferlinie in einem weiten Bogen Richtung Mynttorget. Ihr Verlauf wird von mittelalterlichen Häusern flankiert, von denen viele im Lauf der Zeit umgebaut wurden und insgesamt einen wilden Mischmasch aus Gotik, Renaissance, Barock und Jugendstil abgeben. Zu beiden Seiten zweigen von der Västerlånggatan etliche schmale Gassen ab – darunter gleich zu Anfang die Treppengasse Mårten Trotzigs Gränd, mit knapp 90 cm die engste in der gesamten Altstadt. In der Fußgängerzone selbst reihen sich Restaurants (darunter einige sehr gemütliche in mittelalterlichen Kellergewölben), Cafés, Andenkenläden und Modegeschäfte eng aneinander – weshalb es in der Saison brechend voll sein kann.

Wer es nicht ganz so betriebsam mag, hat zwei ruhigere (allerdings nicht autofreie) Alternativen. Dazu bummelt man vom Järntorget über die Triewaldsgränd nach Süden und gelangt zuerst zum **Kornhamnstorg**, der zu drei Seiten von hohen Patrizierhäusern gesäumt wird. Vom Platz am ehemaligen Kornhafen, über den die Stadt mit Getreide und anderen Lebensmitteln versorgt wurde, bringen einen zwei Straßen zum Riddarhuset: In den Pubs und Cafés der **Stora Nygatan** verkehrt ein eher junges Publikum, hier befindet sich auch der legendäre Jazz-Club Stampen. Auf der parallelen **Lilla Nygatan** hingegen findet man eher gediegene Lokale sowie das schön eingerichtete **Postmuseum**, das sich u. a. der Geschichte des Briefes und des Postwesens widmet. Besonders umfangreich ist die kostbare Sammlung schwedischer Briefmarken ab 1855. Unter den ca. vier Mio. Marken (eine der vollständigsten Sammlungen weltweit) findet sich manche Rarität, darunter die berühmte schwedische 4-Schilling-Briefmarke und eine „blaue Mauritius".

Alle drei Straßen münden im Norden auf die **Myntgatan**, an deren Verkehr man sich nach den nahezu autofreien Gassen der Altstadt erst wieder gewöhnen muss. Jenseits der Straße prunken zwei barocke Paläste: Links, Richtung Riddarholm, erhebt sich das **Ritterhaus** (Riddarhuset), das vielleicht schönste Gebäude der schwedischen Großmachtzeit (S. 100). Rechts daneben schließt sich das weiße **Bondesche Palais** an, ein H-förmiger Palazzo, der 1662–73 für den Reichsschatzmeister Gustaf Bonde nach Plänen von Nicodemus Tessin d. Ä. und Jean de la Vallée errichtet wurde. Später diente das Palais zunächst als Gerichtsgebäude, dann als Königliche Bibliothek und von 1730–1930 schließlich als Rathaus; heute wird es vom Obersten Gerichtshof genutzt. Schöner noch als die Vorderfront ist die Rückseite, wo die beiden Seitenflügel einen kleinen Barockgarten einrahmen.

Abendstimmung in Gamla Stan

Von dieser Stelle am Riddarhuskajen hat man auch einen herrlichen Blick auf die benachbarten Pavillons des Ritterhauses, auf zwei Brücken und zwei weitere Inseln: so z. B. das kreisrunde Mini-Eiland **Strömsborg** direkt neben der Brücke Vasabron – die Schäre mit einem Durchmesser von nur 50 m trägt einen 1895–97 gebauten Stadtpalast, in dem sich u. a. der Sitz des Ostsee-Rates befindet. Schräg gegenüber ist Insel Helgeandsholmen mit dem Reichstag nur einen Steinwurf entfernt.

Besonders schön ist der kurze Spaziergang zurück zum Mynttorget: Während dieses Bummels über die Promenade entlang dem Strömmen-Ufer hat man einen hervorragenden Blick auf den Plenarsaal und die verglaste Passage für die Abgeordneten.

Info

Hinkommen: U-Bahnstation Gamla Stan, Buslinie 59 (Kornhamnstorg)

Museum: Postmuseum, Lilla Nygatan 6, www.postmuseum.se; Di–So 11–16, SEK 80, bis 18 Jahre frei.

4 Riddarholmen: Nationalheiligtum, berühmte Yacht und märchenhafter Blick

Die Centralbron mit Stadtautobahn und Eisenbahngleisen ist eine laute, breite und, ja, hässliche Schneise, die die Insel **Riddarholmen** (Ritterinsel) von der Altstadt trennt. Die Riddarholmsbron, die den Kanal samt Autobahn überbrückt, stellt den einzigen Landzugang dar. Man lässt Gamla Stan, wo sich die Besucher vor und in Restaurants, Kneipen, Läden und Andenkenshops drängen, hinter sich, und gelangt auf die ruhige Insel. Vor allem abends ist es fast schon gespenstisch leer.

Gasse am Birger-Jarl-Turm

Lange Zeit wurde die Insel hauptsächlich als Ziegenweide genutzt und deshalb „Kidskär" genannt. Einziges Gebäude war damals ein Kloster der Franziskaner. Als sich im 17. Jh. mehrere Adelsfamilien hier ihre Privatpaläste errichten ließen, wurde aus der „Schäre der Ziegen" die „Ritterinsel". Heute dienen die ehemaligen Adelsresidenzen fast ausnahmslos als Gerichte; darunter die wichtigsten des Landes, sodass Riddarholmen mit Fug und Recht als das **schwedische Justizzentrum** bezeichnet werden kann. Das heißt andererseits aber auch: Gearbeitet wird zwar auf der Insel, gewohnt aber so gut wie gar nicht mehr. Selbst tagsüber und im Sommer bleibt der Andrang überschaubar, da es keine Einkaufs- und fast keine Einkehrmöglichkeiten gibt. Ausnahmen bilden sporadische Events, etwa zu Mittsommer oder beim Stockholm-Marathon, wenn auf der Uferterrasse zum Mälarsee hin eine Bühne aufgebaut wird.

Sobald man die Insel betreten hat, breitet sich vor einem der ansteigende, grob gepflasterte **Birger Jarls torg** aus, in dessen Mitte sich die Statue des sagenhaften Stadtgründers erhebt. An seinem Ende leuchtet der helle Bau des **Wrangelska Palatset** (Wrangelsches Palais). Seine heute eher schlichte Fassade verrät nicht, dass es einst zu den prächtigsten und größten Adelspalästen des Landes zählte und nach dem Schlossbrand von 1697 auch die Residenz der Königlichen Familie war. Nicodemus Tessin d. Ä. ließ das Haus 1652–70 für den Feldmarschall Carl Gustav

Wrangel errichten, mit vier Türmen, einem grandiosen Treppenaufgang an der Seeseite, terrassenförmigen Gartenanlagen und eigenem Hafen. Nach vielen Umbauten (zuletzt 1802) beherbergt es heute das höchste schwedische Gericht (Svea hovrätt).

Ausblick von Riddarholmen

Noch viel auffälliger ist das Gebäude zur Linken am Südrand des Platzes: die spätgotische **Riddarholmskirche** (Riddarholmskyrkan), die man unschwer an ihrem hohen Westturm mit der schwarzen Spitze aus durchbrochenem Gusseisen erkennt. Schon bei der Annäherung über den Birger Jarls torg sind die verschiedenen Grabkapellen der schwedischen Könige zu sehen, die den Besuch dieses nationalen Heiligtums (S. 102) so lohnend machen.

Geht man zwischen Riddarholmskirche und Wrangelschem Palais zum Mälarsee-Ufer hinunter, wird man mit einem der herrlichsten Panoramen Stockholms belohnt: Nirgendwo ist der Blick auf das Stadthaus besser, ist man den hohen Häusern auf der Södermalm-Granitklippe näher, scheint der Doppelbogen der Vesterbron märchenhafter – besonders in den Morgen- und den Abendstunden. Wer jemals an einem klaren Wintertag durch den Schnee bis zu dieser Stelle gestapft ist und die blutrote Sonne über dem Mälarsee untergehen sah, wird den Anblick nie vergessen! Auf der breiten Uferterrasse steht das ein oder andere Monument, u. a. für den Sänger, Lautenspieler und Nationaldichter **Evert Taube** (1890–1976).

Linker Hand sind es nur einige Schritte zur **Mälardrottning** (Mälarkönigin, http://malardrottningen.se). Das auffällige Schiff wurde 1924 von einem Amerikaner bei der Krupp Germaniawerft in Kiel bestellt, es war damals die größte dieselbetriebene Privatyacht der Welt. Insgesamt hatte das Boot zehn unterschiedliche Besitzer, darunter die Woolworth-Erbin Barbara Hutton, bis es in ein Hotel- und Restaurantschiff umgebaut und 1982 an seinen festen Platz in Riddarholmen gebracht wurde.

Zur rechten Seite führt ein kleiner Spaziergang über die Uferterrasse bis zum runden **Birger-Jarl-Turm**. Trotz seines Namens hat er nichts mit dem Stadtgründer zu tun, sondern gehörte zu einer ehemaligen Befestigungsanlage Gustav Wasas. Über einen schmalen Treppenweg am Turm gelangt man wieder hinauf zum Birger Jarls torg.

Info

Hinkommen: U-Bahnstation Gamla Stan, Buslinien 3, 5, 9 (Riddarhustorget)

5 Helgeandsholmen: Hier wird Schweden regiert

Helgeandsholmen, die „Heilig-Geist-Insel“, sieht aus wie ein Boot, das zwischen Gamla Stan und Norrmalm im Strömmen (Strom) schwimmt, mit Befestigungstauen (Brücken) zu beiden Seiten. Ursprünglich lag hier ein Mini-Archipel aus mindestens drei Inselchen, die erst im Laufe der Zeit zusammengewachsen sind und schon viel auf ihrem Grund und Boden gesehen haben: ein Stadttor, mittelalterliche Wohnhäuser, einen Friedhof, eine Brauerei, einen Adelspalast, Königliche Ställe, Basarhallen, ein Hospital und ein Schlachthaus. Erst 1806 bekam die Insel ihre heutige Form mit den geraden Kaianlagen, die im Westen und Osten halbkreisförmig abgerundet sind, und den vier Brücken: im Norden die Riksbron nach Norrmalm, im Süden die Stallbron zur Altstadt und im Osten die Norrbro, die das Inselchen komplett durchschneidet. Es dauerte aber noch bis Anfang des 20. Jh., bis auch die Bebauung der Insel ihrer einmaligen Lage entsprach.

Heute wird Helgeandsholmen von dem pompösen **Reichstagsgebäude** (Riksdagshuset) dominiert, das aus der ehemaligen Reichsbank (Westteil) und aus dem ursprünglichen Reichstag (Ostteil) besteht. Der aus schwedischen Natursteinen errichtete, neubarocke Bau (1897–1905; Aron Johansson) ist von drei Seiten von Wasser umgeben und liegt in unmittelbarer Nachbarschaft von Schloss, Oper und Ritterhaus.

Nachdem 1971 das schwedische Zweikammer- in ein Einkammersystem umgewandelt worden war, legte man Reichstag und Reichsbank zusammen. 1980–83 setzte

Blick auf den Reichstag

man auf die ehemalige Reichsbank noch einen modernen Plenarsaal für die 349 Abgeordneten. Da die Straße Riksgatan durch die mit zwei monumentalen Torbögen verbundenen Gebäudeteile führt, spaziert man sozusagen mitten durch das politische Herz Schwedens – ganz ohne Polizei oder Sicherheitsschleusen. Nicht selten begegnet man den Abgeordneten oder Regierungsmitgliedern, die auf dem Weg zum Plenarsaal oder zum Kanzleigebäude sind.

Das schwedische Parlament

Zum Osten hin ist dem Reichstag der parkähnliche **Riksplan** vorgelagert, hinter dem wiederum die **Norrbro** entlangführt, eine der ersten Steinbrücken der Stadt. Ihr nördlicher Teil führt zum Gustav Adolfs torg, ihr südlicher zum Mynttorget. Von der Norrbro führen zwei Steintreppen zur **Strömparterren** (Strom-Parterre) hinab, einem öffentlichen Park, der 1807–10 angelegt wurde. Von dieser Uferterrasse am östlichsten Ende der Insel eröffnet sich ein herrlicher Blick auf die Stadt, den Strom und oft auch auf aufgehängte Fischreusen.

Auf der Strömparterren befindet sich außerdem der Eingang zum unterirdischen **Mittelaltermuseum** (Medeltidsmuseet). Als 1978 für das Reichstagsgebäude eine Tiefgarage angelegt werden sollte, entdeckte man bei den Schachtarbeiten u. a. Hausfundamente aus dem 13. Jh. und die Reste einer Apotheke, Bestandteile der Stadtmauer, mehrere Boote aus verschiedenen Jahrhunderten und über 1.000 menschliche Skelette. Daher richtete man statt der Garage dieses 1.750 m² große Museum ein, das dem Besucher – vor allem Kindern – eine Vorstellung von der Gründung, vom Leben und der Entwicklung Stockholms vermittelt. Wer möchte, kann sich mit einer Audio-Führung (auch auf Deutsch) durch das Museum bewegen.

Info

Hinkommen: U-Bahnstation Kungsträdgården, Buslinien 54, 65 (Gustav Adolfs torg)
Reichstag: Riksdag, Riksgatan 1, Tel. 08 786 400 0, www.riksdagen.se. Die Plenarsitzungen können von der Zuhörerloge aus verfolgt werden, Führungen durch den Reichstag (engl.) im Sommer mehrmals tgl., ansonsten Sa/So 12 und 13.30 Uhr; der Eingang für Besucher ist auf der Riksgatan 3.

Museum: Medeltidsmuseet, Strömparterren 3, Norrbro, Tel. 08 508 316 20, www.medeltidsmuseet.stockholm.se; Juli–Aug. Di–So 10–17, sonst Di–So 12–17, Mi bis 22 Uhr, frei.
Essen & Trinken: Auf der Insel Helgeandsholmen gibt es keine Einkehrmöglichkeiten, dafür umso mehr aber in der benachbarten Gamla Stan. Bei gutem Wetter ist ein kleines Picknick auf der Terrasse Strömparterren eine einzigartige Alternative!

6 Norrmalm I: rund um den Gustav Adolfs torg

Obwohl er nicht autofrei ist, zählt der Gustav-Adolf-Platz eindeutig zu den schönsten und interessantesten Ecken des Stadtteils Norrmalm. Dafür sorgen nicht nur seine Lage am Wasser des Strömmen und die freie Aussicht auf Reichstag, Schloss und Altstadt, sondern auch die Bedeutung und Eleganz der umgebenden Bebauung. Insgesamt beruht die Anlage auf Plänen Nicodemus Tessins d. J. aus dem Jahre 1712.

Schon das Entrée über die Norrbro (Nordbrücke) ist im wahren Wortsinn „stark", denn flankiert wird die Brücke zu beiden Seiten von Bronzelöwen, deren ägyptische Originale im Vatikanischen Museum stehen. Von ihnen aus blickt man auf das **Reiterstandbild Gustav II. Adolf** – ein Werk des Franzosen Pierre Hubert L'Archevêque, der im 18. Jh. in Stockholm Karriere als Bildhauer des Hofes und Direktor der Kunstakademie machte. Dieses erste Reiterstandbild Schwedens markiert den geografischen Mittelpunkt der Stadt, d. h. von hier aus werden die Kilometerangaben nach/ab Stockholm berechnet, u. a. auf Straßenschildern.

Im Westen des Platzes ragt der **Erbfürstenpalais** (Arvfurstens palats) auf, seit 1906 Sitz des Außenministeriums. 1783–94 hatte Erik Palmstedt einen Renaissance-Palast für eine Schwester Gustavs III. im neuklassizistischen Stil umgebaut und sich dabei exakt an das Vorbild der gegenüberliegenden Oper gehalten. Der Name verdankt sich einer testamentarischen Bestimmung Prinzessin Sofia Albertinas, dass zukünftig immer der jeweilige Erbprinz (d. i. der zweite in der männlichen Thronfolge) den Palast bewohnen könne. Dahinter ist an der Ecke zur Fredsgatan der rostrote Bau des **Mittelmeermuseums** (Medelhavsmuseet) zu erkennen.

Königliche Oper am Gustav Adolfs torg

Schöner als das Äußere ist die klassizistische Innenarchitektur. Das Museum verfügt über eine bedeutende Sammlung diverser Kulturen aus der Mittelmeer-Region, Highlights sind die ägyptischen Mumien, altgriechischen Vasen, römischen Skulpturen und die berühmten, 2.500 Jahre alten Terrakottafiguren aus Zypern.

Die Nordseite des Platzes nimmt der **Skandinavische Bankenpalast** von 1914 ein. In Form- und Farbgebung richtet sich der enorme Bau, in dem heute das Schwedische Verteidigungsministerium zu Hause ist, nach den älteren benachbarten Gebäuden. Dazu zählt in der nordöstlichen Ecke das **Davidsonska huset** (Davidsonsches Haus) von 1894–96, einstiger Hauptsitz der Stockholmer Handelsbank. Das rechts angebaute Danmarks hus (Dänemark-Haus) ist ein Jahrzehnt älter und dient heute als Botschaftsgebäude Dänemarks, oft sind hier auch Ausstellungen zu sehen.

Der größte und prächtigste Bau liegt an der Ostseite des Platzes: die **Königliche Oper** (Kungliga Operan). 1781 unter dem kunstsinnigen Gustav III. vollendet, wurde der ursprüngliche Prachtbau, in dem übrigens der König 1792 ermordet worden war, 1892 abgerissen und durch den heutigen neoklassizistischen Bau ersetzt. Dieser wurde 1898 eingeweiht und weist die gleiche Farbgebung auf wie das Königliche Schloss. Das Innere spiegelt den schwülstigen Stil der Regierungszeit Oskars II. wider, etwa im 1.100 Plätze fassenden Saal mit seinem 2 t schweren Kronleuchter, vor allem aber im sog. Gold-Foyer im ersten Stock. Für die Königliche Familie ist eine eigene, besonders prächtige Loge reserviert. Opernaufführungen machen nur einen Teil des Programms aus, denn das Haus ist auch Sitz des Königlichen Balletts. Weitere Institutionen im Gebäude sind die Königliche Hofkapelle und das berühmte Restaurant „Operakällaren“ (S. 210).

Unter dem Eindruck der neuen Opernhäuser in Kopenhagen und Oslo wurde auch in Stockholm ein Neubau diskutiert. Seit Mitte 2017 wird die Oper jedoch nach und nach bei laufendem Betrieb renoviert und modernisiert. Die endgültige Fertigstellung ist für 2025 geplant.

Info

Hinkommen: U-Bahnstation Kungsträdgården, Buslinien 54, 65 (Gustav Adolfs torg)
Oper: **Kungliga Operan**, Gustav Adolfs torg, Tel. 08 791 430 0, www.operan.se
Museum: **Medelhavsmuseet**, Fredsgatan 2, www.varldskulturmuseerna.se/medelhavsmuseet; Di–Fr 11–20, Sa/So 11–17 Uhr, frei.
Essen & Trinken: **Bagdad Café, Restaurang & Vinbar**, Fredsgatan, Stureparken 2, Tel. 08 121 471 17; nettes und authentisches Café am Mittelmeermuseum mit mediterranen Gerichten und günstigem Lunch; Mo 11.30–14, Di–Fr 11.30–20, Sa/So 12–17 Uhr.
Brasseriet, Guldterrassen und **Strömterrassen**, Kungliga Operan, Tel. 08 791 435 7. Es muss nicht der hochpreisige „Operakällaren“ sein: Auch die beiden Terrassenlokale und die Brasserie/Bar der Oper sind gut und besitzen vor allem unglaublich viel Atmosphäre. Während die Brasserie im Juli oft geschlossen ist, kann man im Sommerhalbjahr in der Strömterrassen Mo–Fr 11.30–1, Sa 12–1 Uhr vorzügliche kleinere Gerichte bekommen und in der Guldterrassen Di–Sa 15–22.30 Uhr exquisite Drinks samt prächtiger Aussicht genießen.

7 Norrmalm II: modern, hektisch und mobil – die Bahnhofsgegend

Das Bahnhofsviertel an der Vasagatan/Klarabergsgatan ist der mit Abstand betriebsamste Ort in ganz Schweden. Allein den Hauptbahnhof (Stockholm Centralstation bzw. Stockholm C) nutzen täglich über 400.000 Pendler und Reisende, hinzu kommen noch über 160.000 Fahrgäste, die die U-Bahn-Station T-Centralen frequentieren (die U-Bahn heißt auf Schwedisch „tunnelbana"). Seit 2016 verstärken mehrere Tausend Gäste der neuen Stockholm City Station das Gewimmel. Außerdem ist der Bahnhof mit dem Cityterminal verbunden: An dieser größten Busstation der Stadt machen täglich rund 800 Busse Halt, darunter fast alle Fernbusse aus dem In- und Ausland, die Buslinien zu den Flughäfen Arlanda und Skavsta („flygbussar") und die Zubringerbusse zu den Fährterminals („båtbussar"). Natürlich gibt es vor dem Bahnhof auch Haltestellen der städtischen Linienbusse und Taxistände.

Wie verhält man sich nun als Besucher im ständigen Fluss des größten Passagieraufkommens Skandinaviens? Auf keinen Fall selbst hektisch werden, sondern „mitschwimmen", das vielfältige touristische Angebot nutzen und die Bahnhofsgegend als das verstehen, was sie nebenbei auch ist: eine Sehenswürdigkeit!

Der Hauptbahnhof

Da wäre zunächst der 1871 eröffnete **Bahnhof**. Sein heutiges Aussehen ist vom Umbau der Jahre 1925–27 bestimmt, als die beeindruckende Wartehalle (119 m lang, 28 m breit, 13 m hoch) errichtet wurde. Da seit der Einweihung der Tunnelbana 1957 immer mehr Verkehrsbetriebe an- und unter den Bahnhof gebaut wurden, stellt sich das Innere als ein riesiger, labyrinthartig verschachtelter Komplex auf vier Ebenen dar, die durch Treppen, Rolltreppen und runde Sichtöffnungen miteinander verbunden sind. Die verschiedenen Ebenen sind auch deshalb notwendig, weil die nördliche Klarabergsgatan (Nebeneingang) deutlich höher liegt als die Vasagatan (Haupteingang).

Neben den digitalen Fahrplänen von Eisenbahn, S-Bahn, U-Bahn, Citybahn und Busterminal sowie den entsprechenden Ticket- und Infoschaltern stößt der Reisende im Bahnhof auf eine umfangreiche und fast rund um die Uhr geöffnete Palette an Geschäften, Fast-Food-Läden, Restaurants, Kiosken und Buchhandlungen. Den Ingenieuren ist es übrigens gelungen, die Körperwärme der vielen Besucher

Moderne Architektur gegenüber dem Bahnhof

zur Energiegewinnung zu nutzen, weshalb Bahnhof und Cityterminal als „grüne Gebäude" gelten.

Nördlich an den Bahnhof schließt sich der **City Terminal** für Fernbus-Reisende an, beide sind durch eine unterirdische Passage miteinander verbunden. Der City Terminal wiederum ist Teil des **World Trade Center**, in dem u. a. verschiedene schwedische Konzerne, Konferenz-Einrichtungen und ein 460-Zimmer-Hotel zu Hause sind.

Der Haupteingang des Bahnhofs befindet sich an der betriebsamen Vasagatan; dort erhebt sich auf dem kleinen Vorplatz die Statue des schwedischen Ingenieurs und Erfinders Nils Eriksson (1802–70). Seit 2016 dominiert ein auffälliger Neubau den gesamten Block: Der Komplex des dänischen Architekten K. H. Nielsen besteht aus vier unterschiedlich hohen Türmen, jeweils mit begehbaren, teils auch begrünten Flachdächern. Eines davon ist der Öffentlichkeit zugänglich und mit einer Bar ausgestattet. Im Innern befinden sich u. a. ein 400-Zimmer-Hotel, exklusive Apartment-Wohnungen, Boutiquen und Büros der Eisenbahngesellschaft. Und im Untergrund der Terminal der Citybanan, einer 2017 eröffneten S-Bahn-Linie, für die man einen Tunnel unter die bestehenden Zug- und U-Bahn-Trassen gesprengt hat.

Hinter der schmalen Straße zwischen den beiden Hotels ragt der Kirchturm der **S:ta Clara kyrka** (Klarakirche) auf, mit 116 m der höchste der Stadt und der zweithöchste Skandinaviens. Der kurze Weg zur Kirche lohnt sich für alle, die der Hektik des Bahnhofsviertels für eine Weile entkommen wollen, denn der quadratische Kirchplatz wirkt mit seinem Baumbestand wie eine grüne Oase im Großstadtgetümmel. Sehenswert sind auf dem Friedhof verschiedene Grabdenkmäler aus dem 18./19. Jh.; hier bzw. in der Kirche sind u. a. der schwedische Nationaldichter Carl Michael Bellman und Ministerpräsident Gustaf Åkerhielm beigesetzt. Die Kirche selbst entstand 1572–90 an der Stelle eines ehemaligen Klosters, wurde allerdings nach einem Brand 1751 und durch eine Renovierung 1884–86 stark verändert.

8 Norrmalm III: auf der Drottninggatan zum Hötorget

Neben der Vasagatan, die am Bahnhof vorbeiführt, wird der Stadtteil Norrmalm von zwei schnurgeraden Straßen in Süd-Nord-Richtung durchzogen: der Drottninggatan und dem Sveavägen. Während erstere eine unverzichtbare Adresse für Shopping-Enthusiasten ist, dient letztere hauptsächlich als Ausfallstraße in die nördlichen Stadtgebiete.

Die Drottninggatan (Königinnenstraße) beginnt im Süden an der Brücke Riksbron am Strömmen. Ab hier und bis jenseits der Kungsgatan ist sie Fußgängerzone und bildet vor allem in den Sommermonaten einen engen Rahmen für ein dichtes Gewühl von Einheimischen, Touristen und Straßenmusikanten sowie auch manchen Bettlern und Taschendieben. Auch in der Weihnachtszeit, wenn die Drottninggatan festlich illuminiert wird, kommen viele Kauflustige. Am 11. Dezember 2010 war die Drottninggatan Schauplatz eines terroristischen Angriffs. Mitten im vorweihnachtlichen Trubel explodierte eine Autobombe, 15 Minuten später zündete ein Selbstmordattentäter einen Sprengsatz.

Vor dem Konzerthaus

Zwar bietet die Einkaufsstraße durchaus einige hochwertige Läden und traditionsreiche Warenhäuser wie das 1916 eröffnete **PUB** am Hötorget. Doch bestimmen insgesamt die internationalen Kettenfilialen, hauptsächlich der Textil- und Schuhbranche, das Bild. Wer auf „Premium-Shopping“ aus ist, sollte entweder die kleinen, originellen Läden in Södermalm oder die Edel-Boutiquen am Stureplan aufsuchen.

Die Drottninggatan wartet aber nicht nur mit Einkaufswelten auf. Vor allem in ihrem südlichsten Abschnitt stößt man auch auf kulturell Sehenswertes. So flankieren unmittelbar vor der Brücke zum Reichstag zwei Blocks mit mehreren kulturhistorisch bedeutsamen Gebäuden der Zeit um 1900 die Straße. Im Westen findet sich der ausnehmend schöne Komplex **Rosenbad** mit den Büros des Ministerpräsidenten und dem Justizministerium, während östlich der Straße im ehemaligen Erbfürstenpalais (S. 22) das Außenministerium zu Hause ist.

Auf dem Bummel in nördlicher Richtung passiert man das private **Tanzmuseum** (Dansmuseet), eine der wenigen Institutionen dieser Art weltweit und für Theater- und Ballett-Fans eigentlich ein Muss. In der permanenten Sammlung werden Kostüme, Modelle, Bühnenbilder und Merkmale des Balletts und des Tanzes aus allen Teilen der Welt gezeigt, hinzu kommen jährlich 2 bis 3 Wechselausstellungen.

Im Komplex Rosenbad gegenüber dem Reichstag liegen die Regierungsbüros

Etwas weiter öffnet sich die Straße rechter Hand zum ellipsenförmigen und städtebaulich oft kritisierten **Sergels torg** (S. 116), während jenseits der Klarabergsgatan das Kaufhaus Åhléns City (S. 194) aufragt. Weiter auf der Drottninggatan gelangt man unmittelbar vor der Querung des ehemaligen Prachtboulevards Kungsgatan (S. 112) rechter Hand nach wenigen Schritten zum **Hötorget** (Heumarkt), auf dem regelmäßig Wochenmärkte (Gemüse, Blumen, Kleidung) stattfinden. Als Marktplatz fungiert er schon seit dem 17. Jh., seine heutige Gestalt bestimmen allerdings die baulichen Veränderungen der 1920er- und 1950er-Jahre. Am eindrucksvollsten ist das **Konzerthaus** (Konserthuset), das 1923–26 nach Plänen des Architekten Ivar Tengbom errichtet wurde und als bedeutendstes Beispiel für den schwedischen Neoklassizismus gilt. Sein Äußeres ist durch die blaue Fassade geprägt, die zu drei Seiten von unregelmäßigen, rechteckigen Fenstern gegliedert ist. Die Schauseite zum Hötorget hin weist dagegen hohe, graue Granitsäulen und eine Freitreppe auf, die im Sommer stets von Sonnenanbetern in Beschlag genommen wird. Vor den Treppen steht eine bronzene Skulpturengruppe mit Orpheus als Mittelpunkt, geschaffen vom Bildhauer Carl Milles. Das Konzerthaus ist die Heimat des Philharmonischen Orchesters und wird auch als Theater genutzt. Für seinen weltweiten Bekanntheitsgrad aber sorgt die alljährliche Verleihung der Nobelpreise (mit Ausnahme des Friedensnobelpreises).

Info

Hinkommen: U-Bahnstation Hötorget

Museum: Dansmuseet, Drottninggatan 17, www.dansmuseet.se; Di–Fr 11–17, Sa/So 12–16 Uhr, SEK 120, unter 18 Jahren frei.

9 Norrmalm IV: entlang dem Sveavägen

Der **Sveavägen** war schon in den ältesten stadtplanerischen Entwürfen im 18. Jh. als große, 5 km lange Sichtachse vorgesehen, die das Königliche Schloss mit einem geplanten Pendant im Hagapark verbinden sollte. Ein Masterplan aus dem Jahre 1866 wollte den Sveavägen zu einer Stockholmer Champs-Elysées ausbauen, zu einer 70 m breiten Prachtstraße mit Parkanlagen und Skulpturenschmuck. All diese Pläne wurden nicht bzw. in einer stark verkleinerten Version realisiert: mit einer Breite von nur noch 33 m – immerhin breiter als die Drottningsgatan – und mit einem verkürzten südlichen Ende am Sergels torg. Dieser ellipsenförmige Platz (S. 116) findet seine Entsprechung im Norden in dem Rondell des Sveaplans mit dem Hochhaus des Wenner-Gren-Centers.

Von seinem Charakter her ist der Sveavägen keine Flaniermeile, sondern eine reine Hauptverkehrsstraße; er durchschneidet die Stadtbezirke Norrmalm und Vasastaden und wird hauptsächlich von Wohn- und Geschäftshäusern, Behörden, Hotels und Kinos flankiert. Doch natürlich hat auch er an Architektur und Kunst interessierten Besuchern einiges zu bieten. So sollten Architekturfans wenige Schritte hinter der **Tunnelgatan**, die vielen als Schauplatz des Mordes an Olof

Auf dem Sergels torg

Palme (S. 30) bekannt ist, an der Adolf Fredriks Kyrkogatan (Nr. 8) auf das 1933 erbaute ehemalige **Haus der Reichsversicherungsanstalt** achten: Der Bau des Architekten Sigurd Lewerentz gilt als bestes Beispiel für den schwedischen Funktionalismus. Die strenge Fassade lässt nicht vermuten, dass man durch die Glastüren in einen ovalen Innenhof gelangt. Angrenzend erhebt sich die weiße **Adolf-Friedrich-Kirche** (Adolf Fredriks kyrka) mit ihrem achteckigen Kuppelturm. Das 1768–74 nach Plänen des Architekten Carl Fredrik Adelcrantz entworfene Gotteshaus ersetzte eine ältere Holzkapelle für den Heiligen Olav. Das klassizistische Äußere mit seinem kreuzförmigen Grundriss ist unverändert geblieben. Im weitgehend hell gehaltenen Inneren verdienen die Kanzel, die Orgel, das Wand-Monument für den Philosophen René Descartes, das Chor-Relief von Tobias Sergel und das moderne Taufbecken aus Kristallglas Beachtung. Die Kuppel-Gemälde wurden 1893–95 hinzugefügt. Die Grabstätten bedeutender Persönlichkeiten locken häufig Touristen auf den parkähnlichen Friedhof.

Weitere Sehenswürdigkeiten wie die Stadtbibliothek befinden sich im nördlichen Teil der Straße im Stadtteil **Vasastaden** (S. 54).

Grabmonumente an der Adolf-Friedrich-Kirche

In der Kirche und auf ihrem Friedhof findet man Grabmonumente u. a. folgender Persönlichkeiten:
Hjalmar Branting (1860–1925). Dreifacher Ministerpräsident, Außenminister. Der wohl einflussreichste Politiker Schwedens im 20. Jh. gründete die Sozialdemokratische Partei, war deren Vorsitzender und bildete 1920 die erste sozialdemokratische Regierung Schwedens. Er engagierte sich im Völkerbund und organisierte humanitäre Hilfen. 1921 Friedensnobelpreis (zusammen mit dem Norweger Christian Lange).
René Descartes (1596–1650), französischer Philosoph, Mathematiker und Naturwissenschaftler. Auf Betreiben Königin Kristinas wirkte er in seinen letzten Lebensjahren in Stockholm. 1666 wurden seine Gebeine nach Frankreich überführt, heute erinnert nur ein Gedenkmedaillon an ihn.
Sven Hedin (1865–1952), Entdeckungsreisender, Geograf, Topograf und Kartograf. Auf seinen Expeditionen nach Zentralasien erforschte er u. a. den Transhimalaya (Hedin-Gebirge), die Quellen des Brahmaputra und Indus sowie die Wüste Gobi.
Olof Palme (1927–1986), schwedischer Ministerpräsident (S. 30).
Johan Tobias Sergel (1740–1814), Bildhauer und Zeichner, bedeutendster klassizistischer Künstler Schwedens. Unter Gustav III. wurde er zum Königlichen Bildhauer und Professor an der Kunstakademie ernannt.

Info

Hinkommen: U-Bahnstation Rådmansgatan oder Hötorget, Buslinie 57
Kirche: **Adolf Fredriks kyrka**, Holländargatan 16, Tel. 08 207 076, www.adolffredrik.se; geöffnet Mo 13–18, Di–So 10–16, Do 10.30–16 Uhr.
Essen & Trinken: **Urban Deli**, Sveavägen 44, www.urbandeli.org; tgl. 11.30–22 Uhr geöffnet, im Juli geschlossen. Innovatives gastronomisches Konzept mit Delikatessen-Markt, Restaurant (Frühstück, Lunch, Dinner), Café und Lounge. Der riesige, begrünte Dachterrassen-Park (Takpark, nur im Sommer geöffnet) im 9. Stock wartet mit gutem Essen, Kunst und einem tollen Blick auf.

10 Spurensuche vor der Tunnelgatan: der Mord an Olof Palme

Drei Blocks nördlich des Hötorget wird der Sveavägen von der **Tunnelgatan** gekreuzt. Diese geniale, 1886 eingeweihte Straße führt nach Osten unter der Granitklippe des Brunkebergs hindurch bis hin zum Humlegården (nur für Fußgänger und Fahrradfahrer nutzbar). An der Kreuzung ist im Bürgersteig eine Gedenkplakette eingelassen: „Am 28. Februar 1986 wurde an dieser Stelle der schwedische Ministerpräsident Olof Palme ermordet“. In den 1980/90er-Jahren war die Plakette von regelrechten Blumenbergen bedeckt, aber auch heute noch legen Stockholmer hier ab und zu eine rote Rose nieder. Die Gedenktafel und die Umbenennung des westlichen Teils der Tunnelgatan in „Olof Palmes Gata“ erinnern an einen gleichermaßen umstrittenen wie verehrten schwedischen Politiker. Und an einen Mordfall, der in seinem Ausmaß von polizeilichem Versagen und den daraus entstandenen Verschwörungstheorien an die Schüsse auf John F. Kennedy erinnern lässt.

Der Sozialdemokrat Olof Palme (geb. 30.01.1927) hatte seinen Weg über verschiedene Ministerposten zum zweimaligen Ministerpräsident des Landes (1969–76 und 1982–86) gemacht. Wie sein Freund Willy Brandt in Deutschland galt er als Reformer, der die schwedische Gesellschaft nachhaltig verändern wollte, und als Außenpolitiker, der sich u. a. als UNO-Vermittler im Nahen Osten und für die weltweite Abrüstung engagierte. Mit seiner harschen Kritik eckte er aber auch immer wieder an, z. B. in den USA, deren Vorgehen im Vietnam-Krieg ihn an NS-Verbrechen erinnerte. Am 28. Februar 1986 war der damals 59jährige Ministerpräsident mit seiner Frau Lisbet abends auf dem Weg nach Hause, nachdem sie sich im Kino Grand (Sveavägen 45) eine schwedische Komödie angeschaut hatten. Wie immer waren sie ohne Leibwächter unterwegs. Die Schüsse trafen Palme aus nächster Nähe, er verstarb einige Stunden später im Krankenhaus, auch seine Frau wurde verletzt.

Das Grab von Olof Palme an der Adolf-Friedrich-Kirche

Was dann folgte, war eine Geschichte voller Ermittlungspannen und Widersprüche, die bis heute die schwedische Gesellschaft beschäftigen. Sofort nach den Schüssen hatten Passanten den Täter verfolgt, der über die Treppen in der Tunnelgata geflüchtet war. Andere Zeugen hatten unmittelbar vor den Schüssen einen Verdächtigen gesehen und als Polizeibeamten erkannt. Trotzdem lief der Polizeieinsatz nur sehr langsam an, wurden Zeugen nicht gehört und wies der Funkver-

Eine Plakette im Boden erinnert an den Tatort

kehr mehrere Merkwürdigkeiten auf. Polizei und der Geheimdienst SÄPO arbeiteten nicht mit-, sondern gegeneinander, und der damalige Polizeichef Hans Holmér verbiss sich in falschen Spuren. Die Polizei fokussierte sich frühzeitig auf einen politischen Mord, hinter dem die kurdische PKK stecken sollte. In den Medien und in der Öffentlichkeit wurden allerdings andere Theorien entwickelt und durch Indizien untermauert. So sollte die CIA an der Tat beteiligt sein, die den schwedischen Politiker als gefährlichsten europäischen Feind ansah. Oder die von Rechtsradikalen unterwanderte Sicherheitspolizei, die den Umbau der schwedischen Gesellschaft verhindern wollte. Oder der südafrikanische Geheimdienst, der einen der schärfsten Kritiker des Apartheid-Systems ausschalten wollte. Oder die deutsche Terror-Organisation RAF, die sich für Schwedens Verhalten beim Überfall auf die deutsche Botschaft in Stockholm rächen wollte. Erst 1988 konnten die Behörden einen Tatverdächtigen präsentieren, einen vorbestraften Junkie, der Palme sozusagen unabsichtlich erschossen haben sollte. Dieser wurde allerdings in zwei Instanzen aus Mangel an Beweisen freigesprochen. Nach wie vor also ist der Palme-Mord ein Rätsel und Gegenstand polizeilicher Ermittlungen. Damit diese weitergeführt werden können, wurde 2010 die 25jährige Verjährungsfrist für Mord in Schweden abgeschafft. Etwa 130 Personen haben zwischenzeitlich den Mord gestanden, aber keine davon konnte als glaubwürdig eingestuft werden.

Olof Palme wurde 1986 nur einen Block vom Tatort des Attentats entfernt auf dem Friedhof der Adolf Fredriks kyrka (S. 29) beigesetzt. Sein Grabstein ist verhältnismäßig schlicht, er besteht aus einem Granitblock, auf dem die Unterschrift des Politikers eingraviert ist.

Hinkommen: U-Bahnstation Rådmansgatan oder Hötorget, Buslinie 57

Info

II Blasieholmen: auf drei Seiten von Wasser umgeben

Unmittelbar östlich des alten Stadtparks **Kungsträdgården** (S. 126) bildet die Halbinsel Blasieholmen ein natürliches Bindeglied zwischen Norrmalm, Östermalm und Skeppsholmen. Dabei war sie ursprünglich, von den anderen Stadtteilen losgelöst, eine eigene Mini-Insel im Ostseewasser. Erst im Mittelalter wuchs sie durch die Landhebung mit Norrmalm zusammen, ungefähr dort, wo sich heute die Straßen Stallgatan und Arsenalsgatan befinden.

Für Besucher ist Blasieholmen ein mehr als reizvolles Ziel – man genießt die unmittelbare Nähe der Ostsee, bummelt an unzähligen Booten vorbei, bewundert Prunkbauten wie das Nationalmuseum oder die Nobelherbergen Grand Hôtel, Bank Hotel (seit 2018) und Strand Hotel und kommt über die herrliche Brücke nach Skeppsholmen. Institutionen wie „Dahlgrens" und „Wedholms" genügen selbst höchsten kulinarischen Ansprüchen.

Die Halbinsel ist auf einem etwa fünfzehnminütigen Spaziergang schnell erkundet. Ein empfehlenswerter Rundweg beginnt am **Strömkajen**, der breiten Uferstraße samt Fußgänger-Promenade im Dreieck zwischen Kungsträdgården, der Brücke Strömbron nach Gamla Stan und dem luxuriösen Grand Hôtel (S. 188). Auf dem Strömkajen ist im Sommer immer viel los, denn zusätzlich zu den Passagieren der hier abgehenden Personenfähren (u. a. nach Nacka Strand und Vaxholm) stehen Touristen am Ticket Center Schlange für die beliebten Bootsrundfahrten rund um Djurgården.

Auf der Brücke nach Skeppsholmen

Dem quirligen Treiben entzieht man sich durch die Stallgatan, die direkt links vom Grand Hôtel verläuft, und kommt nach wenigen Schritten zu einem ausnehmend hübschen Platz, zu dem sich nur selten Touristengruppen verirren: der **Blasieholmstorg**. Das gepflasterte Rechteck selbst ist nicht weiter sensationell, umso sehenswerter sind die umgebenden Stadtpaläste, die ihren Charakter seit dem 17. Jh. nicht verändert haben, und die beiden Bronzepferde, Abgüsse der berühmten byzantinischen Exemplare auf dem Markusplatz in Venedig. Zwischen April und Oktober findet auf dem Platz an manchen Samstagen ein Antiquitäten- und Flohmarkt statt (Torgloppisen).

Skulpturen auf dem Blasieholmstorg

Weiter auf der Stallgatan gelangt man zum Nordufer, wo vor dem **Nybrokajen** immer viele Schiffe liegen und der Blick auf den Prachtboulevard Strandvägen (S. 42) phänomenal ist. Folgt man der Uferstraße nach rechts, passiert man das riesige, 1912 fertiggestellte Jugendstil-Hotel **Strand** (Radisson Blu). Daneben liegt die Zentrale der schwedischen Freimaurer: der **Bååts-Palast** (Nybrokajen 7) aus dem 17. Jh., der 1874 allerdings komplett umgebaut wurde. Wo sich der Nybrokajen dem **Museikajen** zuwendet, entsteht derzeit das neue Wahrzeichen der Halbinsel: 2015 wurde der Bau des **Nobel Center** beschlossen, nach Plänen der Berliner Architekten Chipperfield & Felger (www.nobelcenter.se). In dem Gebäude soll zukünftig die Verleihung der Nobelpreise stattfinden, außerdem soll es das Nobel-Museum und die Nobel-Bibliothek aufnehmen. Die südliche Ecke der Halbinsel wird vom **Museikajen** flankiert, hinter der sich das **Nationalmuseum** erhebt (S. 62). Vor seiner Fassade stellt eine schmale Brücke den einzigen Zugang zu den Inseln Skeppsholmen und Kastellholmen dar. Auch wer nicht vorhat, dorthin zu gehen, sollte des schönen Motivs wegen zumindest bis zur Brückenhälfte spazieren, wo zwei vergoldete Kronen das Geländer zieren.

Info

Hinkommen: U-Bahnstation Kungsträdgården, Buslinien 2, 43, 55, 62, 71, 76
Essen & Trinken: **B.A.R., Blasieholmen's Aquarium & Restaurant**, Blasieholmsgatan 4A, Tel. 08 611 533 5, http://restaurangbar.se; interessantes und nicht zu teures Lokal mit frischem Fisch und Schalentieren, als Rohware zu kaufen oder zubereitet im Restaurant (Lunch-Menüs, Abendessen) bzw. als Takeaway; Mo–Fr 10–1, Sa 16–1, im Sommer Di–Sa 18–1 Uhr.

Wedholms Fisk, Nybrokajen 17, Tel. 08 611 787 4, www.wedholmsfisk.se; eine weithin bekannte Institution, die sich ganz der hohen Kochkunst von frischem Fisch verschrieben hat, sehr schöne, edle Inneneinrichtung, aufmerksamer Service; etwas preiswertere Lunch-Gerichte; Mo 11.30–14 und 18–23, Di–Fr 11.30–23, Sa 17–23, im Sommer Mo–Sa ab 17 Uhr.

12 Zwischen Norrmalm und Östermalm: rund um den Berzelii Park

Am Endpunkt der Bucht Nybroviken findet der Nybroplan mit dem Dramatischen Theater (S. 38) seine Fortsetzung im bereits 1858 eröffneten **Berzelii Park**, in dem Besucher die hübsche Gestaltung mit Blumenbeeten, Pools und Skulpturen – darunter die des Namenspatrons, des Chemikers Berzelius – genießen können.

Der östliche, zur Bucht Nybroviken gelegene Teil des Parks heißt seit einigen Jahren **Raoul Wallenbergs torg**. Neben dem Namen erinnern zwei Monumente an eine heldenhafte Persönlichkeit aus der Zeit des Zweiten Weltkrieges: Raoul Wallenberg. Zum einen eine Skulpturengruppe der dänischen Künstlerin Kirsten Ortwed (2001), zum anderen eine Steinkugel mit mehrsprachiger Inschrift, die die jüdische Gemeinde 2006 hier aufstellen ließ.

Berns Salonger

An der Westseite des Berzelii-Parks liegen die fantastischen **Berns Salonger** aus den 1860er-Jahren, ein Hotel-, Bar-, Café- und Nightclub-Komplex mit Jugendstil-Einrichtung. Durch einen unterirdischen Gang

Raoul Wallenberg, ein schwedischer Held

Raoul Wallenberg wurde 1912 auf Lidingö bei Stockholm als Spross der berühmten Finanz-Familie geboren. Der gelernte Architekt kam als schwedischer Diplomat in das von den Nazis besetzte Ungarn. Hier wurde er Zeuge der Deportation von über 400.000 Juden. Mit Unterstützung der USA und der schwedischen Botschaft sowie finanzieller Hilfe seiner Familie setzte er 1944 alle Mittel ein, um so viele Juden wie möglich vor dem Holocaust zu retten. Er gab sog. schwedische Schutzpässe aus, die die Inhaber als schwedische Staatsbürger auswiesen, richtete in Budapest über 30 getarnte Schutzhäuser für Juden ein und drohte dem deutschen Wehrmachtsgeneral, ihn nach dem Krieg als Kriegsverbrecher zur Rechenschaft ziehen zu lassen. Man schätzt, dass Wallenberg mehr als 115.000 Juden vor dem sicheren Tod retten konnte. Nach der Eroberung Budapests durch die Rote Armee wurde der Schwede 1945 nach Moskau verschleppt, wo man ihm Spionage für die USA vorwarf. Sein weiteres Schicksal ist unbekannt; offiziell soll er 1947 in seiner Zelle tot aufgefunden worden sein, aber verschiedene Augenzeugen berichteten immer wieder, ihn in sowjetischen Arbeitslager gesehen zu haben. 2016 wurde der 31. Juli 1952 als formaljuristischer Todestag bestimmt. Posthum wurde Raoul Wallenberg mit den bedeutendsten Auszeichnungen versehen, u. a. erhielt er den Europäischen Menschenrechtspreis und gilt in Israel als „Gerechter unter den Völkern".

Am Nybroplan

ist diese Stockholmer Institution mit dem **Chinateatern** verbunden. Das heutige Privattheater war ursprünglich ein Kino und wurde 1928 mit dem Greta-Garbo-Film „Anna Karenina“ eingeweiht.

An der Nordseite des Parks verläuft die Hamngatan, an der die Fassade der Nr. 4 besonders auffällt: Sie gehört zu einem 1892–97 errichteten Stadtpalais, das heute das ungewöhnliche **Hallwyl-Museum** (Hallwylska Museet) beherbergt. Dessen umfangreiche Sammlung umfasst u. a. Gobelins, Ledertapeten, flämische Malerei, Musikinstrumente und Haushaltsgeräte. Geradezu sensationell erscheint der Innenhof, der von der venezianischen und spanischen Architektur der Gotik und Renaissance inspiriert ist. Innen wird im Treppenhaus, dem Billardzimmer, dem großen Salon oder der Kegelbahn (!) das Einrichtungsideal des späten 19. Jh. dokumentiert.

Links vom Hallwyl-Museum liegt der große Platz **Norrmalmstorg**, an dessen Nordende die Einkaufsstraße **Biblioteksgatan** zum Shopping einlädt.

Info

Hinkommen: U-Bahnstation Östermalmstorg, Buslinien 2, 69, 76; Tram-Linie 7 (Nybroplan)
Museum: **Hallwylska Museet**, Hamngatan 4, Tel. 08 402 309 9, www.hallwylskamuseet.se; Juli–Aug. Di–So 10–19, sonst Di–Fr 12–16, Mi bis 19, Sa/So 11–17 Uhr, freier Eintritt zur Paradewohnung, Sonderausstellungen SEK 70, unter 18 Jahren frei.

13 Skeppsholmen und Kastellholmen: Museen, Militär und Maritimes

Seit 1634 diente der Ortsteil Skeppsholmen als Marinebasis. Nach dem weitgehenden Abzug des Militärs 1968 entstand auf dem Areal ein einmaliges Ambiente aus Parkanlagen, Museen, Schulen und anderen kulturhistorischen Einrichtungen. Auch die Cafés, originellen Unterkünfte und Veranstaltungen wie das alljährliche „Stockholm Jazz Festival" locken die Touristen an. Den einzigen Zugang zu den Inseln bildet die schmale **Skeppsholmsbron** mit ihren zwei hübschen vergoldeten Kronen.

Um den Mini-Archipel kennenzulernen, empfiehlt sich folgender Rundgang im Uhrzeigersinn, für den man etwa eine halbe Stunde veranschlagen sollte: In der Verlängerung der Brücke wandert man 200 m den Svensksundvägen hinauf bis zur knallbunten, sechzehnteiligen Skulpturengruppe **„Le Paradis Fantastique"** des Künstlerpaares Niki de Saint Phalle und Jean Tinguely. Von dem Skulpturengarten steigt man links die Anhöhe hinauf zum ehemaligen Exerzierplatz, an dessen Längsseite das **Museum für moderne Kunst** und das **Architektur-Museum** (S. 62) unter einem Dach vereint sind. Das auffälligste Gebäude ist jedoch die ehemalige **Skeppsholmskirche**, die seit 2009 Eric Ericsonhallen (nach einem schwedischen Dirigenten) heißt. Das neuklassizistische, oktogonale Kuppelgebäude wurde 1842 als Kirche der Marine eingeweiht. Heute wird der 30 m hohe Innenraum für Konzerte und andere Veranstaltungen genutzt, 2010 z. B. als Bankettsaal zur Hochzeit von Kronprinzessin Victoria.

Die Passage zwischen Kirche und Modernem Museum bringt einen zum **Ostasiatischen Museum**, in dem Porzellan, Malerei und Skulpturen aus China, Japan, Korea und Indien zu sehen sind. Hinter dem Museum folgt man dem Ostufer der In-

Kastellholmen

sel, vorbei am **Theater Galeasen** und dem hölzernen Ladekran von 1751, dem ältesten in Schweden, stets mit Blick hinüber nach Djurgården. Nach einer Weile taucht zur Rechten die berühmte **Långa Raden** auf, eine ca. 200 m lange Hausreihe für die Leibgarde Karls XII. Heute ist hier das stylische Hotel Skeppsholmen untergebracht, zu dem auch der angrenzende Eislaufpavillon von 1882 gehört (www.hotelskeppsholmen.se).

Admiralitätskirche auf Skeppsholmen

Von hier führt der Amiralsvägen geradewegs zur Brücke, die einen zum südlichen Nachbarinselchen **Kastellholmen** bringt. Neben einigen ehemaligen Magazin- und Kasernengebäuden sticht vor allem das rote, burgähnliche **Kastell** von 1848 hervor. Bei besonders feierlichen Gelegenheiten wird vom Kastell noch heute mit Kanonen Salut gefeuert. Am Ufer unterhalb des Kastells befindet man sich sozusagen mitten in der Stockholmer Hafeneinfahrt – an einem schönen Sommertag der perfekte Platz, um abseits der Touristenströme die Seeluft und die grandiose Aussicht zu genießen.

Zurück auf Skeppsholmen setzt man den Rundgang fort und kommt an der **Königlichen Kunstakademie** vorbei, die in einer ehemaligen Kaserne beheimatet ist. Vor dem Eingang prangen die Abgüsse der beiden italienischen Skulpturen „Löwe“ und „Schwein“ (17. Jh.). Unmittelbar dahinter sorgt am Ufer das Segelschiff **Af Chapman** (S. 184) für ein stimmungsvolles Motiv. Das sog. Vollschiff aus Eisen, 1888 in Irland gebaut, ist das drittälteste seiner Art in der Welt und dient seit 1949 als Jugendherberge. 100 m weiter gelangt man zur Skeppsholmsbron und damit zum Ausgangspunkt des Rundgangs.

Info

Hinkommen: U-Bahnstation Kungsträdgården, Buslinie 65
Museum: Östasiatiska Museet, Tyghusplan, Tel. 08 519 557 50, www.varldskulturmuseerna.se/ostasiatiska museet; Di 11–20, Mi–So 11–17 Uhr, frei.
Essen & Trinken: Torpedverkstan Restaurang & Bar, Slupskjulsvägen 28–32, Tel. 08 611 410 0, www.torpedverkstan.se; stimmungsvolles Lokal an der alten „Torpedo-Fabrik" und direkt am Wasser, ambitionierte schwedische Küche mit südamerikanischem Einschlag, Außenservierung, Mo–Do 11.30–23, Fr 11.30–24, Sa 12–24, So 12–16 Uhr.
Für eine kleine Mahlzeit zwischendurch empfehlen sich die **Museumscafés**: Wie wäre es z. B. mit dem Café Blom im Architekturmuseum? Oder mit dem Restaurant und den beiden Lokalen Kaffebaren und Moderna Bar im Modernen Museum, alle mit prächtiger Aussicht? Auch das Segelschiff Af Chapman unterhält im Sommer ein Café auf dem Deck. Am besten aber: Man stellt sich in der Markthalle Östermalm ein Delikatessen-Lunchpaket zusammen und macht ein Picknick auf Kastellholmen.

14 Östermalm I: Jugendstil-Theater und Hotspot – vom Nybroplan zum Stureplan

Der kurze Weg vom Nybroplan in Richtung Humlegården folgt der Birger Jarlsgatan, die zwischen Norrmalm und Östermalm diagonal zum Straßenraster verläuft. Dadurch entstehen bei jeder Straßeneinmündung zu beiden Seiten dreiecksförmige, kleinere Plätze. Startpunkt des Spaziergangs ist der betriebsame **Nybroplan**, auf dem es in der *rush hour* regelmäßig zu Verkehrsstaus kommt.

Den im doppelten Wortsinn „dramatischen“ Auftakt bildet am Nybroplan das 1908 eingeweihte schwedische Nationaltheater, das **Königliche Dramatische Theater** (Kungliga Dramatiska Teatern), das im Volksmund nur „Dramaten“ heißt. Die prächtig verzierte Fassade samt Kuppel ist im Wiener Jugendstil gehalten und leuchtet in den hellen Farben des einheimischen Ekeberg-Marmor.

> **Tipp**
>
> **Der Pilz auf dem Stureplan**
>
> Am nördlichen Ende des Platzes fällt eine 3,3 m hohe Betonkonstruktion mit kreisrundem, weitem Dach auf: Der bereits 1937 eingeweihte **Svampen** (der Pilz) diente ursprünglich als Regenschutz für die Gäste der Straßenbahnen. 1988 wurde die inzwischen baufällige Beton-Insel abgerissen, doch Proteste führten dazu, dass ein Jahr später eine originalgetreue Kopie des bei der Bevölkerung beliebten Pilzes errichtet wurde, die bis heute ihren festen Platz als Treffpunkt und riesiger Regenschirm am Stureplan behalten hat.

Ebenso glanzvoll präsentiert sich das mit Skulpturen, Blattgold und Deckengemälden geschmückte Innere, an dessen Gestaltung die bedeutendsten schwedischen Künstler der Zeit mitwirkten, darunter Carl Milles und Carl Larsson. Die Prunkstücke im Inneren sind das Foyer und der Große Saal für 800 Zuschauer. Insgesamt gibt es fünf unterschiedliche Bühnen, auf denen jedes Jahr rund 1.200 Aufführungen stattfinden. Die interne Schauspielschule brachte viele, auch international bekannte Schauspieler hervor. Unter den Intendanten finden sich so berühmte Namen wie Gustaf Molander und Ingmar Bergman.

Während der Nybroplan südlich und westlich seine Fortsetzung im Berzelii Park findet (S. 34), führt die **Birger Jarlsgatan** nach Nordwesten auf den Stureplan zu. Diese 400 Meter dorthin werden gesäumt von höchst exklusiven Mode- und Juwelier-Geschäften, die klar machen: Diese Gegend steht für Luxus und das junge urbane Leben der Reichen und Schönen. Das gilt insbesondere für den **Stureplan**, der im Schnittpunkt der großen Straßen Kungsgatan, Birger Jarlsgatan und Sturegatan liegt. Die Gebäude ringsherum beherbergen neben Clubs, Restaurants und Boutiquen hauptsächlich Banken und andere Finanzinstitute.

Seit in den 1980er-Jahren das ganze Quartier renoviert und modernisiert wurde, hat sich der Stureplan zu *dem* Hotspot von ganz Schweden entwickelt. Nicht umsonst sind die Straßen zwischen Norrmalmstorg und Stureplan in der schwedischen Monopoly-Version die teuersten Adressen. Hier verkehren die Manager, Banker, Models und VIPs aus Wirtschaft, Sport, Kultur und Adel, ebenso die finanzstarken Gäste aus dem Ausland (vor allem Russland). Sommers wie winters ist Premium-Shopping angesagt, an schönen Tagen sind die Straßencafés vollbesetzt, abends die Clubs und Restaurants. An den Wochenenden sieht man lange Schlangen vor den angesagten Ausgeh-Adressen wie East, Hell's Kitchen, Laroy, Riche, Spy Bar, Sturecompagniet oder Sturehof.

In einem der größten Häuser am Platz befindet sich der Eingang zur **Sture-Galerie** (Sturegallerian), die sich über das Areal ehemaliger Hinterhöfe bis zur Grev Turegatan hinzieht. Die Galerie ist die exklusivste Shopping-Adresse der Stadt (S. 198), gleichzeitig aber auch ein preisgekröntes Beispiel gelungener Stadtsanierung. Von besonderem Reiz ist die Integration des Jugendstil-Hallenbades „Sturebadet" (S. 180) in den Komplex. Außerdem lockt die Galerie auch mit einigen bekannten Restaurants, Cafés und Nachtclubs.

Müde von all den Eindrücken dieser VIP-Meile? Dann geht man am besten die hundert Meter über die Sturegatan zum großen Park **Humlegården**, einer grünen Stadt-Oase (S. 132).

Das Königliche Dramatische Theater

Hinkommen: U-Bahnstation Östermalmstorg, Buslinien 1, 2, 55, 96

Info

15 Östermalm II: zwischen Östermalmstorg und Strandvägen

Der Östermalmstorg, also der Marktplatz des Stadtteils Östermalm, ist weder besonders groß noch besonders interessant – wäre da nicht die fantastische Markthalle **Östermalms Saluhall**, die zu den zehn besten der Welt gezählt wird (S. 204)! Von hier schlendert man an der modernen Skulpturengruppe des Bildhauers Willy Gordon vorbei zur **Hedvig-Eleonora-Kirche**, die nur einen Steinwurf entfernt an der Storgatan liegt und oft für Konzerte genutzt wird. Der oktogonale Zentralbau basiert auf Plänen des Stadtarchitekten Jean de la Vallée von 1664, wegen finanzieller Probleme begannen die wesentlichen Bauarbeiten aber erst 1725. Die Kuppel kam schließlich 1868 hinzu – der stilistische Unterschied ist nicht zu übersehen. Innen sind der „goldene Altar“, die klassizistische Kanzel und die Orgel von 1737 sehenswert, aus jüngerer Zeit stammen die Taufkapelle und das St.-Andreas-Glasfenster.

Weltberühmt: Östermalms Saluhall

Verlässt man den Kirchhof über die Artillerigatan, erkennt man die Sichtachse, die sich von der Hedvig-Eleonora-Kirche über mehrere Ostseebuchten bis hinüber zur Katharinen-Kirche auf Södermalm spannt.

Südlich an den Kirchhof schließt sich ein Vierflügel-Gebäude aus dem 17. Jh. an, das heute das **Armeemuseum** (Armémuseum) beherbergt. Der Eingang liegt im Süden an der Riddargatan. Auf drei Etagen wird die Militärgeschichte Schwedens bis zur modernen Neutralitätspolitik dargestellt – z. B. anhand lebensgroßer Soldatenfiguren in den Uniformen der jeweiligen Jahrhunderte. Ein eigener Saal ist den Fahnen und Trophäen besiegter Armeen gewidmet; allerdings präsentiert sich das Museum längst nicht so militaristisch, wie es sein Name vermuten lässt. U. a. ist ein Raum Raoul Wallenberg gewidmet, jenem Schweden, der im Zweiten Weltkrieg Zehntausende Juden vor der Vernichtung rettete (S. 34).

Auf der anderen Seite der Riddargatan nimmt der **Königliche Hofstall** (Kungliga Hovstallet) einen ganzen Block ein; auch hier ist der Eingang im Süden (Väpnargatan). Das rote Ziegelsteingebäude wurde unter Oskar II. 1884 gebaut, allerdings damals von vielen heftig kritisiert: Ein „düsterer Ziegelstein-Haufen“ sei es, der an ein „Schlachthaus oder eine Strafanstalt“ erinnere.

Am Königlichen Hofstall

Ein Hofstall hat die Aufgabe, alle offiziellen Transporte des Königshauses zu organisieren. In dem Komplex befindet sich daher nicht nur der Stall der 16 noch verbliebenen Pferde (Schwedisches Warmblut), die z. B. von der Leibwache bei der Wachablösung eingesetzt werden, sondern auch ca. 40 Pracht-Kutschen, die das Königshaus bei repräsentativen Anlässen z. T. heute noch benutzt. Zudem dient das Gebäude als Garage für den 14 Autos umfassenden Fuhrpark des Hofes, angefangen mit einem 1899 gekauften Mercedes-Benz. Wohlgemerkt: Der Königliche Hofstall ist ein funktionaler Bestandteil des Hofes und kein Museum. Deswegen kann man ihn ausschließlich bei Führungen kennenlernen, die außerhalb der Sommersaison leider nur am Wochenende auf Schwedisch oder Englisch angeboten werden.

Info

Hinkommen: U-Bahnstation Östermalmstorg, Buslinien 2, 5, 54, 69, 71, 76, 91; Tram-Linie 7 (Nybroplan)
Kirche: **Hedvig Eleonora Kyrka**, Storgatan 7, www.hedvigeleonora.se; Mo–Fr 9–12 und (außer Mi) 13–15 Uhr.
Museum: **Armémuseum**, Riddargatan 13, Tel. 08 519 563 01, www.armemuseum.se; Di 11–20, Mi–So 11–17, Juni–Aug. tgl. 10–17 Uhr, frei.
Kungliga Hovstallet, Väpnargatan 1, Tel. 08 402 610 6, www.kungahuset.se; Führungen Juli–Aug. Mo–Fr 12 und 14 (schwed.), 13 und 15 (engl.) Uhr, Sept.–Juni Fr/Sa 12 (schwed.), Sa 13 Uhr (engl.), SEK 100, Kinder 7–17 J. SEK 50.
Essen & Trinken: **Speceriet**, Artillerigatan 14, Tel. 08 662 306 0, http://speceriet.se, im Sommer Di–Fr 18–22, Sa 17–22 Uhr, sonst auch zum Lunch Di–Fr 11.30–14 Uhr; preiswerter Ableger des Edel-Restaurants Gastrologik im gleichen Gebäude nahe dem Armee-Museum; Bistro mit kleiner, aber feiner Auswahl an Lunch- und Abendgerichten, bei gutem Wetter auch Tische draußen.

16 Östermalm III: Prachtstraße der Belle Époque – auf dem Strandvägen zum Nordischen Museum

1897 war ein ganz besonderes Jahr für Stockholm. Denn mit der großen internationalen Kunst- und Industrieausstellung konnte man sich der Welt als moderne Kapitale auf dem Höhepunkt der Belle Époque präsentieren. Das kulturelle und architektonische Vorbild war Paris. Die Planungen begannen bereits 1859 und konzentrierten sich auf das wenig ansehnliche Viertel an der Bucht Nybroviken. Hier sollte ein 1.200 m langer, 35 m breiter, baumbepflanzten Prachtboulevard entstehen, „welcher seinesgleichen in Europa nicht zu finden sei" – außerdem eine neue Straßenbahnlinie, eine Brücke hinüber nach Djurgården und ein riesiges, schlossähnliches Ausstellungsgebäude. Rechtzeitig zur Stockholm-Ausstellung war (fast) alles fertig, und Stockholms neue Prachtstraße Strandvägen konnte eingeweiht werden. Bereits zehn Jahre zuvor waren die Boulevards Karlavägen und Valhallavägen (S. 106) eröffnet worden, sodass Stockholm den Anschluss an die zeitgenössische Stadtplanung von Metropolen wie Paris, Turin oder Wien fand.

Seit seiner Fertigstellung gilt der Strandvägen als eine der besten Adressen der Hauptstadt: Nur die Noblesse, Bankiers und Prominente aus dem Sport und Showbusiness konnten und können sich hier Wohnungen leisten. Die wenigen Geschäfte sind höchst exklusiv, die Hotels hochpreisig und die Restaurants edel. Das hindert „Normaltouristen" natürlich nicht, durch die Allee zu flanieren und den Blick

Beeindruckendes Gebäude: das Nordische Museum

auf Bucht, Boote und Bauten zu genießen. Architektur- und Jugendstilfans kommen voll auf ihre Kosten, besonders bei den Hausnummern 7 und 29–33 sowie den Nobelhotels Esplanade und Diplomat.

Blick auf die prächtige Uferpromenade

Nach etwa 1 km macht der Strandvägen einen Bogen um den Nobelpark und führt ohne großstädtische Bebauung auf die Diplomatenstadt zu, während nach Süden die 35 m lange und 10 m breite „Tiergartenbrücke" **Djurgårdsbron** den einzigen Zugang nach Djurgården bildet. Mit ihren vier Kandelabern, dem reich dekorierten Gusseisen-Geländer und den Skulpturen der nordischen Götter Thor, Freya, Heimdall und Frigg ist sie wohl die schönste Stockholmer Brücke.

Jenseits der Brücke setzt das gewaltige **Nordische Museum** (Nordiska museet) mit seinen zahlreichen Türmen den Schlusspunkt dieses Jahrhundertwende-Ensembles. Der Architekt Isak Gustaf Clason ließ sich außen wie innen von der nordischen Renaissance inspirieren und schuf mit der 125 m langen und 24 m hohen Mittelhalle einen beeindruckenden Raum, in dessen Zentrum eine 6 m hohe Holzfigur von Gustav Wasa thront. Mit ca. 1,5 Mio. Exponaten verfügt das Museum über genügend Stoff für einen mehrstündigen Aufenthalt. Auf zwei Etagen wird ein umfassender Überblick über das schwedische Alltagsleben seit dem 16. Jh. gegeben, z. B. die Kultur der Samen, Volkstrachten, Spielsachen, Kleidung und Mode, Porzellan und Besteck, Möbel, Schmuck oder alte Fotografien. Besonders interessant sind die wenig bekannten expressionistischen Gemälde des Dramatikers August Strindberg.

Tipp

Charme der Goldenen 1920er-Jahre: die historische Straßenbahn

Von Anfang an befuhr auch die neue Straßenbahn den Strandvägen. Seit 1991 verkehrt sie als „Djurgårdslinjen" (Linie 7) auf der Strecke Norrmalmstorg (City) bis Skansen; die Fahrzeit beträgt etwa 15 Minuten. Neben modernen Tram-Wagen werden auch solche der 1920–50er Jahre als Museumsstraßenbahn eingesetzt. Zusätzlich gibt es eine historische Café-Tram (Cafévagnen), erkennbar an der großen Kaffeetasse auf dem Dach. Tram und Museums-Tram sind Teil des öffentlichen Nahverkehrs, auch der Stockholm Pass gilt hier als Ticket. Die Café-Tram kostet SEK 35, Kinder 7–19 J. und Pensionäre SEK 20 (plus Verzehr). Die Tram verkehrt Mitte Juni–Aug. tgl. 11–18/19, April–Mitte Juni und Sept.–Dez. Sa/So 11–17/18 Uhr; Infos unter www.djurgardslinjen.se.

Info

Hinkommen: U-Bahnstation Kungsträdgården oder Karlaplan, Buslinien 44, 47, Tram-Linie 7

Nordisches Museum: **Nordiska Museum**, Djurgårdsvägen 6–16, Tel. 08 519 546 00, www.nordiskamuseet.se; Juni–Aug. tgl. 9–18, sonst 10–17, Mi bis 20 Uhr; SEK 120, bis 18 Jahre frei.

17 Östermalm IV: Diplomatenstadt und Museumsmeile

1911 entstand der Plan, östlich der Prachtstraße Strandvägen einen monumentalen Palast zu Ehren Alfred Nobels zu bauen. Daraus wurde nichts, stattdessen legte man an der Stelle den **Nobelpark** an und unmittelbar daneben eine Villensiedlung für betuchte Bürger. Später zogen hier verschiedene Auslandsvertretungen ein, wodurch sich der Name **Diplomatenstadt** (Diplomatstaden) einbürgerte.

Tipp

Am schönsten erkundet man die Diplomatenstadt und Museumsmeile auf einem **Spaziergang**! Sofort hinter der Djurgårdsbron zweigt rechts ein Fußweg ab, der immer am Wasser entlang führt. Für die Strecke bis zu den Museen benötigt man etwa 20 Minuten. Ab dort könnte man mit dem Bus zurückfahren, oder zu einer längeren **Wanderung** (S. 124) durchstarten. Oder man erkundet die Gegend auf einer **Fahrradtour** nach und durch Djurgården (S. 176).

Vogelperspektive auf das Maritime Museum

Die hochherrschaftlichen Villen, die alle 1913–27 gebaut wurden, sind in einem Halbkreis und fächerförmig um die neugotische **Englische Kirche** (Engelska kyrkan) angelegt. Diese war in Liverpool entworfen und 1866 in Norrmalm errichtet worden. Die erste Botschaft der Diplomatenstadt war denn auch die britische. Noch heute gehört die Kirche zur Church of England und werden die Predigten auf Englisch abgehalten.

Nördlich der Villensiedlung wurden in späterer Zeit andere, weitaus nüchterner gehaltene Botschaften gebaut, zuerst die norwegische (1952), zuletzt die finnische (2001). Am größten ist der schwer bewachte Komplex der US-Botschaft. Nicht weit entfernt davon steht auch die **deutsche Botschaft**, die 1975 in die Schlagzeilen geriet, als Terroristen der RAF das Gebäude besetzten, mehrere Geiseln nahmen und zwei Botschaftsmitglieder ermordeten.

Folgt man über die Nobelgatan weiter der Bucht Djurgårdsbrunnsviken, stets mit ungehindertem Blick auf Djurgården und die hoch gelegenen Teile des Freilichtmuseums Skansen, kommt man bald zu einer weiten Rasenfläche, auf der in nahem Abstand fünf Museen platziert sind. Während das **Polizeimuseum** und das **Sportmuseum** eher etwas für speziell Interessierte sind, sprechen die drei anderen auch die breite Allgemeinheit an.

Als erstes gelangt man zum weißen, 1938 eingeweihten **Seehistorischen Museum** (Sjöhistoriska Museet), dessen lange, gebogene Fassade mit Mittelturm von Ragnar Östberg (Architekt des Rathauses) entworfen wurde. Die Sammlung zur Geschichte der Seefahrt, die größte Skandinaviens, zeigt eine Vielzahl von maritimen Gemälden, Schiffsmodelle verschiedener Jahrhunderte sowie Exponate der

Blick auf die Diplomatenstadt

Handels- und Kriegsseefahrt. Auch der Untergang der Estonia 1994 wird in einer Ausstellung thematisiert. Das unbestrittene Highlight sind Teile der „Amphion", der Lustyacht Gustavs III.; deren königliche Kajüte wurde rekonstruiert, während ihr prächtiges Heck im Originalzustand ausgestellt ist.

Nahebei stellt das **Technische Museum** (Tekniska Museet), in einem funktionalistischen Gebäude von 1936 untergebracht, mit etwa 55.000 Exponaten Schwedens größtes naturwissenschaftlich-technisches Museum dar. Mit seinen über 100 Experimentierstationen, einer begehbaren Erzgrube und einer Modelleisenbahn ist es zudem ein Eldorado für technisch interessierte Kinder aller Altersklassen. Besonders beeindruckt die große Maschinenhalle mit ihrer Sammlung von Dampfmaschinen, Autos und Flugzeugen.

Dahinter hebt sich das **Ethnographische Museum** (Etnografiska Museet) mit seiner falun-roten Holzfassade deutlich von den anderen Gebäuden ab. In dem 1980 eingeweihten Haus werden verschiedene Kulturen aus China, Japan, Korea, Süd- und Südostasien, Ozeanien, Afrika und Südamerika vorgestellt. Ein Schwerpunkt der Sammlung von etwa 220.000 Objekten sind die Indianer Nordamerikas. In dem Teehaus im Garten werden im Sommer regelmäßig japanische Teezeremonien abgehalten.

Info

Hinkommen: Startpunkt Djurgårdsbron mit Buslinien 76, 67 oder Tram-Linie 7. Ab Djurgårdsbron Buslinie 69 zu allen Museen (Haltestelle Sjöhistoriska Museet oder Museiparken) und zum Aussichtsturm Kaknästornet.

Museen: Tekniska Museet, Museivägen 7, www.tekniskamuseet.se; tgl. 10–17, Mi bis 20 Uhr, SEK 150, Mi 17–20 Uhr freier Eintritt.

Sjöhistoriska Museet, Djurgårdsbrunnsvägen 24, www.sjohistoriska.se; Di–So 10–17 Uhr, frei.

Etnografiska Museet, Djurgårdsbrunnsvägen 34, www.etnografiska.se; Di–So 11–17 Uhr, frei.

Essen & Trinken: Für eine Stärkung stehen in diesem Viertel allein die Cafés der fünf Museen zur Verfügung, die durchweg gut sind.

18 Kungsholmen: zwölf Brücken, viel Grün und Wohnen am Wasser

Dass die meisten Stockholm-Touristen Kungsholmen (Königsinsel) besuchen, liegt einzig und allein am **Stadthaus** (Stockholms stadshus), dem Wahrzeichen der Stadt schlechthin (S. 110). Da dieses im östlichen Winkel der Insel liegt, nur einen Steinwurf vom Bahnhof und den Brücken zur Altstadt entfernt, wird der Rest von Kungsholmen kaum besucht. Auf diese Weise bleibt die Insel im Windschatten des Besucherandranges, was ihr zum Etikett „Geheimtipp" verhilft.

Das knapp 5 km² große Eiland liegt im Mälarsee, also im Süßwasser. Im Süden wird sie von der weiten Bucht Riddarfjärden begrenzt, im Norden von einer Reihe kanalartiger Seen (Klara sjö, Barnhusviken, Karlbergssjön), im Westen von den Buchten Ulvsundasjön und Tranebergssund. Dort liegen auch die vorgelagerten Inseln Stora und Lilla Essingen, die verwaltungstechnisch zu Kungsholmen gehören. Über all diese Gewässer spannen sich insgesamt **zwölf Brücken**, unter denen man bei einer Inselumrundung auf einem Sightseeing-Boot hindurchfährt (S. 146).

Historisch ist Kungsholmen eng mit den Franziskanern verknüpft, die ab dem 15. Jh. auf der Insel lebten und landwirtschaftliche und vorindustrielle Betriebe gründeten. Munklägret, „Lager der Mönche", wurde sie deshalb genannt. Nach der Reformation kam die Insel unter die Verwaltung der Krone und erhielt unter Karl XI. ihren heutigen Namen. Wer damals dort lebte, das verraten Straßennamen wie Garvargatan (Gerberstraße), Hantverkargatan (Handwerkerstraße), Svarvargatan (Dreherstraße) oder Pontonjärgatan (Brückenbauerstraße). Heute ist die Insel mit ihren ca. 65.000 Einwohnern in drei Bereiche unterteilt: Im Osten befinden sich die öffentlichen Institutionen wie Rathaus, Stadthaus, Polizei, Schule etc., westlich davon Mietshäuser, die meist in den 1920–40er-Jahren errichtet wur-

Blick auf die Skyline der Königsinsel

den und deren Fassaden oft in ockerbraunen, gelben oder rötlichen Farben leuchten. Ganz im Westen, nahe der doppelten Bogenbrücke Vesterbron, erheben sich nahe dem Reichsarchiv die Hochhäuser der großen schwedischen Zeitungsverlage Dagens Nyheter, Svenska Dagbladet und Aftonbladet.

Um die wichtigsten Sehenswürdigkeiten kennenzulernen, sollte man mit der U-Bahn bis zur Station Rådhuset fahren. Gelangt man dort, an der Bergsgatan, wieder an die Oberfläche, sieht man westlich einen großen, mehrere Häuserblocks umfassenden Komplex, den jeder Fan schwedischer Krimis kennt. Hier sind das **Polizeipräsidium** der Stadt, die Reichspolizei, das Untersuchungsgefängnis und andere Institutionen zu Hause. Zur anderen Seite sieht man das langgestreckte **Rathaus** (Stockholms rådhus) mit seinem hohen Mittelturm. Das Gebäude wurde 1909–15 nach Plänen des Architekten Carl Westman errichtet, dessen Entwurf des Stadthauses auf dem zweiten Platz landete. Anders als in Deutschland ist in schwedischen Rathäusern die Stadtverwaltung und das Amtsgericht (tingsrätt) untergebracht, während für die Stadtregierung das Stadthaus vorgesehen ist.

Der Hafen von Mariefred mit Kungsholmen im Hintergrund

Gegenüber der U-Bahnstation führt die Agnegatan südwärts auf das repräsentative **Landstingshuset** zu, von dem aus der Regierungsbezirk (län) Stockholm verwaltet wird. Das von einem schönen Park umgebene neuklassizistische Gebäude mit Säulen und Tempelgiebel wurde 1816–34 als Garnisons-Krankenhaus errichtet. Es liegt an der **Hantverkargatan**, die, zusammen mit der **Fleminggatan** weiter im Norden, mit einer Vielzahl von Restaurants, Bars und Cafés die belebteste Ecke des Stadtviertels ist.

Bummelt man auf der Hantverkargatan vier Blocks nach Osten, sieht man zur Linken inmitten eines Parks die 1688 eingeweihte **Kungsholms kyrka**, eine wunderschöne Kirche auf kreuzförmigem Grundriss und mit oktogonaler, kupferverkleideter Kuppel.

Ein Block weiter südlich wartet der **Norrmälarstrand**, eine von Baumreihen flankierte Uferstraße. Auf dieser kann man bis zur Vesterbron wandern, den Blick hinüber nach Södermalm genießen, im Sommer an mehreren Badestellen ins Mälarsee-Wasser gehen, die Segel- und Ausflugsboote beobachten oder in einem der vielen Cafés einkehren. Zur anderen Seite ist das Stadthaus nur wenige Gehminuten entfernt.

Hinkommen: U-Bahnstation Rådhuset,
Buslinien 3, 50, 54, 61

Info

19 Södermalm I: vom Armenhaus zum Szeneviertel

Södermalm ist der südliche der zentralen Stadtbezirke und wird meistens mit der großen, früher Åsön genannten Insel gleichgesetzt. Administrativ aber umfasst der Bezirk auch Ortsteile wie Gamla Stan, Riddarholmen und Långholmen. Mit ca. 127.000 Einwohnern ist Södermalm eine der am dichtesten besiedelten Areale in ganz Skandinavien. Historisch prägte die Zeit der **Industrialisierung** den Stadtteil: Hier entstanden um das Jahr 1900 große Fabrikanlagen und mit ihnen Arbeitersiedlungen, die sich zu den ärmlichen Holzhausvierteln gesellten. Lange Zeit galt deshalb Södermalm, kurz **Söder** genannt, als Schmuddelviertel der Stadt, gar als Brutstätte der Kriminalität, worauf der Spitzname „Messer-Söder" anspielt. Inzwischen sind viele Industriebauten durch neuere Wohnhausanlagen ersetzt, wohnen hier Mittelstandsfamilien und unterscheidet sich das Leben kaum vom Rest Stockholms.

Tipp

Die alte Seidenweberei auf Södermalm

Sidenväveri & Museum, Repslagargatan 15a, Mo–Fr 10–16 (Juli–Aug nur 11–15), Sa 11–15 Uhr, www.kasiden.se, SEK 75, unter 12 Jahren frei; Der Gebäudekomplex auf der Repslagargatan, mit seinem Innenhof eine kleine Perle in der dichten Bebauung Södermalms, beherbergt die einzig erhaltene Seidenweberei Nordeuropas. Von Knut August Almgren bereits 1833 gegründet, stieg die Manufaktur schnell zu einem bedeutenden Wirtschaftsfaktor der Stadt auf, übrigens mit dem größten Frauenarbeitsplatz Skandinaviens während der Industrialisierung, mit eigener Krankenversicherung, Rentenversorgung und Genossenschaftsläden für die Angestellten. In der K.A. Almgren Sidenväveri wurde bis 1974 Seide auf Jacquardwebstühlen produziert, einer bahnbrechenden Erfindung des Franzosen Joseph-Marie Jacquard von 1805. In dem 1991 eröffneten Seidenweberei-Museum wird die originale Einrichtung samt den 170 Jahre alten Webstühlen gezeigt und deren Funktionsweise demonstriert, außerdem gibt es wechselnde Ausstellungen von Textilkunst.

Andererseits gab es noch genügend ärmere Gegenden mit niedrigen Mieten. Das zog junge Leute, Künstler und Studenten an. Bald wandelte sich das ganze Quartier zu einem bei Intellektuellen, Bohémiens und jungen Designern beliebten Stadtteil, sprossen kleine Galerien, Boutiquen, Cafés, Bars und Clubs aus dem Boden und machten ganz Söder zum **angesagtesten Ort** der Stadt.

Wer als Besucher auf eine kreative Szene gespannt ist, unkonventionell shoppen oder trendig ausgehen möchte, ist hier also richtig. Außerdem, so heißt es, finde man in Södermalm schneller Kontakt zu den Einheimischen, sei die Atmosphäre spontan und entspannt. Die lebhaftesten Orte in diesem Sinne sind die Götgatan mit dem Medborgarplatsen (S. 50) sowie SoFo (S. 200).

Shoppingpause im Trendviertel

Tatsächlich entdecken immer mehr Touristen Södermalms ganz speziellen Charme. Manche kommen sicher auch, um hier die Schauplätze der Kriminalromane von Stieg Larsson und Arne Dahl live zu erleben. Viele sind überrascht, wie viele pittoreske **Holzhausviertel** es in Söder noch gibt, die so gar nicht zum Image der Industrievergangenheit passen wollen – die Fjällgatan (S. 84) gehört dazu, das Katharinenviertel (S. 52), Vita bergen (S. 136) oder Åsöberget. Oder was für fantastische **Parks**, aussichtsreiche Wanderwege wie den Monteliusvägen (S. 86) oder auch kulturelle Highlights der Bezirk zu bieten hat.

Die Hügel von Södermalm

Ein Quartier, in dem ruhige, ältere Wohnviertel und betriebsame Ausgeh-Adressen eng benachbart sind, ist **Mariaberget** unmittelbar westlich von Slussen. Der „Berg" ist die steil zur See abfallende Klippe eines mächtigen Gneisblocks, die früher mittels Aufzug-Konstruktionen wie dem Mariahissen bezwungen wurde. Eine der schönsten Straßen im Quartier ist die kopfsteingepflasterte **Bastugatan**, während drei Blocks weiter südlich auf der vierspurigen Hornsgatan die Metropole zu spüren ist. Mit dem **Mariatorget** hat die Straße einen sehr sehenswerten Stadtpark, in dem eine Büste an den Mystiker Emanuel Swedenborg erinnert. Das Zentrum des Parks wird von einem Springbrunnen dominiert, dessen große Skulpturengruppe den nordischen Gott Thor im Kampf mit der Seeschlange Jörmungandr darstellt (A.H. Wissler, 1903). Im Südwesten des Mariatorget sieht man die kleine Methodistenkirche St. Paulskyrkan von 1876. Ansonsten findet man rings um den Platz mehrere Cafés, Bars und das ABBA-Hotel Rival (S. 206) im Gebäude eines ehemaligen Kinos. In einem weiteren Park, nur 100 m weiter westlich, stellt die 1625 eingeweihte und 1759 veränderte **Maria-Magdalena-Kirche** einen Blickfang dar; an ihrer Baugeschichte waren u. a. die beiden Architekten Nicodemus Tessin beteiligt.

Info

Hinkommen: U-Bahnstation Medborgarplatsen, Buslinien 17, 18, 19

Essen & Trinken: **Kalf & Hansen**, Mariatorget 2, Tel. 08 551 531 51, www.kalfochhansen.se; Mo–Fr 10–20, Sa 11–20, So 11–18 Uhr. Am nordwestlichen Rand des Mariatorget, an der Ecke zur Hornsgatan, findet man dieses sympathische Café, in dem Vater und Sohn Bio-Snacks, Salate, Wraps, Suppe und Sandwiches zu fairen Preisen anbieten.

20 Södermalm II: rund um den Medborgarplatsen

Eine Art natürlicher Mittelpunkt Södermalms ist der **Medborgarplatsen** (Bürgerplatz). Die große Freifläche (die einzige in Stockholm, die „plats" heißt und nicht „plan" oder „torg") entstand in den 1850er-Jahren im Zusammenhang mit dem Bau des Südbahnhofs und wurde Ende der 1930er komplett umgestaltet. Die umgebenden Gebäude unterschiedlichster Epochen lassen den weiten Platz uneinheitlich wirken, aber Straßencafés, Biergärten, Clubs und Kneipen, Marktstände und oft auch Open-Air-Konzerte machen den Medborgarplatsen zu einem Hotspot für Shoppingfreunde, Flaneure und Nachtschwärmer. Während das sommerliche Treiben ab dem 1. Mai beginnt, ist im Winter auf dem Platz eine Eislaufbahn aufgebaut.

Zum Westen hin wird der Medborgarplatsen durch das **Göta Arkhus** von 1984 begrenzt, in dem sich Büros und die Verwaltung des Stadtteils befinden, und südlich davon durch die **Söderhallarna** mit dem Multiplex-Kino Filmstaden. Zur anderen Seite, im Nordosten, findet man das älteste Gebäude am Platz, den **Lillienhoffska palatsen**, der 1668–70 gebaut wurde. Die Schauseite des Hauses ist der **Götgatan** zugewandt, die unbestrittene Hauptschlagader des Stadtteils, auf der fast rund um die Uhr etwas los ist.

Jenseits der Götgatan liegt der schöne Park **Björns trädgård** mit der Stockholmer Moschee, ein guter Ausgangspunkt für Spaziergänge zum pittoresken Katharinenviertel (S. 52). Geht man nun südwärts, passiert man das monumentale **Medborgarhus**, 1939 im funktionalistischen Stil errichtet. Es beherbergt u. a. eine Bibliothek, Bühnen und ein Schwimmbad. Zur Platzseite hin ist der Komplex durch zwei Freitreppen gegliedert, vor dem Haupteingang erinnert ein Glaskunstwerk an die 2003 ermordete Außenministerin Anna Lindh.

Stockholmer Moschee am Björns trädgård

Hinter dem Medborgarhus, an der Folkungagatan, versteckt sich zwischen zwei größeren Häusern die katholische Domkirche **St. Erik**. Die Kathedrale im neuromanischen Stil wurde 1892 gebaut und gibt sich zur Straße hin verhältnismäßig bescheiden. Deswegen überrascht der Blick ins Innere: hier ist die sehr farbige und reich dekorierte, z. T. byzantinisch anmutende Ausstattung original erhalten.

Möchte man die pulsierende Szene Södermalms kennenlernen, bietet sich von hier aus ein Abstecher nach „SoFo" an (S. 200). Ansonsten geht man zum Medborgarplatsen zurück und passiert rechts die Markthalle, wobei man geradewegs auf den unübersehbaren, achteckigen **Södertorn** stößt, ein 1997 vollendetes und 86 m hohes Wohnhaus mit 24 Stockwerken.

An einer Skulptur von Niki de Saint Phalle vorbei erreicht man sofort dahinter ein riesiges, halbrundes Wohngebäude mit einem Diameter von 180 m, das nach Plänen des spanischen Architekten Ricardo Bofill 1992 vollendet wurde. Die postmoderne Anlage, die auch „Bofills båge" (Bofills Bogen) genannt wird, umrahmt den **Fatburspark**, der mit Springbrunnen und 16 Skulpturen geschmückt ist. Westlich vom Park kommt man in wenigen Schritten zu einem modernen Komplex mit dem Eingang zur unterirdischen S-Bahnstation Södra Station.

Tipp

Die Söderhallen: einkaufen und lecker essen!

Die **Söderhallen** (Söderhallarna) im Westen des Medborgaplatsen sind ein 1992 fertiggestellter, vierstöckiger Komplex, an dessen von einer Uhr bekrönten Fassade zu lesen ist, was er alles beinhaltet. Am interessantesten für Touristen ist sicher die **Saluhall** (Markthalle) im Erdgeschoss. Hier findet man neben Cafés und Restaurants einen Markt, in dem Händler schwedische und internationale Spezialitäten (Käse, Fisch, Fleisch etc.) anbieten, und zwar preisgünstiger als in der bekannteren Östermalms saluhall.
Söderhallarna, Söderhallarna 110, www.soderhallarna.se; Mo–Fr 10–19 (im Sommer bis 18), Sa 10–16 Uhr (einige Restaurants und Geschäfte mit längeren Öffnungszeiten).

Am Medborgarplatsen

Info

Hinkommen: U-Bahnstation Medborgarplatsen, Buslinien 17, 18, 19
Essen & Trinken: **Kvarnen**, Tjärhovsgatan 4, Tel. 08 643 038 0, www.kvarnen.com; Mo–Di 11–1, Mi–Fr 11–3, Sa 12–3, So 12–1 Uhr; Terrasse auf dem Medborgarplatsen April–Okt. (nur bei gutem Wetter) tgl. 11–24 Uhr. Das Kvarnen ist eine kulinarische Södermalm-Institution seit 1909, eine Mischung aus Bierhalle, Restaurant, Sportsbar und Tanzschuppen, bekannt auch aus diversen Stockholm-Krimis. Mittags gibt es preiswerten „dagens lunch", abends wird à la carte gegessen (sehr leckere Schnitzel!). Im Ausschank sind elf verschiedene Fassbiersorten. Als Stammkneipe der Fans von Hammarby IF kann es nach oder während der Fußballspiele gedrängt und sehr laut zugehen.

21 Södermalm III: durchs pittoreske Katharinenviertel

Das östlich der Götgatan gelegene Katharinenviertel zählt zu jenen Quartieren in Stockholm, auf die die Beschreibung „pittoresk“ besonders zutrifft. Es kann über steile Treppen von Slussen aus erreicht werden oder etwas bequemer vom Medborgerplatsen aus. In letzterem Fall verlässt man die U-Bahnstation und durchquert zunächst den Park Björns trädgård, an dessen linker Seite einige Stufen zu einem weißen Gebäude hinaufführen, das durch das Minarett leicht als die **Stockholmer Großmoschee** (Stockholms stora moské; offiziell: Zayed bin Sultan Al Nahyans Moschee) zu erkennen ist. Die größte Moschee der Stadt wurde 2000 eingeweiht, wobei das Gebäude selbst aus dem Jahr 1903 stammt und lange Zeit als Kraftwerk gedient hatte. Zu seiner heutigen Funktion passte gut, dass die Pläne vom Jugendstil-Architekten F. Boberg nach einer Marokkoreise entworfen wurden und er, davon inspiriert, von Anfang an „maurische“ Elemente vorgesehen und das Gebäude sogar nach Mekka ausgerichtet hatte.

Farbenfroh: die Katharinen-Kirche

Von der Moschee führt die **Kapellgränd** schnurgerade auf eine große Grünanlage zu, die sich beim Näherkommen als Kirchhof entpuppt, in dessen Mitte die evangelisch-lutherische **Katharinen-Kirche** (Katarina kyrka) steht. Auf diesem Weg durchquert man zunächst den stimmungsvollen Friedhof, auf dem auch einige bekannte Persönlichkeiten beigesetzt sind – z. B. die 2003 ermordete schwedische Außenministerin Anna Lindh (Grab Nr. 15-1503).

Die farbenfrohe Kuppelkirche ist die dritte an diesem Ort. Die erste, von Jean de la Vallée entworfen und 1695 eingeweiht, brannte 1723 nieder, die zweite erlitt 1990 das gleiche Schicksal. Damals waren nur die Außenmauern stehengeblieben, sogar die Glocken waren beim Feuer geschmolzen. Innerhalb von fünf Jahren wurde die Katharinen-Kirche originalgetreu wieder aufgebaut – einige sagen, schöner als zuvor! Auch aus dem Inneren hat man einiges rekonstruiert, z. B. den Orgelprospekt von 1751.

Unmittelbar nördlich der Kirche überquert man die Högbergsgatan und gelangt über einige Stufen auf den **Katarina kyrkobacken**, der mit seinem groben Pflaster, den Gaslaternen und alten Holzhäusern wie ein Freilichtmuseum wirkt. In der Verlängerung der Gasse erkennt man in der Ferne die Hedvig-Eleonora-Kirche, beide Kuppelbauten stammen vom gleichen Architekten.

Pause mit Aussicht am Mosebacke

Über die ebenfalls pittoreske Svartens gatan und die Fiskargatan geht der Spaziergang zum **Mosebacke**, der direkt auf der Granitklippe Södermalms liegt. Der beliebte Biergarten Mosebackterrassen hat also einen eindeutigen Standortvorteil, wenn es um die Aussicht geht – ganz Stockholm liegt einem buchstäblich zu Füßen. Der Biergarten ist Teil des **Södra Teatern**, eines eindrucksvollen Theaters von 1859, das auch heute noch mit seinen sieben Bühnen eine wichtige kulturelle und mit seinen diversen Bars und Restaurants außerdem eine kulinarische Rolle spielt.

Auch der baumbestandene Platz **Mosebacke torg**, zwischen Theater und Wasserturm platziert, passt mit seinen Bänken und Skulpturen in das Bild des Viertels. Vom Platz, rechts des Theaters, zweigt ein Treppenweg ab, der einen hinab zur U-Bahnstation Slussen bzw. zur Altstadt bringt. Doch vorher sollte man – wieder mal der Aussicht wegen – die Fußgängerbrücke **Katarina gångbro** begehen, die in schwindelerregender Höhe zum derzeit stillgelegten Aufzug Katarinahissen führt.

Info

Hinkommen: U-Bahnstation Medborgarplatsen oder Slussen, Buslinien 2, 3, 17, 18, 19, 53, 59, 76
Kirche: **Katarina Kyrka**, Högbergsgatan 13, Tel. 08 743 684 0, www.svenskakyrkan.se; Mo–Sa 11–17, So 10–17 Uhr, im Sommer Mo–Do 11–17, Fr 11–16, Sa 11–17, So 10–19.30 Uhr.
Essen & Trinken: **Mosebacke Etablissment**, Mosebacke Torg 1–3, Tel. 08 531 993 50, www.sodrateatern.com; im Södra Teatern gelegenes Lokal mit weiter Aussicht, geboten wird schwedische Hausmannskost mit französischem Einschlag. Di–Do 17–23, Fr 17–2, Sa 11–2, So 11–16 Uhr; Mo–Fr 11.30–14 Uhr preisgünstiges Lunch-Büffet (13–14 Uhr nochmal verbilligt!). Im Frühjahr und Herbst trifft man sich Sa/So zum „Jazzbrunch" mit Live-Musik. Im dritten Stock, wo die Aussicht natürlich noch besser ist, wartet am Wochenende die **Södra Bar** auf (Fr/Sa 21–3 Uhr). *On the top* bietet im 7. Stock die **Champagnerbaren** den vielleicht besten Blick auf Gamla Stan, der überhaupt möglich ist (nur Juni–Aug. Mi/Do 15–1, Fr/Sa 15–3 Uhr geöffnet).

22 Vasastaden: großzügige Neustadt nach Wiener Vorbild

Der Stadtteil **Vasastaden** (kurz: Vasastan, ca. 60.000 Einwohner) mit dem Odenplan als lebendigem Mittelpunkt schließt sich nördlich an Norrmalm an. Vasastaden ist vor allem ein Wohngebiet, das in der zweiten Hälfte des 19. Jh. gestaltet worden ist, wobei sich viele Architekten Wien zum Vorbild nahmen. So bekamen die Straßen mit 18 m eine größere Breite als in der Stadtmitte, und die Höhe der Gebäude sollte der Straßenbreite entsprechen. Außerdem wurde darauf geachtet, dass Grünanlagen die urbane Bebauung auflockerten.

Einen Rundgang startet man am besten an der U-Bahnstation Rådmansgatan. Nach 150 m über den Sveavägen (S. 28) taucht zur Linken die **Handelshochschule** (Handelshögskolan) von 1926 auf. Dahinter erstreckt sich der hügelige Park **Observatorielunden** (S. 138), der vom alten Observatorium (1748–53) gekrönt wird. Dort, wo sich Sveavägen und die 30 m breite Odengatan kreuzen, befindet sich die **Stadtbücherei** (Stadsbibliothek 22b) von 1928, ein Meisterwerk des Architekten Gunnar Asplund. Die Bibliothek

Tipp

Geheimtipp Engelbrektskirche (Engelbrektskyrkan 22a)

Im Osten Vasastadens, nahe dem Boulevard Karlavägen (S. 106) gelegen, steht auf einem Hügel die wenig besuchte Engelbrektskirche, die manche für die schönste Stockholms halten. Das natioalromantische Meisterwerk des Architekten Lars Israel Wahlman wurde 1910–14 errichtet, zusammen mit den Häusern der Umgebung. Überall sieht man hier das dunkle Rot der Ziegelsteine, die auf schweren Granitsockeln ruhen. Aus drei Richtungen führen geschwungene Treppen den Parkhügel hinauf. Dort geht der Blick an der reich gegliederten Fassade hinauf bis zur Kupferabdeckung des Turms, der von den meisten Stellen in Vasastaden aus zu sehen ist. Der magisch wirkende Innenraum ist mit 1.400 Sitzen nicht nur einer der größten der Stadt, sondern mit einer Gewölbehöhe von 32 m auch der höchste im Norden.

Am nördlichen Ende des Sveavägen liegt das Karolinska Institut, eine der bekanntesten medizinischen Fakultäten Europas

mit ihrer markanten Rotunde ist innen wie außen sehenswert, sowohl wegen der klassizistischen Strenge und interessanten Kunstwerke (Wandmalereien, Brunnen etc.) als auch wegen der bis in kleinste Details wie Lampen oder Türklinken durchgestylten Innenarchitektur.

100 m hinter der Bücherei mündet die Odengatan in den spitz zulaufenden **Odenplan**, der vor allem als Verkehrsknotenpunkt Bedeutung hat. Das Eingangsgebäude zur Tunnelbana ist das architektonisch wohl spannendste Stockholms. Eine Treppe wurde als Piano-Treppe gestaltet, sodass man den Weg mit seiner eigenen Melodie begleiten kann.

Stimmungsvoll: St. Lucia in der Gustav-Vasa-Kirche

Am anderen Ende des Odenplans erhebt sich die hohe Kuppel der **Gustav-Vasa-Kirche** (Gustav Vasa kyrka 22c), eine neubarocke Nachzüglerin, die erst 1906 eingeweiht wurde. Der von zwei Doppelsäulen flankierte Haupteingang des Zentralgebäudes liegt deswegen auf der Ostseite, weil er hier zum Odenplan hin am besten wirken kann. Im Innern ist vor allem der Altar sehenswert, der älter als die Kirche ist. Er wurde 1725–31 von Burchardt Precht geschnitzt und sollte ursprünglich den Dom von Uppsala schmücken.

Tipp

Stadtbezirke und Architektur in Vasastaden

Wer Interesse an Stadtplanung und Architektur des frühen 20. Jh. hat, sollte sich diese drei Bezirke der Vasastaden nicht entgehen lassen, die etwas weiter vom Zentrum entfernt sind.
Birkastaden 22d: Oberhalb des Karlberg Palasts machen acht Blocks im Nordwesten des Viertels diesen Bezirk aus, der komplett im schwedischen Jugendstil errichtet wurde, hauptsächlich 1905–06.
Röda Bergen 22e: Der „Rote Berg“ ist ein recht steiler Bezirk unmittelbar nördlich der Birkastaden, der im Wesentlichen 1909–23 bebaut wurde. Die etwa 2.500 Wohneinheiten waren zwar sehr klein, aber für damalige Verhältnisse modern (Warmwasser, WC, Badewannen) ausgestattet. Die 5–6-stöckigen Häuser formen eine Art Mauer um den „Berg“, weswegen es innerhalb der Gebäude eine Höhendifferenz gibt. Besonders gut ist das sichtbar, wenn man die Rödabergsgatan nach Westen geht.
Atlas 22f: Der Distrikt zwischen dem Vasapark und der Brücke Sankt Eriksbron wurde nach dem Industrieunternehmen Atlas benannt, das früher die Gegend dominierte. Das Projekt einer Arbeitersiedlung wurde ab 1926 realisiert, z. T. im nationalromantischen Stil. Ähnlich wie im Röda Bergen umgeben bis zu 9-stöckige Häuser das hügelige Gelände wie eine Mauer, sodass die Rückseite bzw. Hinterhöfe deutlich höher liegen.

Info

Kirchen: Engelbrektskyrkan, Östermalmsgatan 20 B, http://svenskakyrkan.se/engelbrekt; Di–So 11–15 Uhr. In der Kirche finden gelegentlich Orgelkonzerte statt, Termin auf der Homepage.

Gustav Vasa kyrka, Karlbergsvägen 1–5, tgl. 11–18 Uhr, im Juli Mo–Fr 11–16 Uhr Sommercafé vor der Kirche. Das Musikprogramm findet man unter www.svenskakyrkan.se/gustafvasa.

23 Nacka: wo sich Stadt und Schären treffen

Nacka ist eine eigenständige 100.000-Einwohner-Gemeinde, die sich östlich an Södermalm anschließt. Hier berühren sich die städtische Bebauung und die Wunderwelt der Schären. Die Küste ist von zerklüfteten Granitfelsen geprägt, aber auch im Hinterland findet sich eine abwechslungsreiche Landschaft mit Nadelwäldern, Sümpfen und Binnenseen, die in nicht weniger als zwölf Naturreservaten geschützt ist – besonders schön sind die von **Erstavik** und **Nyckelviken**. Wer auf Safari geht, kann hier Elche, Hirsche, Füchse und Hasen treffen oder Enten, Gänse, Bussarde und manchmal sogar Adler sehen. Mit ca. 4 Mio. Besuchern jährlich sind die Naturreservate äußerst populär und werden u. a. zum Baden, Angeln, Picknicken, Wandern, zum Skilanglauf oder zum Sammeln von Pilzen und Beeren genutzt.

Der gleichnamige Hauptort mit etwa 25.000 Einwohnern hat außer dem Einkaufszentrum **Nacka Forum** zwar einiges zu bieten (u. a. Kulturzentrum Dieselverkstaden, Studio und Garten des Künstlers Olle Nyman), doch die für Touristen interessantesten Stellen sind die an der Küste.

Wer nicht mit dem Shuttle-Boot, dem Bus oder der Saltsjöbanan anreist, könnte von Södermalm aus in etwa 1 km zu Fuß ab der Fjällgatan (S. 84) oder Hvita Bergen (S. 136) zur Halbinsel **Kvarnholmen** aufbrechen. Hinter der Danviksbro

Blick auf die Skyline von Kvarnholmen

durchquert man linker Hand den Hospitalspark und ist dann am **Saltsjöqvarns kaj**. Hier kann man am besten den Strukturwandel des Viertels beobachten: Moderne Apartment-Blocks stehen neben renovierten Industrieanlagen wie der großen gelben Mühle **Mannagrynskvarnen** von 1923, ein eindrucksvolles Bauwerk mit Turm, das heute Wohnzwecken dient. Davor beherbergt am Wasser eine neugotische Industrie-Mühle von 1890 das Wellness-Hotel Elite Marina Tower. Vom Anleger kann man mit den Shuttlebooten weiter an der Küste entlangfahren, oder ein Stück am Ufer entlang bis zur nächsten Station **Finnboda brygga** wandern, vorbei an modernen Wohnblocks. Dazwischen thront weithin sichtbar ein ebenso prächtiges wie mächtiges Gebäude, das **Danvikshem**. Es handelt sich um ein Seniorenheim mit angeschlossener Kirche, das 1912–15 im nationalromantischen Stil erbaut wurde. Für damalige Verhältnisse war es modern ausgestattet mit WC, Warmwasser und Elektrizität, es gab Aufzüge, Zentralheizung und großzügige Speisesäle. Es dient noch heute seinem ursprünglichen Zweck.

Carl Milles' Skulptur „Gottvater auf dem Himmelsbogen"

Seit 1995 steht in Nacka Strand „Gottvater" auf einem 23 m hohen parabelförmigen „Himmelsbogen", der in elegantem Schwung Wasser in die Ostsee speit. Der Engel am Fuß der Skulptur übergibt Gottvater die Sterne, die dieser am Firmament anheften soll.

Schon 1946 hatte Carl Milles (S. 77) die Brunnenskulptur unter dem Titel „Lord placing new stars on heaven" entworfen, sie sollte das UNO-Gebäude in New York City schmücken. Zu Milles' großer Enttäuschung wurde der Auftrag zurückgezogen, doch 40 Jahre nach seinem Tod vollendete Marshall M. Fredericks, amerikanischer Bildhauer und ehemaliger Mitarbeiter von Milles, das Kunstwerk – nur eben nicht in New York, sondern in Stockholm.

Jenseits der Bucht Svindersviken, über die sich seit 2016 eine elegante Bogenbrücke schlägt, liegt **Nacka Strand**, ein weiteres lohnendes Ziel (am besten mit dem Shuttle-Boot zu erreichen). Weil man dort sowohl die Einfahrt nach Gamla Stan als auch die zum Freihafen vor Augen hat, ist dies der wohl beste Platz zum Schiffe-Beobachten: die großen Fähren nach Finnland, jährlich ca. 260 Kreuzfahrtschiffe, Frachter und jede Menge weitere Boote – alle kommen hier vorbei!

Der Ortsteil, der bis 1988 Augustendal hieß, wurde in den 1980–90er-Jahren komplett umgestaltet, und nur einige renovierte Backstein-Fabriken erinnern an die industrielle Vergangenheit. Ob man die Mehrfamilien-, Apartment- und Bürohäuser nun gelungen oder eher langweilig findet, ist Geschmackssache, aber der **Bootshafen** (Båthamnen) ist den Abstecher allemal wert. Rund um Carls Milles' berühmte Brunnenskulptur dümpeln Yachten und lassen es sich Gäste in den Cafés gut gehen. Der Bootshafen ist auch gleichzeitig Anlegestelle der Shuttle-Boote in Richtung Stockholm (20 Minuten) oder zum Freihafen.

Info

Hinkommen: Die schönste Anreise ist die mit einem der Shuttle-Boote des **Sjövägen** ab Nybroplan. Diese Verbindung ist Teil des öffentlichen Nahverkehrs, d. h. die SL-Tickets oder der Stockholm Pass gelten. Abfahrten gibt es Mai–Aug. alle 30 Minuten, sonst jede Stunde, Stationen sind Saltsjöqvarn, Finnboda, Kvarnholmen und Nacka Strand. Buslinien ab Slussen: 71, 404, 443, 465, 840.

Kunst und Kultur

24 Vom Wrack zur Weltsensation: die Vasa

333 Jahre hatte die Vasa im Stockholmer Hafen auf dem Grund gelegen, zuerst betrauert, dann vergessen. Durch die Wiederentdeckung und Bergung wurde das Wrack zu einer Weltsensation. Immerhin ist es das einzige original erhaltene Schiff aus dem 17. Jh.

Außer von Gott hänge das Wohl des Reiches von seiner Flotte ab, soll der schwedische König Gustav II. Adolf einmal gesagt haben. Also ließ er einige Riesenkriegsschiffe bauen, um im Dreißigjährigen Krieg den Ostseeraum zu kontrollieren. Der Stolz des Königs sollte die **Vasa** sein, der man den Namen des Königsgeschlechts gab. Zwei Jahre Bauzeit, 69 m lang, 11,7 m breit, ein Hauptmast von 52 m Höhe, ein Gewicht von 1.200 t, 437 Mann Besatzung und eine Feuerkraft, die der gesamten Flotte des verfeindeten Polens entsprach – die Vasa war eines der mächtigsten Schiffe überhaupt. Und ein prachtvolles dazu: Allein 700 vergoldete oder grell bemalte Skulpturen – Tiere, Fratzen, Helden und Götter der Antike – sollten Schwedens Stärke repräsentieren und den Gegner einschüchtern. Aber es kam ganz anders …

Was für eine Blamage, als die Vasa am 10. August 1628 noch auf ihrer **Jungfernfahrt** in ihrem Heimathafen von einer Windböe erfasst wurde, vor den Augen der entsetzten Stockholmer kenterte und innerhalb weniger Minuten „mit stehenden Segeln, Flaggen und allem" versank. Fast ein Drittel der 150 Besatzungsmitglieder ertrank. Heute ist klar, dass die Vasa zu oberlastig war und die 120 t Ballaststeine das Schiff nicht stabil im Wasser halten konnten. War es vielleicht sogar die Schuld des Königs, der den Fachleuten in die Pläne hineingeredet und ein besonders hohes und schlankes Schiff mit einer ungewöhnlich großen Anzahl an Kanonen verlangt hatte?

Tipp

Das Vasa-Museum zieht mehr Besucher an als jedes andere Museum in Skandinavien. Allein wegen dieses Schiffes lohnt sich die Reise nach Stockholm!
Auf der Website oder vor Ort lässt sich die **MP3-Führung** in deutscher Sprache auf Smartphone oder Tablet herunterladen.

1956 entdeckte der Privatforscher Anders Franzén die Stelle, an der die Vasa einst gesunken war. Vier Jahre später gelang es ihm und seiner Mannschaft, das Wrack ans Licht zu bringen. Der Rumpf des Schiffes war recht gut

Detailansicht des Hecks

Die Vasa in ihrer ganzen Pracht

erhalten, u. a. weil es in der nur schwach salzhaltigen Ostsee den Schiffsbohrwurm (*teredo navalis*) nicht gibt, der sonst Holzgegenstände in kurzer Zeit zerstört.

Heute kann man das Schiff in nahezu ursprünglichem Zustand bewundern, 95 % der Teile sind original. Seit 1989 befindet sich die Vasa in einem originellen, schiffsförmigen Gebäude über einem Dock der früheren Marinewerft. Auf mehreren Etagen kann man sich dem Schiff vom Kiel bis zum Ausguck nähern – besonders eindrucksvoll ist das Heck. In neun unterschiedlichen Ausstellungen und zwei Filmsälen werden Besucher u. a. mit der Geschichte des Dreißigjährigen Krieges, der Suche nach den Schuldigen des Untergangs und der Bergung bekannt gemacht.

Info

Hinkommen: Buslinien 69 (Haltestelle Djurgårdsbron), 67 und Tram 7 (Haltestelle Nordiska Museet/Vasa); am schönsten ist die Anreise mit der Fähre von Slussen, im Sommer auch ab Nybroplan (Djurgårdsfärjan)
Museum: Vasa Museet, Galärvarvsvägen 14, Tel. 08 5195 4800, www.vasamuseet.se; Jan.–Mai tgl. 10–17, Mi 10–20, Juni–Aug. tgl. 8.30–18, Mi 10–20, Sept.–Dez. 10–17, Mi 10–20 Uhr, SEK 130, bis 18 Jahre frei.
Essen: Vasamuseets Restaurang, in der Selbstbedienungs-Cafeteria des Vasa-Museums gibt es vernünftige und nicht überteuerte Speisen, u. a. ein Salat-Büffet, Suppen, leckere Krabbenbrote und Kuchen. Angenehm, dass man auch draußen mit Blick auf die Ostsee sitzen kann; tgl. 10–16, Juni–Aug. tgl. 9.30–17.30 Uhr.

25 Große Kunst im Doppelpack: Nationalmuseet & Moderna Museet

Nur einen Steinwurf voneinander entfernt besitzt die schwedische Hauptstadt in zentraler Lage **zwei Kunstmuseen** von internationalem Rang. Ihr Besuch lässt sich gut mit einem Spaziergang durch die Viertel Blasieholmen (S. 32) und Skeppsholmen (S. 36) verbinden.

Das **Schwedische Nationalmuseum** (Nationalmuseet 25a) ist das größte Kunstmuseum des Landes und befindet sich in herrlicher Lage am Norrström gegenüber der Altstadt. Zu seinem Bestand zählen ca. 16.000 Gemälde und Skulpturen, außerdem 30.000 kunstgewerbliche Objekte und eine 500.000 Blätter umfassende Grafiksammlung. Die Geschichte des Nationalmuseums reicht bis ins 16. Jh. zurück, als Gustav I. Wasa auf Schloss Gripsholm eine Kunstsammlung anlegte, die – u. a. durch Kunstraub im Dreißigjährigen Krieg – schnell wuchs. Nach dem Tod von Gustav III. 1792 ging die Sammlung in den Besitz des Staates über, der sie an ein Nationalmuseum weitergab, das an prominenter Stelle errichtet werden sollte. Für die Planung gewann man den „Königlichen Architekten" Preußens, Friedrich August Stüler, der u. a. das Neue Museum und die Neue Synagoge in Berlin gebaut hat.

Mit seiner historisierenden, italienisch inspirierten Renaissance-Architektur ist das 1866 eröffnete Gebäude des Nationalmuseums ein Kunstwerk für sich. Auch im Inneren sind die Treppenhalle mit den großformatigen Malereien von Carl Larsson und der Große Saal im Obergeschoss ein purer Kunstgenuss. Ganz zu schweigen natürlich von der Sammlung, die u. a. Meisterwerke der niederländischen Malerei

In neuem Glanz: Carl Larssons Darstellung der Ankunft von König Gustav Vasa in Stockholm 1523

des 17. Jh. (u. a. Rembrandt, Rubens) und der französischen Malerei des 18./19. Jh. (u. a. Watteau, Manet) umfasst. Und natürlich ist auch die im Ausland weniger bekannte schwedische Malerei eindrucksvoll dokumentiert.

Vom Nationalmuseum erreicht man zu Fuß in wenigen Minuten das auf der Insel Skeppsholmen thronende **Museum für moderne Kunst** (Moderna Museet 25b). Bereits 1958 war hier in alten Militärgebäuden ein Museum für Moderne Kunst eröffnet worden, das die neueren Werke des Nationalmuseums aufnehmen sollte. Hier ereignete sich so mancher Skandal, etwa als 1966 die Künstlerin Niki de Saint Phalle eine 29 m lange liegende Skulptur mit dem Namen Hon (sie) installierte, die durch die Vagina betreten wurde. 1993 fand hier ein spektakulärer Kunstraub statt, bei dem mehrere Werke von Picasso und Braque gestohlen wurden. Ein Jahr später wurde mit dem Bau des heutigen Museums begonnen, das 1998 eingeweiht wurde.

Am Museum für moderne Kunst

Das Nationalmuseum wurde nach langjähriger und umfassender Renovierung am 13. Oktober 2018 in Anwesenheit der königlichen Familie wiedereröffnet. Es wurde nicht nur technisch auf den neuesten Stand gebracht, auch die Ausstellungsfläche wurde um 2.300 m² erweitert.

Das Moderna Museet zeigt eine außergewöhnliche Vielfalt moderner Kunst skandinavischer und internationaler Herkunft und macht immer wieder mit großen Sonderausstellungen von sich reden. Unterhalb des Museums wird man zuerst von der 16-teiligen Skulpturengruppe „Paradies“ (Niki de Saint Phalle, Jean Tinguely) begrüßt. Hier und an anderen Stellen rund um das Museum findet man auch Skulpturen weiterer Künstler, u. a. von Alexander Calder und Pablo Picasso.

Unter dem gleichen Dach wie das Moderne Museum befindet sich das **Arkitektur- & Designcentrum (ArkDes)**, das Ausstellungen zur schwedischen und internationalen Architektur zeigt, u. a. eindrucksvolle Modelle prägender Stockholmer Bauten.

Info

Hinkommen: U-Bahnstation Kungsträdgården, Buslinie 65

Museen: **Nationalmuseum**, Södra Blasieholmshamnen 2, Tel. 08 519 543 00, www.nationalmuseum.se; Di–So 11–19, Do bis 21 Uhr, frei.

Moderna Museet, Exercisplan 4, Tel. 08 520 235 00, www.modernamuseet.se; Di 10–20, Mi–So 10–18, Fr 10–20 Uhr, frei.

Arkitektur- & Designcentrum (ArkDes), www.arkdes.se (Adresse, Öffnungszeiten wie Moderna Museet)

Essen & Trinken: Das **Restaurangen på Moderna Museet** im obersten Stockwerk bietet eine tolle Aussicht und kleinere Gerichte wie Sandwiches, Baguettes, Suppen etc. sowie von 11–14 Uhr ein Dagens Lunch; direkt nebenan gibt es die Moderna Bar.

26 Der malende Prinz und sein „Schloss" Waldemarsudde

In einem wunderschönen Park im Süden der Insel Djurgården liegt Waldemarsudde, der einstige Wohnsitz von Prinz Eugen. Anfang des 20. Jh. hatte dieser das Kap („udde") gekauft, um sich dort vom Jugendstil-Architekten Ferdinand Boberg eine Villa bauen zu lassen. Nach ihrer Fertigstellung im Jahr 1905 wurde diese gemeinhin als **„das Schloss"** bezeichnet. 1913 kam das **Galerie- und Atelier-Gebäude** hinzu, das ebenfalls von Boberg entworfen wurde, der in allen Planungsphasen eng mit Prinz Eugen zusammenarbeitete. Eingebettet sind die Gebäude in eine wunderschöne Gartenanlage. Dieses Gesamtkunstwerk ist bis heute nahezu unverändert erhalten.

Als der Prinz 1947 starb, vererbte er Waldemarsudde mitsamt seiner Kunstsammlung dem Staat, der es bereits ein Jahr später als Museum der Öffentlichkeit zugänglich machte. Der Besucher findet hier neben einigen der bedeutendsten Bildern des Prinzen selbst auch dessen umfangreiche Sammlung schwedischer Malerei des 19. und 20. Jh., darunter herausragende Werke von Anders Zorn und Carl Larsson. Der Garten zieht Besucher wegen seines Skulpturenparks (u. a. Carl Milles und Carl Eldh) an. Doch dass Waldemarsudde zu den beliebtesten Kunstmuseen des Landes zählt, liegt auch am einzigartigen Ambiente. Die pastellfarbenen Innenräume sind samt Einrichtung noch im Originalzustand. Durch die Fenster geht der Blick auf die Ostsee und den Garten und auf der Terrasse meint man noch die Staffelei zu erkennen, vor der der Prinz saß und die Naturstimmung oder die vorüberfahrenden Schiffe malte.

Im wunderschönen Park von Waldemarsudde

Eugen, der „Malerprinz"

Prinz Eugen (mit vollem Titel „Prinz Eugen Napoleon Nikolaus von Schweden und Norwegen, Herzog von Närke") wurde 1865 als jüngster von vier Söhnen König Oskars II. geboren. Von seinen Brüdern unterschied er sich schon in jungen Jahren durch sein künstlerisches Interesse und Talent. Dies kollidierte bald mit der ihm traditionell zugedachten Rolle bei Hofe. Durch seine Berufswahl verstieß der Prinz von Anfang an gegen die höfische Etikette.
Trotzdem setzte er sich durch und absolvierte eine professionelle Ausbildung, studierte zuerst Malerei in Uppsala und verbrachte dann 1887–89 drei prägende Jahre in Paris. Hier ging er unter dem Pseudonym „Monsieur Oscarson" bei verschiedenen Künstlern in die Lehre und pflegte Kontakt zu anderen schwedischen Malern. In Schweden wurde er bald „Malerprinz" (Målarprinsen) genannt und nahm als führender Landschaftsmaler Skandinaviens an Ausstellungen in ganz Europa teil, u. a. in Berlin, Dresden und München. Seine Motive waren zunächst die schwedischen Kulturlandschaften, wobei ihn besonders das Licht künstlerisch herausforderte. Seit seinem Umzug nach Waldemarsudde malte er neben der Idylle aber zunehmend auch das, was er tagtäglich sah: auslaufende Dampfer, Schärenboote, die Fabriken und Industrieanlagen Södermalms. Außerdem nahm Prinz Eugen auch öffentliche Aufträge an, etwa für das Königliche Foyer der Oper, für die Kirche von Kiruna oder für das Stadthaus. Auch als Designer machte er sich einen Namen, so entwarf er einen in Schweden sehr populären Blumentopf, den man auch in Waldemarsudde sieht.

Der malende Prinz

Auch in anderen Belangen gab sich der Prinz unkonventionell. Die Tatsache, dass er als Erbfürst unverheiratet blieb und keine Kinder hatte, war auch im 20. Jh. zumindest ungewöhnlich. Außerdem mischte er sich in kulturpolitische Fragen ein, nahm Partei für den bei Hofe verhassten August Strindberg, unterstützte als Mäzen und Kunstsammler weniger bekannte Künstler, traf sich mit Aktionisten gegen das NS-Regime und setzte sich während des Zweiten Weltkrieges für jüdische Flüchtlinge und politisch Verfolgte ein.

Info

Hinkommen: Buslinie 44, Tram 7 bis Skansen, die historische Café-Tram fährt direkt bis Waldemarsudde

Information: **Waldemarsudde**, Prins Eugens väg 6, Djurgården, Tel. 08 545 837 00, www.waldemarsudde.se; Di–So 11–17, Do bis 20 Uhr. SEK 150, unter 19 Jahren frei.

Essen & Trinken: **Prinsens kök** (gleiche Öffnungszeiten wie das Museum): Die „Küche des Prinzen" befindet sich in den originalen Räumlichkeiten, in denen auch für Prinz Eugen Mittag- und Abendessen zubereitet wurden. Serviert wird gute schwedische Kost sowie Kaffee und Kuchen.

Ektorp: Das idyllische Café ist in einem grünen Holzhaus aus dem 18. Jh. im Park untergebracht. Es gibt Sandwiches, Waffeln, Suppen u. ä., Di–So 11–17 Uhr.

27 Erinnerungen an Alfred Nobel

Alfred Nobel zählt wohl zu den Stockholmer Persönlichkeiten mit dem weltweit größten Bekanntheitsgrad. Schon in seiner Jugend interessierte Nobel sich für Chemie und Physik. In Paris lernte er Ascanio Sobrero kennen, den Erfinder des Nitroglyzerins. Fortan widmete Nobel sich der Aufgabe, die enorme Sprengkraft des Stoffes zu zügeln und nutzbar zu machen. Er erfand die Initialzündung, eines seiner mehr als 350 Patente, und schließlich, durch die Beimengung von Kieselgur, das Dynamit. Damit beschleunigte er die industrielle Entwicklung der Welt erheblich, z. B. durch den schnelleren Abbau von Bodenschätzen oder den Bau von Eisenbahntrassen und Kanälen quer durch die Kontinente. Mit seinem Produkt wurde Nobel ein erfolgreicher Unternehmer, der Fabriken in vielen Ländern gründete.

Einer der berühmtesten Stockholmer aller Zeiten: Alfred Nobel

An der wenig spektakulären **Norrlandsgatan Nr. 9** 27a ist eine Plakette angebracht: „Hier wurde am 21. Oktober 1833 der Erfinder, Kulturfreund und Pazifist Alfred Nobel geboren“. Die ausführlichsten Informationen über Nobel und den von ihm gestifteten Preis erhält man im **Nobel-Museum** 27b, das in der Stockholmer Börse untergebracht ist. Es war von Anfang an lediglich als Vorstufe eines größeren Museums gedacht. Dieses wird nun im **Nobel Center** 27c eingerichtet, das zurzeit auf Blasieholmen hinter dem Nationalmuseum gebaut wird. Das elegante Gebäude, ein Entwurf des britisch-deutschen Architektenduos David Chipperfield und Christoph Felger, soll 2020 eingeweiht werden.

Auch an anderen Orten erinnern Plaketten an Nobel. Auf Södermalm steht nahe der Västerbron das Herrenhaus **Heleneborg** 27d. Hier führte Nobel Sprengstoffexperimente durch, bei denen es 1864 zu einer Explosion kam, bei der sechs Menschen, darunter auch sein Bruder, starben. Nur 2 km westlich von Heleneborg ist in **Vinterviken** Nobels alte Fabrik zu sehen, in die er ab 1891 seine Aktivitäten verlagerte. Das ca. 2.000 m² große Backsteingebäude beherbergt heute das Café und Event-Restaurant Winterviken von Star-Koch Markus Aujalay. Nobels Grab ist in Form eines Obelisken auf dem **Nordfriedhof** (Norra Begravningsplatsen) zu sehen, einer sehr schönen Anlage, auf der u. a. auch August Strindberg beigesetzt ist.

Der Nobelpreis

Der 1901 zum ersten Mal verliehene Nobelpreis gilt weltweit als die **höchste zivile Auszeichnungen**. Der kinderlose Nobel hatte testamentarisch verfügt, dass sein immenses Vermögen in eine Stiftung fließen und von den Zinsen jährlich ein Preis an diejenigen verliehen werden sollte, „die im vergangenen Jahr der Menschheit den größten Nutzen erbracht haben“. Nobel bestimmte auch, in welchen Disziplinen und von welchen Institutionen die Preise zu vergeben seien: Die Königlich Schwedische Akademie der Wissenschaften vergibt die **Nobelpreise für Physik und Chemie**, das Karolinska-Institut den **Nobelpreis für Physiologie oder Medizin**, die Schwedische Akademie den **Nobelpreis für Literatur**. Erst 1969 kam der von Schwedischen Reichsbank gestiftete **Alfred-Nobel-Gedächtnispreis für Wirtschaftswissenschaften** hinzu.

Die in Nobels Augen wichtigste Auszeichnung sollte vom norwegischen Nobelkomitee verliehen werden: der Friedensnobelpreis. Nobel befasste sich zeit seines Lebens intensiv mit der Frage des Weltfriedens. Die oft zu lesende Behauptung, Nobel hätte den Friedensnobelpreis aus schlechtem Gewissen gestiftet, weil er die verheerende Wirkung des Dynamits in Kriegen vorhergesehen hätte, lässt sich nicht belegen.

Beim Bankett anlässlich der Verleihung der Nobelpreise

(Nobel Media AB 2015. Photo: Alexander Mahmoud)

Info

Museum: Nobelmuseet, Stortorget 2, Tel. 08 534 818 00, www.nobelmuseum.se; Sept.–Mai Di–Do 11–17, Fr 11–20, Sa/So 10–18 Uhr, Juni–Aug. tgl. 9–20 Uhr, SEK 120, bis 18 Jahre frei. Unter audio.nobelcenter.se kann man sich einen kostenlosen Audioguide in deutscher Sprache auf's Smartphone herunterladen.

Essen & Trinken: Winterviken, Vinterviksvägen 60, Tel. 08 400 264 80, www.winterviken.se. Gutes Café in Nobels alter Fabrik, etwas außerhalb, aber schön am Wasser und in Südlage gelegen. Geöffnet tgl. 11–16 Uhr, Dagens Lunch bis 14 Uhr.

28 Storkyrkan: die Domkirche und ihre Kunstschätze

Als königliche **Hochzeits-, ehemalige Krönungs- sowie als Stockholmer Domkirche** ist die Storkyrkan das wichtigste Gotteshaus der Hauptstadt.

Wie die Kirche am Ende des Schlosshügels innen aussieht, lässt sich von außen noch nicht einmal erahnen. Denn als das barocke Schloss des Architekten Nicodemus Tessin d. J. im 18. Jh. fertiggestellt war, störte das mittelalterliche Aussehen der königlichen Hochzeitskirche. Deshalb riss man den Chor ab, verputzte den Bau im barocken Stil neu und setzte auf den Kirchturm eine Rokoko-Haube. Wie verschieden ist der Eindruck aber, wenn man ins Innere tritt. Die Pfeiler der fünfschiffigen, spätgotischen Hallenkirche leuchten mit rotem Backstein und die hohen Gewölbe im Südschiff bzw. der Liebfrauenkapelle zeigen farbenfrohe Malereien aus dem 14. Jh.

Besonders sehenswert ist die Domkirche wegen ihrer künstlerischen Ausstattung. An der Südwand prangt die **Vädersolstavlan**, das „Nebensonnengemälde", die älteste bewahrte Darstellung der Stadt Stockholm. Es zeigt eine Himmelserscheinung, die 1535 über Stockholm beobachtete wurde: Lichtkreise mit sechs funkeln-

Das wichtigste Gotteshaus: die Storkyrkan

den Nebensonnen. Der Reformator und Domprediger **Olaus Petri** sah darin ein warnendes Gotteszeichen und gab das Gemälde in Auftrag. Das Bild in der Storkyrkan stammt von 1636 und ist eine Kopie des verschollenen Originals aus dem 16. Jh.

Das Mittelschiff steht ganz im Zeichen barocker Prachtentfaltung. Da ist zunächst die **Kanzel**, die 1698 vom Bremer Meister Burchard Precht geschnitzt wurde; darunter befindet sich die Grabplatte von Olaus Petri. Hinter der Kanzel stehen sich die beiden prächtigen **Königsstühle** gegenüber, die ausschließlich von der königlichen Familie genutzt werden dürfen. Bis 1837 diente die Storkyrkan auch als Krönungskirche der schwedischen Könige.

Der Chor wird vom sog. **Silberaltar** dominiert. Auf einem Rumpf aus Ebenholz zeigt die silberne Mittelpartie Kreuzigung, Grablegung, Abstieg in die Hölle und Auferstehung Christi. Flankiert wird der Chor in den Seitenschiffen von den beiden über 10 m hohen **Monumentalgemälden** „Kreuzigung“ und „Das Jüngste Gericht“, die David Klöcker Ehrenstrahl 1696 ursprünglich für die Kapelle des Königlichen Schlosses gemalt hatte.

Zu den weiteren Kunstschätzen der Domkirche gehören u. a. mehrere Sandsteinreliefs und Grabmonumente, ein Silberkronleuchter (1652), die vergoldete Orgel auf der Westempore (1796) und der Lichterglobus (1972) von Torolf Engström.

Die Kirche beeindruckt mit einer prachtvollen Innenausstattung

Tipp

St. Georgs Kampf mit dem Drachen

Der größte Schatz der Domkirche ist zweifellos die spektakuläre Skulpturengruppe „St. Georg mit dem Drachen kämpfend“, die im Seitenschiff links des Chors aufgestellt ist. Die Monumentalplastik wurde vom Lübecker Meister Bernt Notke 1489 gefertigt. Auftraggeber war der Reichsverweser Sten Sture, der kurz zuvor in der Schlacht am Brunkeberg die Dänen besiegt hatte. Deshalb haben die Skulpturen auch politische Symbolkraft: Der Heilige Georg soll Sten Sture darstellen, der Drache Dänemark und die Prinzessin Stockholm bzw. Schweden. Mit der Kunstfertigkeit der Schnitzereien, der ausdrucksstarken Bemalung, den ungewöhnlichen Materialien (hauptsächlich Eichenholz, aber auch Messing, Gold und sogar ein Elchgeweih) und den erschreckend realistischen Details (die Drachenbrut, Reste aufgefressener Menschen) hat Bernt Notke ein Meisterwerk der Epoche geschaffen. Er sah dies offenbar genauso, denn stolz hat er der Plastik ein Selbstporträt beigefügt.

Info

Hinkommen: U-Bahnstation Gamla Stan, Buslinien 2, 43, 46, 55, 59, 76 (Skeppsbron)

Domkirche: Storkyrkan, Slottsbacken 2, www.svenskakyrkan.se; tgl. 9–16, im Sommer bis 18 Uhr (außer bei Gottesdiensten etc.), SEK 60, bis 18 Jahre frei.

29 Svea, Wikinger und jede Menge Gold: das Historische Museum

Wer sich für die nordische Vorgeschichte interessiert, für das sagenhafte Svea-Reich und die Wikinger, für Gotland und das Mittelalter, für den ist ein Besuch im **Historischen Museum** Pflicht. Die Sammlung geht zurück auf Gustav Wasa, der im 16. Jh. begann, Relikte der schwedischen Vergangenheit aufzuspüren und sie im Schloss Gripsholm auszustellen. Spätere Könige fügten dem Bestand immer mehr Objekte hinzu, bis die Sammlung nach dem Tod Gustavs III. (gest. 1792) in den Besitz des Staates überging. Von den heute mehr als zehn Millionen Artefakten sind allerdings „nur" 6.200 dauerhaft ausgestellt, viele weitere (derzeit ca. 500.000) können online in der ständig erweiterten Datenbank des Museums betrachtet werden.

Runenstein mit rekonstruierter Farbgebung

In der Goldkammer: Schätze aus schwedischer Vorgeschichte

1939 zog das Museum in die heutigen Gebäude, neuklassizistische **Kasernen und Ställe** aus dem 19. Jh., die in den 1930er-Jahren komplett umgebaut und mit einer modernistischen Fassade versehen wurden. Die vier Gebäude umschließen einen rechteckigen Innenhof und wirken zusammen mit dem Nordturm ein wenig wie eine Burg. Die Skulpturen an der Außenfassade stammen ebenso wie die tonnenschweren, 4,5 m hohen Bronzetüren von Bror Marklund.

Die Sammlungen sind chronologisch geordnet. Im Erdgeschoss gelangt man zuerst durch die Abteilungen der Ur- und Frühgeschichte, dann zu Funden aus der Bronze- und Eisenzeit. Besonders wertvoll sind die **Artefakte aus dem Svea-Reich** (3.–7. Jh. n. Chr.), von dem das heutige Schweden seinen Namen hat. Es folgen Exponate aus der **Wikingerzeit** (800–1050 n. Chr.), darunter Waffen, Münzen und gotländische Bildsteine. Im ersten Stock gibt es die Abteilung der mittelalterlichen Kirchenkunst und die Textilkammer zu sehen. Letztere enthält u. a. den berühmten **Bildteppich** aus der Kirche von Skog aus dem 12. Jh.

Ebenfalls im Historischen Museum: die weltberühmten gotländischen Bildsteine

Die größte Attraktion ist aber wohl die **Goldkammer** (*Goldrummet*). Der 1994 in den Fels gesprengte, 700 m² große Raum ist mit allen denkbaren Sicherheitsvorkehrungen ausgestattet. Denn hierhin sollten all die Kleinode gebracht werden, die bisher in den Sammlungen verstreut waren oder die man sonst nicht auszustellen wagte. In der aus zwei Kreisen bestehenden Kammer sind Gold- und Silberfunde von der Bronzezeit bis zum Ausgang des Mittelalters zu sehen, zusammen etwa 3.000 Objekte. Im Mittelraum befinden sich die goldenen (insgesamt etwa 52 kg), in der umgebenden Galerie die silbernen Gegenstände (insgesamt über 200 kg). Alles ist wirkungsvoll in Szene gesetzt durch geschickte Ausleuchtung und Umrahmung aus schwarzem Granit, grauem Kalkstein sowie Ziegel und Putz in Rot und Lila.

Zum Schönsten, was die Ausstellung zu bieten hat, gehören die Goldkragen aus dem 5. Jh., die mit einem Filigrandekor und Darstellungen winziger Tiere und mythologischer Gestalten geschmückt sind. Die meisten der Schätze wurden im 19. Jh. entdeckt, als die Pflüge tiefer in den Boden drangen. Schwedens **größter Goldschatz** von gut 7 kg wurde 1905 beim Straßenbau gefunden. Ein 1960 in Südschweden auf einem Acker entdeckter goldener Halsring kam nur durch Zufall ins Museum: Ein Bauerssohn hatte ihn zunächst benutzt, um sein Moped zu reparieren.

Info

Hinkommen: U-Bahnstationen Karlaplan oder Östermalmstorg, Buslinien 67 (Historiska museet) sowie 69 und 76 (Djurgårdsbron), Tram 7 (Djurgårdsbron)

Museum: **Historiska Museet**, Narvavägen 13–17, Tel. 08 519 556 00, www.historiska.se; Juni–Aug. tgl. 10–17, Sept.–Mai Di–So 11–17, Mi bis 20 Uhr, frei. Für die Abteilungen Frühgeschichte und Wikinger sind **Audioguides** erhältlich (SEK 30); kostenlose Führungen via Smartphone erhält man durch den Download der **App** unter www.appguide.me.

30 Jüdisches Leben in Stockholm: Große Synagoge und Jüdisches Museum

Wie in vielen europäischen Ländern stellten die Juden in Schweden seit dem Mittelalter eine Minderheit dar, die der übrigen Bevölkerung rechtlich nicht gleichgestellt war. Erst 1870 bekamen die schwedischen Juden die umfassenden Bürgerrechte zugesprochen, im gleichen Jahr wurde auch die Große Synagoge in Stockholm eingeweiht. Seit 1999 sind Juden in Schweden als nationale Minderheit anerkannt.

Während des **NS-Regimes** in Deutschland und in der Nachkriegszeit spielte Schweden für Juden eine wichtige Rolle, war es doch eines der wenigen europäischen Länder, in das man vor den Nazis fliehen konnte. Anfangs war die Flüchtlingspolitik des neutralen Schwedens noch äußerst restriktiv – z. B. galt die allgemeine Judenverfolgung in Nazi-Deutschland nicht als Asylgrund. Dies änderte sich ab 1943. In der Folge nahm das Land u. a. Tausende von Juden aus dem besetzten Dänemark auf und nach Kriegsende wurden viele KZ-Insassen zur medizinischen Versorgung hergebracht. Weltweit bekannt ist Raoul Wallenberg, der viele Menschen vor der Ermordung durch die Nazis retten konnte (S. 34).

Etwa die Hälfte der 18.000 Schweden jüdischen Glaubens lebt in Stockholm. Der zentrale Ort des jüdischen Lebens ist die **Große Synagoge** (Stora Synagoga) nahe des Kungsträdgården. In dem Bau setzte der Architekt Fredrik Wilhelm Scholander seine Vorstellungen eines alt-assyrischen Tempels um und schmückte ihn u. a. mit einer reichen floralen Ornamentik. Das zweigeschossige Innere bekommt man nur bei Führungen oder während der Gottesdienste zu Gesicht. Es mutet byzantinisch an, wie es auch bei vielen deutschen Synagogen aus der damaligen Zeit der Fall ist. Unter der Synagoge befindet sich die **Jüdische Bücherei**, die auf die Sammlung von Rabbi Marcus Ehrenpreis zurückgeht und in der oft Ausstellungen zu sehen sind. Eine 42 m lange Mauer verbindet die Synagoge mit dem Verwaltungstrakt und dient als **Holocaust Memorial**. Hier sind die Namen von 8.500 durch die Nationalsozialisten ermordeten Juden eingraviert.

Nicht weit von der Synagoge entfernt entstand an der Ecke Nybrogatan/Riddargatan das **jüdische Kultur- und Ausbildungszentrum Bajit** (www.bait-stockholm.se). Es versteht sich als Treffpunkt der jüdischen Gemeinde und als Begegnungsstätte mit Nicht-Juden. Neben einer Thora-Schule sowie Seminar- und Filmräumen verfügt das Bajit auch über ein Café und einen koscheren Laden. Sehenswert ist das 2016 eröffnete Bajit auch aufgrund seiner spannenden Architektur: Hier wurden auf sehr moderne Weise zwei ältere Häuser mit zwei Innenhöfen sowie mehreren verschachtelten Ebenen und Dachterrassen verbunden. Das 1987 gegründete **Jüdische Museum** (Judiska museet) geht auf die private Initiative eines jüdischen Stockholmer Ehepaares zurück und befand sich lange in einem schmucklosen Gebäude am Vasapark. 2018 fand man dann einen besseren und passenderen Platz für die Ausstellungen: mitten in Gamla Stan, in einem Gebäude, das im Laufe der Zeit als Polizeistation, Auktionshaus und Seemannskirche gedient hat, in dem sich aber auch 1795–1870 eine Synagoge befand. Dort werden die Ausstellungen über Geschichte, Alltag und Kultur der jüdischen Gemeinde ab Frühjahr 2019 zu sehen sein.

Denkmal für Raoul Wallenberg am Berzelii-Park

Info

Hinkommen: Synagoge: U-Bahnstation Kungsträdgården. Jüdisches Museum: Buslinie 57, U-Bahnstation Slussen

Synagoge: **Stora Synagoga**, Wahrendorffsgatan 3B, Tel. 08 587 858 00, www.jfst.se. Mitte Juni bis Ende Aug. Führungen (engl.) Mo–Do um 11 und 12, Fr um 11 Uhr, SEK 150 p. P. Gottesdienste finden Mo–Sa um 7.45, So um 9 Uhr statt. Das **Holocaust Memorial** ist an Werktagen frei zugänglich. Öffnungszeiten der Bücherei: Mo 14–16 und Di/Do 13–16 Uhr.

Museum: **Judiska museet,** Själagårdsgatan 19, Tel. 08 301 500, www.judiskamuseet.se.

Touren: **Jewish Stockholm**, Tel. 08 695 013 3, www.judiskastockholm.se. Bei den 3- oder 4-stündigen bzw. ganztägigen Touren (engl.) wird Hintergrundwissen zu Geschichte, Religion, Essen, Riten etc. des Judentums vermittelt.

31 Skansen: das erste Freilichtmuseum der Welt

Es war der schwedische Völkerkundler Artur Hazelius, der, tief verankert in der nationalen Tradition, die Idee hatte, den Alltag und die Wohnstätten der Schweden originalgetreu darzustellen – von den Fachwerkbauten im südlichen Schonen bis zu den **Hütten Lapplands**. Auf Djurgården fand Hazelius rund um eine ehemalige militärische Schanze (schwedisch: *Skansen*) den geeigneten Platz. Als das **Freilichtmuseum** 1891 schließlich eröffnet wurde, war es das erste seiner Art auf der gesamten Welt. Seither sind in ganz Schweden noch etliche weitere Häuser, Bauernhöfe und andere Gebäude ab- und in Skansen wieder aufgebaut worden, insgesamt etwa 160. Heute ist die Fläche des Museums etwa zehnmal so groß wie im Gründungsjahr. Aber nicht nur schwedische Bauten bekommen die Besucher – ganz nach der Vorstellung des Gründers – hier zu sehen, sondern auch Möbel, Geräte und Werkzeuge; und vor allem Menschen in den traditionellen Trachten.

In Skansen begibt man sich also auf eine Zeitreise und zugleich auf einen **geografischen Streifzug** durch Schweden. Die meisten Häuser und Höfe stammen aus dem 18. und 19. Jh., es gibt aber auch ein hölzernes Vorratshaus aus dem 14. Jh. Daneben sieht man u. a. eine Sennhütte, ein samisches Lager, eine Schule und die wunderschöne, holzschindelgedeckte Seglora-Kirche von 1729, in der noch immer viele Bewohner der Hauptstadt getraut, getauft oder konfirmiert werden. Ein Teil des Areals ist als Stockholmer Stadtviertel des 18./19. Jh. gestaltet – mit Gaslaternen, Straßenpflaster, Wohnhäusern, Läden und Werkstätten, darunter eine Glashütte und eine Keramikwerkstatt.

Im Freilichtmuseum Skansen

Rentiere im Tierpark

Die Gebäude sind das eine, die **Landschaft** ist das andere: Weitläufige Parkflächen, Kiefernwald und kahle Granitklippen lassen vergessen, dass man sich mitten in der Hauptstadt befindet. Die wiederum zeigt sich von manchen Stellen ganz besonders prächtig, sodass allein schon die fantastische Aussicht auf Stockholm den Besuch lohnt. Ein weiterer Anziehungspunkt ist der **Tierpark**. Er beherbergt alle wichtigen skandinavischen Tierarten z. B. Wölfe, Vielfraße, Braunbären, Rentiere, Wisente und Graue Robben. Weiter präsentiert das **Skansen-Aquarium** (extra Eintritt) exotische Tiere wie Krokodile, Papageien oder Paviane. Und rund um die Hofanlagen gibt es u. a. Schafe, Pferde und Kühe zu sehen. Kinder dürfen im **Streichelzoo Lill-Skansen** den Tieren ganz nah kommen.

Einen festen Platz hat Skansen auch im Stockholmer **Festtagskalender**. Denn hier werden Feiertage wie die Walpurgisnacht, Mittsommer, das Luciafest oder Weihnachten ausgelassen und auf traditionelle Weise gefeiert. Besonders stark besucht sind die dreitägigen Feierlichkeiten zur Sommersonnenwende (mit Volkstanz, Aufstellen und Schmücken des Mittsommerbaumes) sowie der Weihnachtsmarkt. Und zu Silvester gibt es kaum einen besseren Platz, um die Stockholmer Feuerwerke zu genießen. Im Sommer werden auf der Bühne des Platzes Sollidenplan täglich Konzerte (häufig Jazz) und andere Veranstaltungen geboten.

Info

Hinkommen: Buslinie 44, Tram 7 (Haltestelle Skansen); am schönsten ist die Anreise mit der Fähre von Slussen (Djurgårdsfärjan). Der Höhenunterschied zum hoch gelegenen Park wird hinter dem Eingang mit einer Rolltreppe überbrückt, während man am Nebeneingang (Hazeliusporten) mit der Zahnradbahn „Bergbanan" zum Skansen-Hügel hinauf oder wieder herunter gelangt.
Freilichtmuseum: Skansen, Djurgårdsslätten 49–51, Tel. 08 442 800 0, www.skansen.se. **Park & Zoo:** Okt.–März tgl. 10–15 (Sa/So bis 16), April tgl. 10–16, Mai–Sept. tgl. 10–18 (25. Juni bis 31. Aug. bis 20) Uhr. Die historischen Gebäude sind Okt.–April 11–15, Mai–Sept. bis 17 Uhr und manchmal länger geöffnet. **Eintritt:** Sept.–Mai SEK 125, an Wochenenden im Mai und Sept. sowie während des Weihnachtsmarktes SEK 160, Juni–Aug. SEK 195, Kinder (6–15 Jahre) ganzjährig SEK 60; an Feiertagen abweichende Öffnungszeiten und Eintrittspreise.
Essen & Trinken: Skansen hat mehrere gemütliche und familienfreundliche Gartenlokale, Cafés und Restaurants, von denen einige im Winter geschlossen sind. Schwedische Hausmannskost wird in der Gaststätte **Stora Gungan** und im Sommerrestaurant **Tre Byttor** serviert. Ein traditionelles schwedisches Büffet (smörgåsbord) wird im **Sollidens Restaurant** angeboten.

32 Carl Milles' Skulpturenpark auf Lidingö

Im Osten Stockholms, gegenüber dem Frei- und Fährhafen, liegt die Insel Lidingö, die durch eine Doppelbrücke mit der Stadt verbunden ist. Gleich hinter der Brücke führt ein Abzweig zum **Millesgården**, einem Gesamtkunstwerk, bestehend aus dem Skulpturenpark, dem Künstlerheim und der Kunsthalle. Man betritt das Gelände am Herserudsvägen durch das jüngste Gebäude des Anwesens, die 1999 eingeweihte **Kunsthalle**. In ihr sind wechselnde Ausstellungen schwedischer und internationaler Künstler zu sehen, hier befindet sich auch der kleine Museumsladen.

1906 hatten Carl und Olga Milles das hoch gelegene Grundstück gekauft, auf dem sie 1908 die ersten **Wohn- und Ateliergebäude** nach Plänen des Architekten Karl M. Bengtson im nationalromantischen Stil errichten ließen. Von 1920 bis 1931, als das Paar in die USA zog, kauften sie angrenzende Grundstücke hinzu und ließen weitere Gebäude bauen. Diese späteren Erweiterungen und Umbauten, z. B. das Kleine Atelier (Lilla Ateljén), konzipierte Carls Milles' Halbbruder Evert Milles. 1936 ging das gesamte Anwesen in eine Stiftung über, die dem schwedischen Volk als Geschenk vermacht wurde. Aber auch nach diesem Zeitpunkt fanden in Absprache mit Carl und Olga Milles bauliche Veränderungen statt. Heute sind in den Gebäuden u. a. Milles' **Sammlungen von Kunstwerken aus Griechenland und Rom** sowie Kleinode des europäischen Mittelalters und der Renaissance zu sehen. Häufig finden auch Sonderausstellungen und Konzerte statt.

Der schönste Teil von Millesgården ist sicherlich der 2 ha große **Skulpturenpark**, der alleine schon die Anreise wert ist. Er entstand unmittelbar nach der Rückkehr des Künstlerpaares aus den USA im Jahr 1950. Das terrassierte Gelände auf der hohen Herserudsklippe liegt direkt oberhalb des Wassers und gibt einen weiten Blick auf die Värtan-Bucht und die Insel Lidingö frei. Die Arkaden, Springbrunnen, Treppen und Grünanlagen bilden einen herrlichen Rahmen für die teils monumentalen Skulpturen, die auf hohen Sockeln stehen und überwiegend Repliken von Werken des Meisters sind – darunter „Poseidon", „Gottes Hand" und „Der Mensch und Pegasus".

Poseidon-Statue: Das Original steht in Göteborg

Der Skulpturengarten lohnt einen Besuch

Schwedens bekanntester Bildhauer: Carl Milles (1875–1955)

Carl Milles ist sicher der international bekannteste aller schwedischen Bildhauer. Er studierte an der École des Beaux-Arts in Paris, wo er auch seine spätere Frau, die österreichische Künstlerin Olga Granner, kennenlernte. Nach dem Abschluss und ersten Ausstellungen folgten bald Aufträge für Skulpturen und Brunnenanlagen in ganz Europa, in Japan, Indonesien und in den USA. Von 1920–31 war Milles Professor an der Kunsthochschule in Stockholm. Da er mit seinen Arbeiten aber vor allem in Nordamerika große Erfolge feierte, wurde ihm eine Professur an der Cranbrook Academy of Art bei Detroit angeboten, weshalb das Paar 1931 in die USA übersiedelte. 1945 nahm Milles die amerikanische Staatsbürgerschaft an. 1950 kehrten Olga und Carl Milles nach Europa zurück und bezogen eine Atelier-Wohnung in Rom. In dieser Zeit besuchten sie oft ihr ehemaliges Heim, den Millesgården auf Lidingö. Nach ihrem Tod wurden Carl (1955) und Olga Milles (1967) in der kleinen Waldkapelle (Skogskapellet) auf dem Gelände beigesetzt.

Kunstwerke von Carl Milles sind im öffentlichen Raum auf der ganzen Welt zu sehen. Allein in Stockholm finden sich mehr als 80 Skulpturen und Reliefe an insgesamt 27 Plätzen. Die meisten Originale in einem Museum sind in Milles' US-amerikanischer Wirkungsstätte im Cranbrook Art Museum, Michigan, zu finden.

Hinkommen: U-Bahnstation Ropsten, ab dort Buslinien 201, 202, 204, 205, 206, 211, 212, 221 bis Torsviks Torg, danach ca. 7 Min zu Fuß (ausgeschildert). Buslinie 238 hält direkt am Millesgården. Oder ab U-Bahnstation Ropsten mit der S-Bahn (Lidingöbanan, Linie 21) bis Haltestelle Baggeby, ab dort 10 Min. zu Fuß.

Museum: Millesgården, Herserudsvägen 32, Tel. 08 446 759 0, www.millesgarden.se; Mai–Sept. tgl. 11–17 Uhr (Okt.–April Mo geschl.), SEK 150, bis 18 Jahre frei.

Info

33 ABBA! Das Museum

Es war nur eine Frage der Zeit, bis einer der **größten Bands der Musikgeschichte** ein eigenes Museum gewidmet würde – schließlich gibt es in Liverpool auch ein Beatles Museum. Und dass ABBA, also Anni-Frid Lyngstad, Benny Andersson, Björn Ulvaeus und Agnetha Fältskog, ihre Ausstellung in Stockholm bekommen sollten, ist auch kein Zufall: Hier feierte die Band ihre ersten Erfolge, hier wurden die meisten ihrer Hits produziert und – vor allem – hier wollte die Gruppe selbst ihr Museum haben.

Entsprechende Pläne wurden 2006 bekannt gegeben. Als Standort wählte man einen **Neubau auf Djurgården**, in unmittelbarer Nähe zum Vergnügungspark Gröna Lund und dem Freilichtmuseum Skansen. 2013 wurde das ABBA-Museum eröffnet und trotz des hohen Eintrittspreises zog es bislang rund eine Million Besucher pro Jahr an. Als Grundstock diente eine Wanderausstellung, die zwischen 2009 und 2011 in London, Budapest, Prag, Melbourne und Sydney zu sehen war. Ergänzt wurde diese durch **unzählige Devotionalien**, die von den ABBA-Mitgliedern selbst und aus ihrem nächsten Umfeld stammen. Überhaupt waren und sind Agnetha, Björn, Benny und Anni-Frid eng in Konzeption und Aufbau des Museums eingebunden.

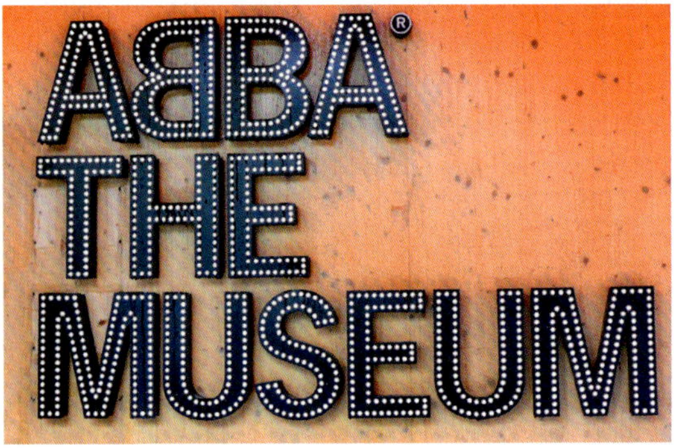

Mekka für ABBA-Fans

Auf 5.000 m² wird dem Besucher die Karriere der Popgruppe interaktiv nahegebracht. Selbstverständlich wird man mit den eingängigen Melodien von „Waterloo“, „Gimme Gimme Gimme“ oder „Dancing Queen“ konfrontiert und sieht die waghalsigen Outfits der Band, die Glitzeruniformen, Katzenkleider und Plateausohlen Daneben lassen sich auch originalgetreue Nachbauten wichtiger Orte bestaunen, etwa des Tonstudios Polar, der Bühne des Eurovision Song Contest in Brighton oder des Ferienhauses auf Viggsö, in dem viele der berühmtesten ABBA-Songs komponiert wurden. Daneben gibt es u. a. Schallplatten-Cover, Merchandising-Produkte, Konzertfotografien und seit 2015 vier Silikon-Ebenbilder der Bandmit-

Tipp

Neben dem Museum wird weitergefeiert: die ABBA-Party

Neben dem Museum geht seit 2016 im Vergnügungspark Gröna Lund der ABBA-Kult weiter: Dort ließ Björn Ulvaeus den ehemaligen Biergarten Tyrol in eine griechische Taverne verwandeln, die den Rahmen für ein interaktives Mamma-Mia-Show-Programm bildet, in dem Sänger, Musiker, Tänzer und auch die Kellner zusammen mit dem Publikum bei gutem Essen und Wein eine Party feiern (Infos unter www.mammamiatheparty.com).

glieder. An mehreren Stationen können Besucher zu ABBA-Songs tanzen und singen, u. a. auf einer Showbühne mit Hologrammen der Gruppe. Man kann sich auch ein digitales ABBA-Kostüm auf den Körper projizieren lassen und das Bild dann an Ort und Stelle in die sozialen Netzwerke einspeisen. Und sollte das „Ring-Ring-Telefon“ klingeln, ergibt sich eine ganz besondere Gelegenheit: Denn dann ist eines der vier Bandmitglieder am anderen Ende der Leitung, um mit zufällig anwesenden Museumsbesuchern zu sprechen.

Vom Eurovision Song Contest zum Welterfolg: ABBA

Das moderne Gebäude sofort links neben dem ABBA-Museum beherbergte bis 2017 die Swedish Music Hall of Fame, in der die gesamte Bandbreite der schwedischen Popmusik ab den 1920ern dargestellt wurde. Nach deren Umzug in Bahnhofsnähe (Sibyllegatan 2, https://smhof.se) ist hier jetzt das **Pop House Hotel** untergebracht. Viele der 49 Zimmer haben einen thematischen Bezug zu ABBA. Außerdem verfügt das Haus über das stylische Lokal „Pop House Food & Bar“, in dem man tgl. Frühstück, Lunch (gutes Lunch-Büffet!) oder das Abendessen einnehmen kann (https://pophouse.se/en/).

Hinkommen: Buslinie 67 und Tramlinie 7 (Haltestelle Gröna Lund), Personenfähre Djurgårdsfärjan (Haltestelle Allmänna Gränd).

Museum: **ABBA The Museum**, Djurgårdsvägen 68, Tel. 08 121 328 60, www.abbathemuseum.com; tgl. 10–18, Mi/Do bis 20 Uhr, SEK 250, 7–15 Jahre SEK 95; Familienticket (2 Erw. und bis zu 4 Kinder) SEK 595; Audioguide SEK 20.

Info

34 Tatort Stockholm

Ein enthaupteter Mann sitzt auf der Bank am Monteliusvägen. Im Tierpark von Skansen werden die Vielfraße zu Menschenfressern. Und beim Bankett zur Nobelpreisverleihung wird scharf geschossen. Skurril, hart, spektakulär – wenn es um Mord und Totschlag geht, sind die schwedischen Krimi-Autoren nicht zimperlich. Zweifellos sind sie auch gut. Sehr gut sogar, wenn man den deutschen Bestseller-Listen glauben darf. Und so kommt es, dass ausgerechnet Stockholm, dessen Verbrechensrate sich kaum von denen vergleichbarer Städte unterscheidet, für deutsche Krimi-Leser einer der vertrautesten Tatorte ist.

Alles begann mit dem Autorenpaar **Maj Sjöwall** und **Per Wahlöö**, die schon 1965 den ersten ihrer zehn Romane um Kommissar Martin Beck veröffentlichten. Dieser Zyklus kann in mehrfacher Hinsicht als bahnbrechendes Vorbild für die spätere Autoren-Generation gelten: Die Romane waren äußerst spannend, bewegten sich auf einem hohen literarischen Niveau und spannen neben der Kriminalhandlung die persönliche Geschichte des Kommissars um seine (gescheiterten) Beziehungen, sein Älterwerden und seine Neurosen weiter. Und sie entwarfen ein sozialkritisches Bild der sich verändernden schwedischen Gesellschaft. Die Kommissar-Beck-Reihe war außer in Skandinavien besonders in Deutschland populär und wurde bald auch verfilmt. Dass sie auch nach Jahrzehnten noch funktioniert, zeigen die neueren filmischen Fortführungen des Stoffes als TV-Serie (1997–2008, 2015). Während Kommissar Beck ein Stockholmer durch und durch ist, agiert sein „Nachfolger", Kommissar Wallander, im Süden des Landes, in Ystad. Aber auch er besucht in den Romanen des 2015 verstorbenen **Henning Mankell** bisweilen die Hauptstadt.

Vollkommen auf Stockholm fokussiert sind die frühen Romane von **Arne Dahl**, der wohl für sich in Anspruch nehmen kann, die Genauigkeit der Recherche, die Detailgetreue der dargestellten Verbrechen und die Verschachtelung der Handlung bis ins Extreme zu steigern und die Grenzen des für den Leser Erträglichen bis ins Letzte auszureizen. Dahls Reihe um das „A-Team" kann geradezu als Stockholm-Reiseführer gelesen werden – kaum ein Stadtteil, der nicht genannt oder beschrieben wird. Die an die ersten Bücher anknüpfende zweite Romanreihe um eine Sondereinheit von Europol wird dann deutlich internationaler, doch auch hier spielt Stockholm stets eine wichtige Rolle.

Auch die Krimis von **Liza Marklund** beleuchten die dunkle Seite der schwedischen Hauptstadt. Interessant ist der Perspektivenwechsel, denn hier ist die Protagonistin keine Kommissarin, sondern Journalistin. Auch Marklunds Romane und die jeweiligen Verfilmungen thematisieren die Lebensumstände der Heldin, die je nach Familienstand und

Stieg Larssons Krimis ziehen weltweit Leser in ihren Bann

Einer der Tatorte der Schweden-Krimis: Monteliusvägen

finanziellen Verhältnissen ganz unterschiedliche Wohnsituationen in diversen Stockholmer Vierteln erlebt.

Posthum zum Shooting-Star der internationalen Krimiszene avancierte der 2004 viel zu früh verstorbene **Stieg Larsson**. Seine Millennium-Trilogie („Verblendung", „Verdammnis", „Vergebung") war Dauergast auf den Bestsellerlisten und verkaufte sich weltweit über 80 Mio. mal. Klar, dass der spannende Stoff um den Journalisten Mikael Blomkvist und die Hackerin Lisbeth Salander auch verfilmt wurde – und zwar sowohl in Europa als auch in den USA, beide Male sehr erfolgreich. Inzwischen sind ein vierter und fünfter Band („Verschwörung", „Verfolgung") erschienen, die vom schwedischen Bestsellerautor David Lagercrantz geschrieben wurden.

Daneben gibt es viele weitere Autoren von Stockholm-Krimis, die es immer wieder schaffen, mit überraschenden Plots, ausgeklügelten Verbrechen und manchmal erschreckender Brutalität in der Literaturszene Fuß zu fassen, etwa das Autorenduo Erik Axl Sund oder die Ex-Polizistin Jenny Rogneby. Allen ist gemein, dass sie die wunderschöne und an für sich friedfertige Stadt zum Schauplatz von Mord und Totschlag machen. Geschadet hat es Stockholm nicht.

Info

Museum: Über die **wirkliche Seite der Verbrechensaufklärung** und Polizeiarbeit in Schweden kann man sich im **Polizeimuseum** informieren: Polismuseet, Museivägen 7, Tel. 010 563 800 0 (Di–Fr 12–15 Uhr), www.polismuseet.se; Mo–Fr 12–17, Sa/So 11–17 Uhr, SEK 60, bis 19 Jahre frei.

Führungen: Wer sich auf die Spuren von Stieg Larssons Millennium-Trilogie begeben möchte, kann das bei einem geführten Spaziergang in englischer Sprache tun: Sa 11.30, Juli–Sept. auch Di 18 Uhr, SEK 150, Info: https://stadsmuseet.stockholm.se/in-english/guided-tours/.

Hoch, höher, am höchsten: Orte mit Aussicht

35 Stockholms Balkon: die Fjällgatan

Wem schon beim Bummel durch das Katharinenviertel (S. 52) der Begriff „pittoresk“ passend schien, sollte noch zehn Minuten weiter wandern zur Fjällgatan. Die Straße hoch oben auf der steil abfallenden **Granitklippe** des Stigbergets ist zweifellos eine der schönsten der Stadt – zum einen wegen der malerischen Holzhaus-Umgebung und zum andern wegen der grandiosen Panoramaaussicht. Nicht ohne Grund bezeichnen die Einheimischen die Fjällgatan liebevoll als ihren „Balkon“. Da mutet es schon zynisch an, dass bis 1910 zum Tode Verurteilte ausgerechnet an diesem wunderschönen Platz den letzten Blick auf Stockholm werfen konnten: Auf dem Stigberget stand einst der Stadtgalgen.

Die Bebauung entlang der Fjällgatan, der Stigbergsgatan und der Stufengassen dazwischen entstand unmittelbar nach einem Brand 1723. Seitdem hat sich wenig verändert. Das grobe Straßenpflaster, die Laternen, die gelb, braun und weiß verputzten Stein- oder buntgestrichenen Holzhäuschen wirken wie aus einer Puppenstube. Viele Gebäude lassen ahnen, dass hier eher die arme Bevölkerung zu Hause war, andere kann man ehemaligen Handwerksbetrieben zuordnen.

Zu Fuß sind es ab der U-Bahnstation Medborgarplatsen ca. 25 Minuten bis zum Aussichtspunkt. Zunächst geht es über die Kapellgränd bis zur Katharinen-Kirche, dann über die Mästar Mikaels Gata und durch den Cornelispark. Wer nicht laufen möchte, kann mit dem Bus bis zur Station Tjärhovsplan fahren. Ab dort erreicht man über den **Stufenweg Mamsell Josabeths Trappor** die malerische Stigbergsgatan. Nach knapp 200 m bringen einen die Stufen der Sista Styverns Trappor nach links zur Fjällgatan. Hier hat man auf der einen Straßenseite die pittoresken Häuschen (in Nr. 34 ist ein kleines Museum für die Frauenrechtlerin Anna Lindha-

Blick von der Fjällgatan auf das Fotomuseum

Malerische Fjällgatan

gen eingerichtet) und auf der anderen den fantastischen Ausblick. Der zieht übrigens auch viele Sightseeing-Busse an, sodass es an der Brüstung des „Balkons" manchmal recht gedrängt zugehen kann. Am Nachmittag ist es am ruhigsten und abends, wenn die Sonne über dem Schloss untergeht, am romantischsten.

Auf dem Weg zurück in die Stadt kann man am Ende der Fjällgatan rechts die Steinstufen zur Uferstraße **Stadsgårdshamnen** hinabgehen. Von hier kann man in knapp zehn Minuten immer am Wasser entlang bis Slussen spazieren. Fotoenthusiasten sollten sich aber direkt gegenüber das **Fotografiska Museet** nicht entgehen lassen. Das 2010 eingeweihte Fotografiemuseum, eines der größten seiner Art weltweit, befindet sich im Jugendstilgebäude des ehemaligen Großen Zollhauses. Alljährlich finden vier große und 20 kleinere Wechselausstellungen zeitgenössischer Fotografie statt.

Info

Hinkommen: U-Bahnstation Slussen, Buslinien 2, 3, 53, 76 bis Tjärhovsplan oder 2, 3, 43, 53, 55, 59, 71, 76 bis Södermalmstorg

Museum: **Fotografiska Museet**, Stadsgårdshamnen 22, Tel. 08 509 005 00, www.fotografiska.eu; So–Mi 9–23, Do–Sa 9–1 Uhr, SEK 145, bis 12 Jahre frei.

Essen & Trinken: **Fjällgatans Kaffestuga**, Fjällgatan 37, Tel. 08 643 144 0, www.fjallgatan.com. Nettes, seit 1968 bestehendes Café mit Glasveranda in einmaliger Lage direkt am Aussichtspunkt der Fjällgatan. Es gibt Kaffee und Kuchen, aber auch Sandwiches etc.; April–Sept. tgl. 9–22 Uhr.

Fotografiskas Restaurang, Tel. 08 509 005 30. In Räumen mit viel Atmosphäre untergebrachtes Lokal, 2015 als bestes Museums-Restaurant der Stadt und 2018 als „Museum Restaurant of the World" ausgezeichnet, geöffnet Di–Sa 17–23 Uhr (auch für Gäste ohne Museumseintritt). Ebenfalls empfehlenswert ist **Fotografiskas Café** in der obersten Etage mit schöner Aussicht. Das Café ist tgl. 9–22 Uhr geöffnet (nur für Museumsbesucher) und serviert zur Mittagszeit auch Suppen oder andere warme Gerichte.

36 Nicht nur für Verliebte: Panoramaweg Monteliusvägen

Noch romantischer als die Fjällgatan, weil ohne Autos oder Reisebusse, zieht auf der anderen Seite Södermalms der Fußweg Monteliusvägen Einheimische und Touristen an – darunter auffällig viele verliebte Pärchen. Tatsächlich ist der Pfad mit seinem Panoramapavillon einer Umfrage zufolge in Stockholm der beliebteste Ort, um einen Heiratsantrag zu machen.

Der **Monteliusvägen** trägt seinen Namen nach dem Prähistoriker und Archäologen Oscar Montelius (1843–1921), der in diesem Viertel geboren wurde. Konzipiert als reiner **Panoramaweg**, ist der 416 m lange Pfad auf manchen Stadtplänen gar nicht eingezeichnet, und wenn, dann ist oft unklar, wie man zu ihm gelangt. Also: Am besten geht man von der U-Bahnstation Slussen aus am Hilton Hotel vorbei zur hübschen, kopfsteingepflasterten Bastugatan. Auf dem Weg passiert man auch die obere Plattform des ehemaligen öffentlichen Aufzuges **Mariahissen**, eines architektonisch und städtebaulich sehr interessanten Punkts in Södermalm. Ab hier gibt es Wegweiser zum Monteliusvägen. Kurz hinter der Einmündung der Skolgränd geht dieser rechts von der Bastugatan ab und verläuft 20–30 m oberhalb des Seeufers bzw. der Uferstraße Söder Mälarstrand parallel zur Bastugatan nach Westen, um schließlich über ein Teilstück der Kattgränd wieder auf die Bastugatan zu führen. An dieser Stelle gibt es auch **Treppenverbindungen** nach unten. Unterwegs flankieren zur Södermalm-Seite rot gestrichene Holzzäune den unasphaltierten Weg, während man zur anderen Seite freie Sicht auf den Mälarsee, die Insel Kungsholmen mit dem Stadthaus, Riddarholmen und Gamla Stan hat.

Unterhalb des Monteliusvägen fällt an der Uferstraße Söder Mälarstrand ein immenser Backsteinbau ins Auge: die ehemalige **Brauerei Münchenbryggeriet**, heute ein Kongress- und Eventzentrum. Der Komplex, der Stilelemente der Neogotik und der Neorenaissance verbindet, beherbergte Anfang des 20. Jh. die modernste und größte Brauerei des Landes. Zu Spitzenzeiten wurden hier 60.000 Flaschen pro Stunde abgefüllt. 1971 gab man den Standort auf und verlegte die Produktion nach Bromma. Das markante Gebäude sollte modernen Apartmentblocks weichen. Nach massiven Protesten der Bevölkerung und prominenter Mitstreiter wie Astrid Lindgren stoppte man in letzter Minute die Abrissarbeiten und rettete eines der interessantesten Wahrzeichen in der Skyline Södermalms.

Auf dem Höhenzug hinter der Brauerei lässt sich auf das Erlebnis Monteliusvägen noch eins draufsetzen, denn gar nicht weit weg (zu erreichen über die Ludvigsberggatan) wartet westlich der Grüngürtel des **Skinnarviksberget**. Mit 53 m ü. d. M. ist dies der höchste natürliche Punkt im Stadtgebiet und bietet dementsprechend einen tollen Blick auf die Bucht Riddarfjärden, das Stadthaus, Gamla Stan und die Türme vieler Kirchen. Der „Berg“ ist eine Ansammlung mehrerer Granitfelsen, die aus dem Grün herausragen. Im Sommer ist dies ein überaus populärer Platz für Picknicks und Spontan-Partys. Dass neuerdings zwischen Mitternacht und 7 Uhr ein Alkoholverbot gilt, lässt den Rückschluss zu, dass es auf einigen dieser Feten ziemlich feucht-fröhlich zuging.

Party am Monteliusvägen

Hinkommen: U-Bahnstation Slussen oder Mariatorget
Essen: **Café Mariaberget**, Blecktornsgränd 4, Tel. 08 668 850 2, www.cafemariaberget.se. An der Ecke Bastugatan, knapp 100 m vom Eingang zum Monteliusvägen gelegenes kuschelig eingerichtetes Café mit moderner Kunst. Angeboten werden einfachere Speisen wie Suppen, Quiches, Kuchen etc. Auch zum Mitnehmen; Di–Fr 11–18, Sa/So 11–17 Uhr.

Info

37 Zwei markante Türme: Stadshustornet und Kaknästornet

Das an aussichtsreichen Stellen wahrlich nicht arme Stockholm bietet Fans der Vogelperspektive zwei hervorstechende Türme aus unterschiedlichen Zeiten, die beide ganz besonders geeignet sind, um die Schönheit der Stadt von oben zu betrachten.

Die vergoldeten Kronen des Staatswappens zieren den Stadthausturm

Dass das Stadthaus 37a seit seiner Fertigstellung 1923 als eigentliches Wahrzeichen der schwedischen Hauptstadt gilt, liegt vor allem am markanten, mit drei vergoldeten Kronen verzierten **Stadthausturm** (Stadshustornet). Allein an diesem Gebäudeteil wurden 2,5 Mio. Ziegelsteine verbaut. Mit einer Höhe von 106 m und seiner zentralen Lage ist er zwar ein perfekter Aussichtspunkt; um den fantastischen Rundumblick zu genießen, muss man allerdings 365 Stufen erklimmen. (Nun gut: Alternativ steht auch ein Aufzug zur Verfügung, der führt aber nicht bis ganz oben.) Der schmale Stufenweg ist in den Außenmauern des Turms untergebracht und bringt einen an verschiedenen interessanten Stellen vorbei. Zuerst an der Zuschauergalerie und dem sogenannten Jungfrauenturm, der sich hinter einer Eisentür befindet. Am Fenster wartet eine kupferne Prinzessin (Stockholm) auf ihren Befreier (Sten Sture), auf dem Vorsprung des Jungfrauenturms kämpft der Heilige Georg mit dem Drachen.

Auf halbem Weg nach oben gelangt man zu einer Rundgalerie, die als **Turmmuseum** dient. Hier ist neben anderen Modellen eine 7,5 m hohe Skulptur des hl. Erik ausgestellt. Durch eine Passage gelangt man in den Dachstuhl mit dem Holzgestell für die Glocken. Auf den Backsteinturm ist der Kupferturm aufgesetzt, zu dem auch kein Aufzug mehr hinaufführt; stattdessen geht man über eine Holztreppe zur **Aussichtsplattform**, die sich auf 73 m Höhe befindet. Für einen Panoramablick auf die Insel Kungsholmen bis zur Vesterbron, auf die Granitklippen von Södermalm, auf Riddarholmen und Gamla Stan oder auf das Bahnhofsviertel gibt es keinen besseren Ort! Die Skulpturen auf dem Geländer der Plattform stellen den Schutzpatron der Seefahrt, St. Nicolai (Nikolaus), sowie drei weitere Heilige (Maria Magdalena, Klara, Erik) dar. Die von kupferverkleideten Säulen getragene Laterne darüber beherbergt die neun Turmglocken, von denen die größte drei Tonnen wiegt. Und darüber wiederum stellen die drei berühmten vergoldeten Kronen des Staatswappens die Spitze des Turmes dar – jede von ihnen hat einen Durchmesser von über 2 m.

Quadratisch: Stockholms Fernsehturm

Im Gegensatz zum Stadthaus liegt der **Kaknästurm (Kaknästornet 37b)** etwas abseits, nämlich in Ladugårdsgärdet (kurz: Gärdet) im äußersten Osten von Östermalm. Dass der kombinierte Aussichts- und Fernsehturm trotzdem von vielen Punkten der Stadt zu sehen ist, liegt an seiner Höhe von 155 m (mit Antenne 170 m). Die 1964–67 errichtete Stahlbetonkonstruktion unterscheidet sich deutlich von anderen Fernsehtürmen durch ihren quadratischen Grundriss, gegen den die Turmkrone wiederum im Winkel von 45° verdreht ist. Der Besuch des Kaknästurms kann im Rahmen einer Wanderung bzw. Fahrradtour durch die Diplomatenstadt (S. 44) oder durch Djurgården erfolgen; ansonsten bringt einen die Buslinie 69 direkt dorthin. Mit dem Aufzug geht es in den oberen Teil mit Restaurant und der Skybar. Einige Treppenstufen führen weiter hinauf zur Aussichtsplattform. Nirgendwo sonst in Skandinavien kommt man in einem Gebäude so hoch hinauf! Der Rundum-Blick ist natürlich grandios, ganz besonders aber auf Djurgården, den Freihafen und Lidingö.

Info

Stadthaus
Hinkommen: U-Bahnstation T-Centralen oder Rådhuset; Buslinien 3, 50, 62
Information: **Stadshustornet**, Stockholms Stadshus, Tel. 08 508 293; Mai&Sept. 9.10–15.50, Juni–Aug. 9.10–17.10 Uhr, im Winter geschl. Der Zugang erfolgt alle 40 Minuten in Gruppen von maximal 30 Personen, SEK 50, Kinder bis 12 Jahre frei. Tickets können ab 9 Uhr erworben werden (nur für den gleichen Tag).

Kaknästurm
Hinkommen: Buslinie 69 (Haltestelle Stockholm Kaknästornet)
Information: **Kaknästornet**, Mörka Kroken 28–30, Tel. 08 667 218 0, www.kaknastornet.se; geöffnet für gewöhnlich Mo–Sa 10–21 (Jan. 10–17), So 10–18 Uhr, im Winter teils kürzer, im Sommer länger; Eintritt (Aufzug) SEK 70, Kinder 7–15 Jahre SEK 25.

38 „SkyView" von der Riesenkugel des Ericsson Globe

Es ist schon ein riesiges Gebäude, dieser **Ericsson Globe**. Gut 3 km südlich der Altstadt erhebt er sich wie ein überdimensionaler Golfball über dem Stadtteil Johanneshov. Seine Größe und seine Form haben ihn unmittelbar nach der Fertigstellung 1989 zu einem der markantesten Wahrzeichen der Hauptstadt gemacht. Bis das Gebäude 2009 vom schwedischen Konzern Ericsson erworben wurde, hieß es offiziell Stockholm Globe Arena, es wurde und wird zumeist aber ohnehin einfach „Globen" genannt. Der spektakuläre Kuppelbau besteht aus 48 gebogenen Stahlpfeilern, die eine weiß lackierte Aluminiumhülle tragen und gilt als das **größte sphärische Gebäude der Welt**. Genutzt wird das Gebäude für Großveranstaltungen wie Welt- und Europameisterschaften im Eishockey oder Handball. Bei einem Konzert der Band Metallica wurde im Mai 2018 mit über 17.300 Zuschauern der bisherige Besucherrekord erzielt.

Globen als Zentrum des Sonnensystems

Globen ist nicht nur ein Stockholmer Wahrzeichen, sondern auch das Zentrum des Sweden Solar System, des **weltgrößten Modells unseres Sonnensystems**. In den 1990er-Jahren entstand der Plan, die Galaxis in großem, aber genauem Maßstab modellhaft darzustellen. Dabei fungiert die Riesenkugel des Globen als Sonne. Die inneren und äußeren Planeten, Monde, Asteroiden und andere Objekte sind über ganz Schweden verteilt, vom lappländischen Kiruna, 950 km vom Globen entfernt, bis hinunter nach Karlshamn im Süden. Teils beträgt ihr Durchmesser mehrere Meter, teils sind sie nur wenige Millimeter groß. An anderen Stellen in Stockholm findet man z. B. den Merkur (am Stadtmuseum), die Venus (an der Technischen Hochschule) sowie Erde und Mond (am Naturhistorischen Museum).

Panorama-Ansicht des Globe

Seit 2010 kann man dem Globen aufs runde Dach steigen. Für den **SkyView** brachten Ingenieure auf der – für diesen Zweck eigens verstärkten – Außenhaut des Globen zwei Schienen an. Auf diesen bringen zwei Glasgondeln im 20-Minuten-Takt je bis zu 14 Personen zum höchsten Punkt der Kugel. Die steile Auffahrt und die Rundum-Verglasung der Gondeln mögen eine Herausforderung sein für alle, die nicht schwindelfrei sind. Doch oben, auf 130 m ü. d. M., gibt einem die starke, gebogene Fassade unter einem wieder ein Gefühl von Sicherheit. Trotz der Entfernung zur Altstadt genießt man von hier einen fantastischen Panoramablick. Durch die SkyView-Schienen hat sich übrigens die öffentliche Wahrnehmung des Globen geändert. Wurde er früher als Golf- oder Schneeball bezeichnet, wirkt er aus der Ferne jetzt auf viele wie: ein riesiger Hintern.

In der Glasgondel geht es hoch hinauf

Die Kugel steht nicht alleine in der Landschaft, um sie herum ist das Viertel **Globen City** entstanden. Dessen einzelne Bereiche sind miteinander durch Promenaden verbunden, sodass sich auch weiter entfernte Punkte bequem fußläufig erreichen lassen. Dazu gehört u. a. das 2012 fertiggestellte Fußballstadion **Tele2 Arena**, die nahe Mehrzweckhalle **Hovet** wird hauptsächlich für Eishockeyspiele genutzt, in der früheren Trainingshalle **Annexet** finden Konzerte, Konferenzen und Galas statt. Zum Shoppen bietet sich das Einkaufszentrum **Globen Shopping** an, eine Mall mit 60 Läden und einem Dutzend Restaurants, Pubs und Cafés. Komplettiert wird Globen City durch Büro- und Geschäftshäuser und ein 2014 eröffnetes Vier-Sterne-Hotel.

Info

Hinkommen: U-Bahnstation Globen (grüne Linie). Viele Buslinien (u. a. 4, 150, 164, 807) halten am Busbahnhof Gullmarsplan, von wo man in ca. 8 Minuten zu Fuß am Globen ist.
Information: **Ericsson Globen**, Globentorget 2, www.globearenas.se/skyview. **Sky View** ist tgl. 9–19 Uhr geöffnet, SEK 150, Kinder 5–12 Jahre und Senioren über 65 Jahre SEK 100. Unter Tel. 0771 310 000 (Mo–Fr 9–16 Uhr) können Fahrten für einen bestimmten Zeitpunkt, d. h. ohne in der Schlange zu warten, vorausgebucht werden.
Einkaufen/Essen: **Globen Shopping**, www.globenshopping.se; Mo–Fr 10–19, Sa 10–17, So 11–17 Uhr, einige Läden und Restaurants auch länger.

39 Wie Karlsson vom Dach: „rooftop tour“ über die Stockholmer Giebel

Während Astrid Lindgrens wunderbare Kunstfigur Karlsson vom Dach noch per Knopfdruck über Stockholm fliegen konnte, müssen sich heutige Touristen zu Fuß auf den Weg machen, wenn sie eine Expedition über die Giebel der schwedischen Hauptstadt unternehmen wollen. Dies ist möglich, seit ein Unternehmen aus Sundsvall **Dachwanderungen** (schwed.: takvandring, engl.: rooftop tour) anbietet, und zwar mitten in der Altstadt, genauer: auf den Dächern von Riddarholmen (S. 18). Dabei kommt man nicht ganz so hoch hinaus wie der fliegende Karlsson, aber die Tour ist dennoch aufregend – und dementsprechend populär, vor allem bei jüngeren Touristen.

Hat man eine Rooftop Tour gebucht, trifft man sich mit dem Guide an der Birger-Jarls-Statue in Riddarholmen. Die Gruppengröße ist auf zehn Personen beschränkt und schnell kommt man mit den „Wanderkameraden“ aus aller Herren Länder in Kontakt. Nach einleitenden Worten wird die erste Etappe in den Dachstuhl des neoklassizistischen Gerichtsgebäudes Kammarrättens Hus bewältigt – wahlweise durchs Treppenhaus oder mit dem altertümlichen Aufzug. Oben angekommen, steigt man durch die enge Dachluke auf den First des Hauses.

Gut gesichert …

Obwohl man mit Helm, Klettergeschirr und Seil gut gesichert ist, sorgen die ungewohnte Perspektive aus 43 m Höhe und der vor einem liegende Dachpfad erst einmal für einen Adrenalinschub. Dann heißt es, sich zu konzentrieren. Denn der Weg auf dem Dachblech ist nur gute 30 cm breit und nicht immer eben: Auf Stufen, Absätzen und Leitern geht es treppauf, treppab, vorbei an Schornsteinen, Türmchen und Dachgauben. Nach einer kurzen Gewöhnungsphase wird das wackelige Laufen aber von festen, sicheren Schritten abgelöst. Nun bleibt auch Zeit, das ungewöhnliche Abenteuer hoch oben über den Dächern von Stockholm wirklich zu genießen. Auf kleinen Pausen lauscht man den Erklärungen des Guides zu Stadtgeschichte und Sehenswürdigkeiten. Vor allem aber bewundert man die kupfergrünen und schwarzen Blechdächer, die in der Sonne glitzernden Buchten und Seen, die Klip-

… geht es über die Dächer von Stockholm

pen von Södermalm, das Gewimmel der Häuser und den Blick über die Skyline mit ihren vielen Kirchtürmen. Der schwarze, gusseiserne Turmhelm der Riddarholmskyrkan scheint ebenso zum Greifen nah wie das Wrangelsche Palais – und die Haube des Riddarhuset zeigt sich in einer Pracht, wie man sie vom Boden aus nie zu Gesicht bekäme. Besonders schön ist es, wenn am Ende der Dachwanderung die Sonne dramatisch über dem Mälarsee untergeht.

Etwa eine Stunde dauert es, bis der ca. 300 m lange „Wanderweg“ bewältigt ist. Am Ende hat man Stockholm aus einer ungewöhnlichen Perspektive kennengelernt, die sonst Schornsteinfegern und Dachdeckern vorbehalten ist. Und es hat sich gezeigt, dass die anfängliche Nervosität unbegründet war, denn wirklich gefährlich oder gar halsbrecherisch ist die Tour nicht. Im Gegenteil: Die Stunde Dachwandern ist viel zu schnell vergangen – das nicht ganz billige Vergnügen hat sich also gelohnt.

Information: Takvandring Stockholm, Stora Gråmunkegränd 12–14, Tel. 08 223 005, Telefonzeiten Mo–Fr 11–15 Uhr, www.takvandring.com. Dachwanderungen werden von Ende April bis Anfang Sept. auch in deutscher Sprache durchgeführt. Eine rechtzeitige Buchung (online) ist ratsam, da sich die Touren einer regen Nachfrage erfreuen. Die Teilnahme kostet SEK 595. Die Touren finden nur bei geeignetem Wetter statt. Eine normale Konstitution ist Voraussetzung, Klettererfahrung ist nicht erforderlich, allerdings sollte man schwindelfrei sein. Selfie-Stäbe dürfen nicht mitgeführt werden.

Info

40 Aus der Nils-Holgersson-Perspektive: Hot Air Ballooning

In Selma Lagerlöfs Geschichte reitet der Däumling Nils Holgersson auf dem Rücken einer Graugans und entdeckt die Schönheit der „Stadt, die auf dem Wasser schwimmt" aus der Vogelperspektive. Sich auch einmal wie Nils Holgersson zu fühlen, das verspricht eine Heißluftballonfahrt.

Für viele erfüllt sich damit ein lang gehegter Traum. Allerdings muss man schnell von Missverständnissen Abschied nehmen. Zum Beispiel, wenn man bei der Buchung von einem „Flug" mit dem Ballon spricht. Nein, mit einem Ballon „fliegt" man nicht, man „fährt". Auch die Vorstellung vom lautlosen Schweben ist nicht haltbar, denn der Brenner, der die Luft im Ballon auf 80–100 °C erhitzt, faucht in regelmäßigen Abständen, um die Höhe zu halten. Andererseits wärmt er auch die Passagiere – man muss also in der kühlen Stockholmer Höhenluft nicht frieren.

Da der Wind die Fahrtrichtung bestimmt wird oft sehr spontan der Abflugsort bestimmt, manchmal wird er sogar noch während der Anfahrt geändert. Von einem gut erreichbaren Treffpunkt fährt man im Kleinbus samt Anhänger zu einem Platz, der angesichts der herrschenden Windverhältnisse geeignet zu sein scheint. Dort hat dann jede Mannschaft (meist zwölf bis 16 Personen) die Aufgabe, gemeinsam

Eine Ballonfahrt ist ein einzigartiges Erlebnis

Beim Start

das Fahrgerät aufzubauen, d. h. den Korb vom Hänger zu tragen, die Ballonhülle auszubreiten und die Halteseile zu platzieren. Dann wird kalte Luft in den Ballon gepumpt; ist er halb gefüllt ist, besteigen die Passagiere den Korb; der Brenner wird angeworfen, die Luft erwärmt sich und dehnt sich aus, der Ballon beginnt zu wachsen. Schließlich gibt der Kapitän den Helfern das Signal, die Halteleinen zu lösen.

Zuerst ganz langsam, dann immer schneller erhebt sich der Ballon in die Luft, bis er seine Reisehöhe von 400–500 m erreicht hat. Nun beginnt die Zeit des Genießens. Die Stadt liegt unter einem, man erspäht die Inseln und Gebäude, winzig wirkende Menschen, das Blau der Ostsee und des Mälarsees … und hat im wahren Wortsinn den Überblick. Nach etwa einer Stunde geht es langsam abwärts. Nun beginnt der schwierigste Teil des Manövers. Der Kapitän muss eine geeignete Landefläche finden. Möglichkeiten zum Manövrieren gibt es nicht und Hindernisse wie Stromleitungen oder Bäume sind vielfältig. Oft gerät die Landung zu einem Gehoppel über den Boden, wenn der Wind den Ballon nochmal ein paar Meter hoch und nach vorne wirft.

Nach der Landung wird das Material zusammengepackt. Anschließend gibt es die obligatorische **Champagner-Zeremonie** und die Überreichung des „Diploms“ der Ballonfahrt, bevor man zum Ausgangspunkt zurückgebracht wird.

Info

Information: Der derzeitige Marktführer für Ballonfahrten über Stockholm ist **Ballongflyg i Stockholm AB**, Koltrastvägen 21, Sollentuna, Tel. 08 920 202, www.ballong.se. Das Programm startet nahe dem Flughafen Bromma (Parkplatz Plantagen, Kvarnbacksvägen 32), zu erreichen mit den Buslinien 509 oder 155 ab Brommaplan. **40**

Die **Preise** liegen bei SEK 2.600 pro Einzelperson bzw. SEK 2.500 p. P. bei zwei bis vier P. und SEK 2.400 bei fünf und mehr Personen. Enthalten sind Ballonfahrt, Transfers, Versicherung, ein Glas Champagner und das Diplom.

Zeitaufwand: insgesamt (inkl. Anfahrt, Vorbereitung, Fahrt, Einpacken, Zeremonie und Rückfahrt) mindestens drei bis vier Stunden.

Architektur

41 Royales Stockholm: das Königliche Schloss

Das Königliche Schloss ist eines der größten Stadtschlösser weltweit. Es geht zurück auf einen Wehrturm aus dem 13. Jh. an strategisch wichtiger Stelle an der Mündung des Mälarsees in die Ostsee. Unter Birger Jarl wurde die Burg weiter ausgebaut und erhielt bald den Namen **Tre Kronor** (drei Kronen). Die Wasa-Könige machten die Burg zum ständigen Aufenthaltsort des Hofes und bauten sie zu einem **prächtigen Renaissanceschloss** um. Als dieses 1697 bis auf die Grundmauern abbrannte, war der Weg frei für ein neues, noch größeres Schloss im Barockstil, das maßgeblich von Nicodemus Tessin d. J. gestaltet wurde. Der Monumentalbau mit seinen über 600 Zimmern konnte erst 1754 fertiggestellt werden und erlebte unter Gustav III. (1771–1792) seine glanzvollste Zeit. Das italienisch geprägte Äußere des Schlosses lebt von der Lage am Wasser und den Höhenunterschieden des Geländes. Die exponierte Stellung führte dazu, dass nicht nur eine, sondern gleich alle vier Fassaden als Schauseite gestaltet wurden.

Das Schloss wird vom König heute nur noch gelegentlich als Arbeitsplatz genutzt. Die **schwedische Königsfamilie** lebt schon seit vielen Jahren im landschaftlich herrlich gelegenen Schloss Drottningholm (vgl. S. 220). Besichtigt werden können in dem Monumentalbau etwa die Bernadottewohnung mit der schönen Säulenhalle, die Festwohnung mit dem Sitzungssaal und dem Prachtsaal Karls XI., in dem die feierlichen Bankette stattfinden; dazu die gegenwärtig noch genutzte Gästewohnung und der Reichssaal mit dem ausgefallenen Silberthron Christinas aus dem 17. Jh. Der Reichssaal war Tagungsort des Schwedischen Ständereichstags und Schauplatz mehrerer Krönungen.

Neben den königlichen Gemächern befinden sich mehrere eigenständige Museen innerhalb des Schlosses. Das **Antikmuseum** zeigt eine Sammlung klassischer Skulpturen, die der kunstliebende Monarch Gustav III. Ende des 18. Jh. von seinen Reisen nach Italien mitgebracht hat. In dem Gewölbe im Nordflügel ist das **Museum Tre Kronor** untergebracht. Der Weg dorthin führt durch die 5 m dicken Verteidigungsmauern aus dem 13. Jh. Anhand mehrerer Modelle, aber auch originaler Bauteile wird die Entwicklung von der mittelalterlichen Burg Tre Kronor zum Renaissanceschloss dargestellt.

Das dritte Museum ist die viel besuchte (aber enge) **Schatzkammer**, in der die Regalien

Blick in die Schlosskirche

Schlossgarten

der schwedischen Könige und Königinnen ausgestellt sind, Zepter, Reichsäpfel und Kronen vom 16. bis ins 19. Jh., darunter die diamantbesetzte Krone der Königin Lovisa Ulrika. Zu den ältesten Ausstellungsstücken gehören zwei Reichsschwerter von Gustav Wasa. Besonders sehenswert sind auch der Krönungsmantel von Oskar II., ein für König Erik XIV. geschaffener Gobelin aus dem 16. Jh. sowie das Silbertaufbecken von Karl XI.

Über einen Eingang im Süden am unteren Slottsbacken kommt man ins vierte Museum, die überaus interessante **Königliche Rüstkammer** (Livrustkammaren), in der Waffen, Rüstungen, prunkvolle Kutschen und persönliche Gegenstände schwedischer Könige zusammengetragen und spektakulär in Szene gesetzt sind. Hier sind Kleidungsstücke zu sehen, die Gustav II. Adolf trug, als er in der Schlacht von Lützen fiel, die Uniform, in der Karl XII. 1718 starb, und das Maskenkostüm, in dem Gustav III. 1792 bei einem Opernball ermordet wurde.

Info

Hinkommen: U-Bahnstation Kungsträdgården oder Gamla Stan, Buslinien 2, 53, 55 76 (Slottsbacken) und 3, 59 (Riddarhustorget)
Information: **Kungliga Slottet**, Slottsbacken, Tel. 08 402 612 30 (wochentags 9–12 Uhr), www.kungahuset.se/kungligaslottet; Mitte Mai–Mitte Sept. tgl. 9–17, Mitte Sept–Mitte Mai Di–So 10–16 Uhr, SEK 160, Kinder (7–17 Jahre) SEK 80, inkl. Eintritt zum Antikmuseum, zur Schatzkammer und zum Museum Tre Kronor. Die beliebte **Wachablösung** findet tgl. 12.15 (So 13.15) Uhr im äußeren Schlosshof an der Westseite statt.
Livrustkammaren, Tel. 08 402 301 0, www.livrustkammaren.se; Jan.–April und Sept.–Dez. Di–So 11–17 (Do bis 20), Mai–Juni Di–So 11–17, Juli/Aug. Di–So 10–18 Uhr. Bis 2019 wegen Renovierung geschlossen, Infos zum Termin auf der Homepage.
Souvenirläden und **Toiletten** gibt es im äußeren, ein **Café** im inneren Schlosshof.

42 Wo der Adel thront: das Ritterhaus (Riddarhuset)

Das **Riddarhuset** am nordwestlichen Rand der Altstadt ist das vielleicht schönste Gebäude aus der schwedischen Großmachtzeit. Das Palais wurde zwischen 1641 und 1674 für die schwedische Ritterschaft errichtet. Nicht weniger als vier Architekten waren an der Planung beteiligt. Maßgeblich gestalteten den Prachtbau vor allem Jean de la Vallée und der Niederländer Justus Vingboons, der die **herrlichen Fassaden** mit den Sandsteinornamenten auf rotem Backstein im Stil des holländischen Klassizismus schuf. Wunderbar ist auch das **ausgefallene Kupferdach** mit seiner grünen Patina, den zahlreichen Skulpturen und den an antike Opferaltäre erinnernden Schornsteinen.

Das Standbild vor dem Ritterhaus zeigt König Gustav Wasa und das Erkennungszeichen der Wasa-Dynastie, die Ährengarbe. Vom selben Künstler, dem französischen Bildhauer Pierre Hubert L'Archevêque, stammt auch Schwedens erstes Reiterstandbild, das gar nicht weit entfernt von hier auf dem Gustav Adolfs torg steht. Bei der Besichtigung von außen sollte man nicht versäumen, auch der Rückseite des

Das Riddarhuset ist ein prächtiges Gebäude aus der schwedischen Großmachtzeit

Ritterhauses einen Besuch abzustatten: Dort stößt man auf einen **hübschen Garten**, der von zwei reizenden Pavillons eingefasst ist.

Im **Inneren** gelangt man über das prächtige barocke Treppenhaus zum Rittersaal. Gegenüber dessen Eingang hängt ein Monumentalgemälde von Gustav Cederström aus dem Jahr 1912: Karl X. und ein General beratschlagen, ob die Eisdecke des zugefrorenen Öresunds stark genug ist, um ihr Heer zu tragen. Sie war es. So konnten die Schweden 1658 Dänemark erobern.

Tipp

Das Ritterhaus hat **ungewöhnlich ungünstige Öffnungszeiten**: Mo–Fr 11–12 Uhr. Ein Besuch verlangt vom Touristen daher logistisches Geschick, um ihn in eine Altstadt-Besichtigung zu integrieren.

Möglich wäre folgender Plan: Ab ca. 9 Uhr schaut man sich Riddarholmen und gegen 10 Uhr die Riddarholmskirche an. Ab 11 Uhr widmet man sich der Außen- und Innenbesichtigung des Ritterhauses, folgt dann dem in Kapitel 1 skizzierten Rundgang um das Königliche Schloss (S. 12) und ist pünktlich zur Wachablösung um 12.15 Uhr am äußeren Schlosshof.

Der **prächtige Rittersaal** selbst war bis zur Auflösung des Ständereichstags der Sitzungsraum des Adelsstands. Nach dem Tod Karls XII. 1718 war das Königtum so geschwächt und der Adel so stark, dass Schweden praktisch von hier aus regiert wurde. An den Wänden hängen die auf Kupferplatten gemalten **Wappenschilde** aller ca. 2.600 schwedischer Adelsgeschlechter, von denen heute noch rund 600 existent sind. Die letzte Person, die in Schweden geadelt wurde, war übrigens im Jahr 1902 der Forschungsreisende Sven Hedin. Sein Wappenschild mit der Nummer 2344 hängt gleich rechts vom Eingang.

Nimmt der Besucher auf einer der recht niedrigen, schmalen und blauen Bänke Platz, sieht er oben das **große Deckengemälde**, das der Hofmaler David Klöcker Ehrenstrahl 1670–75 anfertigte. Es zeigt die Schweden verkörpernde Mutter Svea mit einer Vielzahl allegorischer Gestalten, eine Idealisierung und Verherrlichung der Großmacht Schweden. Auf dem edlen **Elfenbeinstuhl** vor den Bänken thronte der Sprecher des Adels, der Landmarschall. 1789 geschah dann etwas Unerhörtes: Gustav III. betrat das Ritterhaus, setzte sich auf den Stuhl des Landmarschalls und verkündete erhebliche Einschränkungen der adeligen Privilegien. Ein Staatsstreich, mit dem der König de facto den Absolutismus wieder einführte – ausgerechnet im Jahr der Französischen Revolution!

Hinter dem Elfenbeinstuhl führt eine Holztreppe hinab in den **Raum des Landmarschalls**, in dem einst ein adeliger Geheimausschuss die ganze Macht in seinen Händen hielt. Noch heute trifft sich der schwedische Adel alle drei Jahre im Ritterhaus, um z. B. über Nutzung und Erhalt des Palastes zu entscheiden. Außerdem finden in dem Gebäude Konzerte, Feste der höheren Gesellschaft und ähnliche Veranstaltungen statt.

Info

Hinkommen: U-Bahnstation Gamla Stan, Buslinien 3, 59 (Riddarhustorget)

Information: Riddarhuset, Riddarhustorget 10, Tel. 08 723 399 0, www.riddarhuset.se; SEK 60, 7–18 Jahre SEK 40.

43 Die Riddarholmskirche: vom Kloster zur königlichen Grabkirche

Die **Riddarholmskirche** (Riddarholmskyrkan) mit ihrer hohen, schwarzen Kirchturmspitze ist nicht nur das auffälligste und alles überragende Gebäude auf der Insel Riddarholmen, sondern als eine Art Nationalheiligtum eine der größten Sehenswürdigkeiten Stockholms.

Im 13. Jh. errichteten Franziskaner auf der kahlen Insel ein Kloster samt Kirche. Das Kloster wurde im Zuge der Reformation 1527 aufgelöst, in seine (heute nicht mehr erhaltenen) Gebäude zogen nacheinander ein Hospital, ein Münzamt, eine Kaserne und ein Kinderheim samt Zuchthaus (!) ein. Auch die Kirche veränderte sich. Schon im 15. Jh. wurde sie dreischiffig verbreitert, im 16. Jh. wurde ein Westturm angefügt und ab dem 17. Jh. kamen dann die Grabkapellen hinzu. Zuletzt brachte man 1835 nach einem Brand des alten Turms die gusseiserne Zierspitze an. Trotz all dieser Veränderungen gibt es noch genügend Spätgotisches zu entdecken.

Bereits im Mittelalter wurde das Gotteshaus **von zwei Königen als Grabstätte gewählt**, wodurch es von Anfang an mehr war als „nur" eine Klosterkirche. Magnus Ladulås und Karl VIII., die beide auch die Franziskaner unterstützt hatten, wurden vor dem Chor beigesetzt. Johann III. ließ über ihren Gräbern Skulpturen errichten, die die Könige als idealisierte mittelalterliche Herrscher mit lockigem Haar zeigen.

Nationalheiligtum Riddarholmskirche

Mit und nach dem Dreißigjährigen Krieg – die Franziskaner waren längst vertrieben – wurde die Kirche schließlich zur allgemeinen **Begräbnisstätte der schwedischen Könige**, ihrer Gemahlinnen und ihrer Kinder – und damit zu einem **nationalen Heiligtum**. Einzig Königin Christina fehlt, ihr Grab befindet sich im Petersdom in Rom. Die Tradition riss erst 1920 mit dem Tod von Kronprinzessin Margareta ab, der früh verstorbenen Großmutter des heutigen Königs. Sie hatte testamentarisch verfügt, nicht in einer Kirche beerdigt werden zu wollen. Stattdessen wurde sie im Hagapark beigesetzt, der damit die Rolle der Riddarholmskirche als royale Begräbnisstätte erbte. Der erste König, der dort begraben wurde, war 1973 Margaretas Ehemann Gustav Adolf VI.

Die Sarkophage befinden sich in über- und unterirdischen **Gruftkapellen**, deren Architektur die Zeit ihrer Dynastien widerspiegelt. Den Anfang machte Gustav II. Adolf, der drei Jahre vor seinem Tod diesen Ort bestimmt hatte. Als er 1632 in der Schlacht von Lützen (bei Leipzig) fiel, hatte er aus Schweden eine europäische

In der Kirche fanden bis 1920 die schwedischen Könige ihre letzte Ruhe

Großmacht gemacht und den Protestantismus gegen das kaiserlich-katholische Lager verteidigt. Durch das schmiedeeiserne Tor ist sein imposanter Sarkophag in der **Gustavianischen Gruft** rechts vor dem Chor zu sehen. Gegenüber liegen in der spätbarocken **Karolinischen Gruft** u. a. die „Heldenkönige" Karl X., der Dänemark besiegte, und Karl XII., der Widersacher des russischen Zaren Peter der Große. Westlich der Gustavianischen befindet sich mit der neuklassizistischen **Bernadottesche Gruft** die Grabkapelle des derzeitigen Herrscherhauses.

In der Kirche fanden auch bedeutende **Feldherren des Dreißigjährigen Krieges** ihre letzte Ruhe. Daneben entdeckt man im Kirchenschiff und im Chor eine Vielzahl von Grabplatten für kirchliche und weltliche Würdenträger. Besonders auffällig sind die **Wappenschilder der Ritter des Seraphinenordens** an den Wänden. Der Orden wird heute nur noch an Ausländer verliehen, die sich „um Schweden verdient gemacht" haben, deshalb ist hier viel internationale Polit-Prominenz vertreten, u. a. mehrere deutsche Bundespräsidenten.

Hinkommen: U-Bahnstation Gamla Stan, Buslinien 3, 59 (Riddarhustorget)

Kirche: **Riddarholmskyrkan**, Birger Jarls torg, Tel. 08 402 613 0, www.sfv.se; Mitte Mai–Mitte Sept. tgl. 10–17 Uhr, Führungen (engl.) 16 Uhr, SEK 50, 7–18 Jahre SEK 25.

Info

44 Ulriksdal: Schloss mit Orangerie, Kapelle und Rokokotheater

In der Gemeinde Solna, unmittelbar an der schmalen Ostseebucht Edsviken, steht ein weiteres der zehn königlichen Schlösser: Ulriksdal. Natürlich stellt sich angesichts der royalen Konkurrenz die Frage, ob man als „Normaltourist" den Weg unbedingt auf sich nehmen muss. Die Antwort: Nein. Doch gibt es ein großes „Aber": Denn Ulriksdal verfügt über einige Highlights, die man nur hier erleben kann und durchaus einen halbtägigen Abstecher wert sind.

Das Schloss ließ sich Jakob De la Gardie (1583–1652), einer der größten Heerführer des Dreißigjährigen Krieges, vom Straßburger Architekten Jakob Kristler bauen. Später wurde es an die Krone verkauft und u. a. von den beiden Architekten Tessin umgestaltet. Die schwedischen Könige nutzten es bis 1973 als Zweit- bzw. Drittresidenz. Während das eigentliche Schloss eher schlicht wirkt, ziehen andere

Die Krönung der Königin Kristina

Der ehemalige Stall von Ulriksdal ist heute ein Museum mit der rekonstruierten **sechsspännigen Krönungsequipage der Kristina von Schweden** als Prunkstück. Die Kutsche spielte eine Rolle bei der wohl teuersten und protzigsten Krönung, die Schweden jemals erlebt hat. Am 20.10.1650 machte sich eine Krönungsprozession von Ulriksdal auf den Weg, die so lang war, das die letzten Teilnehmer noch nicht gestartet waren, als die ersten schon am 7 km entfernten Königlichen Schloss in Stockholm angekommen waren. Bei diesem Zug fuhr Königin Kristina durch drei eigens errichtete Triumphbögen und wurde von 40 Kriegsschiffen begrüßt. Vier Jahre später dankte Kristina ab und konvertierte zum Katholizismus. Nach Jahren im Pariser Exil lebte sie auf Einladung des Papstes in Rom, wo sie 1689 starb. Sie ist eine von nur drei Frauen, die im Petersdom beigesetzt sind.

Schlichte Schönheit: Schloss Ulriksdal

Winterlicher Blick auf die Orangerie

Gebäude umso mehr die Aufmerksamkeit auf sich. Etwa die **Orangerie**, die im 17. Jh. errichtet wurde, um tropische Obstbäume zu ziehen. Heute dient sie als Ausstellungsraum für Skulpturen aus der Sammlung des Nationalmuseums.

In einem eigenen Trakt ist das **Theater Confidensen** von 1753 untergebracht, das älteste Rokokotheater des Landes. Nach seiner Blütezeit während der Regentschaft Gustavs III. fiel es in einen Dornröschenschlaf, aus dem es erst in den 1980er-Jahren erweckt wurde. Heute ist es im Sommer eine stimmungsvolle Spielstätte. Deutlich jünger ist die 1865 eingeweihte **Schlosskapelle** des Architekten F. W. Scholander. Das Äußere beeindruckt durch das hübsche Türmchen und die drei halbkreisförmigen Giebel. Der **Schlosspark** gilt als einer der schönsten Barockgärten Schwedens; ab und zu soll sich König Carl XVI. Gustav zum Malen hierhin zurückziehen.

Info

Hinkommen: **S-Bahn** (pendeltåg) J36, J38 (Haltestelle Ulriksdal; ab da ca. 1 km); oder **U-Bahnstation** Bergshamra, dann Buslinie 503 bis Ulriksdals Wärdshus, ab da ca. 500 m.

Schloss: **Ulriksdal Slot**, Slottsallén, Solna, www.kungahuset.se; Juli–Aug. tgl. 12–16 Uhr, Mai, Juni, Sept. und Okt. nur am Wochenende im Rahmen einer Führung 12, 13, 14 und 15 Uhr (nur auf Schwedisch). **Schloss mit Orangerie** SEK 120, **Schlosstheater** SEK 60, **Krönungswagen** SEK 40, bis 18 Jahre jeweils frei. Kombiticket für alle Attraktionen: SEK 150. Der **Park** ist frei zugänglich und ganzjährig geöffnet.

Essen & Trinken: **Ulriksdals Slottcafé**, direkt links neben dem Schloss gelegen, bietet außer Kaffee/Tee auch Mittagsmenüs, Salate und Sandwiches an, tgl. 10–18, in der Wintersaison bis 16 Uhr geöffnet.

Ulriksdals Wärdshus (Ulriksdals Slottpark 170, www.ulriksdalswardshus.se), 500 m vom Schloss entfernt. Wunderschöner weißer Holzbau mit klassisch-schwedischer Küche à la carte sowie tgl. mittags umfangreichem Smörgåsbord; Di–Sa 11.30–22, So 12–21 Uhr.

Markt: Anfang November findet am Schloss der **jährliche Herbstmarkt** mit Nahrungsmitteln und Kunsthandwerk statt. Während des Marktes sind alle Sehenswürdigkeiten geöffnet.

45 Die großen Boulevards: Valhallavägen, Karlavägen und Narvavägen

Paris hat sie, Wien hat sie, Turin hat sie und in Stockholm findet man sie auch: Große Boulevards, die trotz steigendem Verkehrsaufkommen ein schnelles Vorwärtskommen sichern und Fußgänger zum Flanieren einladen. In Stockholm geht das System von Boulevards auf den Stadtplaner Albert Lindhagen zurück, der wiederum durch das von Georges-Eugène Haussmann geschaffene moderne Pariser Stadtbild beeinflusst war. Aber auch die Ringstraßen in Wien standen Pate für den Plan aus dem Jahre 1866, der neben dem Prachtboulevard **Strandvägen** (S. 42) weitere Paradestraßen vorsah. Zu Lindhagen gesellten sich Architekten, die entlang der neu geschaffenen Boulevards repräsentative Bauten im neuklassizistischen und später im nationalromantischen Stil entwarfen. Hier sind die Brüder Axel und Hjalmar Kumlien hervorzuheben, die eine große Anzahl von Projekten realisierten.

Der mit 3,5 km längste Boulevard ist der **Valhallavägen** 45a, der Östermalm nach Norden hin von den umliegenden Bezirken abgrenzt. Zur kulturhistorisch wertvollen Bebauung entlang der Straße gehören sechs- bis siebenstöckige Mietshäuser aus dem 19. Jh. Vor allem die Nordseite der Straße weist aber auch große Ziegelsteinkomplexe auf, beispielsweise den **Bahnhof Stockholm Östra** von 1885 und daneben die **Königlich-Technische Hochschule**. Es folgen das Krankenhaus **Sophiahemmet** und das **Olympiastadion** von 1912 (S. 108). Etwas weiter östlich breitet sich die dreiflügelige Kaserne des Svea-Artillerie-Regiments aus, die zusammen mit der Straße entstand. Am östlichen Ende ändert der Valhallavägen dann seinen Charakter und wird zu einer „normalen“ Straße, die zur **Diplomatenstadt** führt (S. 44).

Parallel zum Valhallavägen verläuft zwei Blocks südlich der 1,7 km lange **Karlavägen** 45b, der in seinem westlichen Teil eine „normale“ Allee, ab der Engelbrektsgatan dann aber eine breite Esplanade ist. Der Karlavägen konnte erst fertiggestellt werden, nachdem man 1868 einen Berg weggesprengt hatte. Seitdem reihen sich hier meist fünf- oder sechsstöckige Häuser mit Erkern und Türmchen aneinander. In einigen sind Botschaften untergebracht, in anderen Hotels, Restaurants, Cafés oder Geschäfte. Auch die Deutsche Schule liegt am Karlavägen. Besonders schön ist der von zwei **Baumreihen flankierte Mittelstreifen** mit Infotafeln und vielen Plastiken, der von Fahrradfahrern und Joggern ausgiebig genutzt wird. Wer sich gerne im Grünen aufhält, schätzt am Karlavägen, dass er drei sehr schöne Grünanlagen miteinander verbindet: den Ellen-Keys-Park im Westen, den

Auf dem Karlavägen lässt es sich schön flanieren

Humlegården in der Mitte und den Gustav-Adolfspark im Osten. 400 m vor seinem östlichen Ende mündet der Karlavägen in den **Karlaplan**. Von Baumreihen umgeben wirkt der sternförmige Platz kaum wie ein Verkehrsknotenpunkt, sondern eher wie ein Park. 1930 wurde mitten auf dem Karlaplan das Bassin mit der großen Fontäne angelegt, ein Jahr später wurde das Fliegermonument von Carl Milles eingeweiht.

Von hier aus bildet der 600 m lange **Narvavägen** 45c die Verbindung zum Prachtboulevard Strandvägen im Süden. Die Straße führt geradewegs auf die schöne Djurgårdsbron zu und über diese nach Djurgården. Der Narvavägen folgt dem Muster des zeitgleich vollendeten Karlavägen, d. h. zwei Fahrbahnen und in der Mitte eine Allee. Die Häuser zu beiden Seiten stammen aus der Zeit um 1900, darunter sehr repräsentative wie der Bromska-Palast (Nr. 26), heute Residenz des französischen Botschafters. Im unteren Drittel des Boulevards liegen sich die zwei größten Gebäude quasi gegenüber: Im Westen das **Historische Museum** (S. 70), im Osten die neugotische **Oscars-Kirche** (Oscarskyrkan).

Technische Hochschule am Valhallavägen

Essen & Trinken: Broms, Karlavägen 76, Tel. 08 263 710, www.bromskarla plan.se, Mo–Di 7–22, Mi–Fr 7–23, Sa 8–23, So 8–22 Uhr. Beliebtes Café vor allem zum Brunch (Sa/So 11–16 Uhr), sonst gibt es tgl. 7–10.30 Uhr ein Frühstücksbuffet und danach herzhafte Gerichte und Kuchen. Angeschlossen ist ein Delikatessen-Laden.

Info

46 Burg oder Sportarena? Das Olympiastadion

Das **Olympiastadion** 46a befindet sich in Gehweite zur Innenstadt am Boulevard Valhallavägen. Es wurde zwischen 1910 und 1912 nach Plänen des Architekten Torben Grut gebaut und war Schauplatz der Olympischen Spiele von 1912. Architektonisch fallen als erstes die dunkel gebrannten Ziegelsteine und die Form auf, die sich an einer mittelalterlichen Stadtmauer orientiert. Geht man über die Sturegatan auf das Stadion zu, glaubt man zunächst, einen umfunktionierten Wehrturm vor sich zu haben. Auch vom Valhallavägen aus lassen die umlaufenden Arkaden, die Zinnen und die Portale nicht auf eine Sportstätte schließen.

Das Innere des **nationalromantisch**en **Bauwerk**s ist mit Aschebahn und Rasenfläche funktional gehalten. Schön ist die Tribüne, deren Dach von Holzsäulen getragen wird, von denen einige – v. a. für deutsche Besucher zunächst irritierend – mit Hakenkreuzen verziert sind. Nachdem die ersten vier Olympischen Spiele der Neuzeit unter teils chaotischen Bedingungen abgelaufen waren, setzte Stockholm neue Maßstäbe. Zum ersten Mal gab es elektronische Zeitmessungen und Zielfotos. 28 Länder nahmen teil, die in 102 Wettbewerben in 14 Sportarten antraten, darunter z. B. auch Tauziehen und zum ersten Mal der von Pierre de Coubertin erfundene Moderne Fünfkampf. Das in der Gesamtwertung erfolgreichste Team war mit 65 Medaillen das schwedische. Was die Goldmedaillen betrifft, lag es knapp hinter den USA auf dem zweiten Platz. Zu Sportlegenden wurden etwa der US-amerikanische Halbindianer Jim Thorpe (auch bekannt als Wa-Tho-Huck), der sowohl den Zehnkampf als auch den Fünfkampf haushoch gewann, oder der deutsche Fußballer Gottfried Fuchs, der in einem einzigen Spiel zehn Tore schoss.

Mit 14.500 Plätzen wirkt das Stadion fast schon niedlich. Trotzdem wird es nach wie vor für Sportgroßereignisse genutzt, z. B. für Reitsport-Veranstaltungen, Tennisturniere oder den alljährlichen Stockholm-Marathon. Damit ist die Arena **das älteste noch in Gebrauch befindliche Olympiastadion der Welt**. Auch Konzerte finden hier statt, u. a. spielten hier bereits Michael Jackson, die Rolling Stones oder Robbie Williams.

Die Architektur des Stadions ähnelt der einer Burg

Im Inneren des Olympiastadions

Ein Marathon-Lauf, der 54 Jahre dauerte ...

Die Olympischen Sommerspiele von 1912 waren voller Kuriositäten. So wurden erstmalig nicht nur für sportliche, sondern auch für künstlerische Leistungen Medaillen vergeben, eine Praxis, die bis 1948 beibehalten werden sollte. Dabei schaffte es der US-Amerikaner Walter Winans, neben einer Silbermedaille im Schießsport auch eine Goldmedaille für eine Skulptur zu bekommen. Er ist einer von zwei Menschen, die es als Künstler und Sportler aufs Treppchen schafften, und der einzige, der dies in ein und demselben Jahr schaffte. Besonders pikant: Die Goldmedaille für Literatur wurde für eine „Ode an den Sport" zwei Dichtern zugesprochen, die es gar nicht gab. Hinter dem Pseudonym verbarg sich kein Geringerer als Pierre de Coubertin, der Begründer der neuzeitlichen Olympischen Spiele.
Schön ist auch die Geschichte des japanischen Marathonläufers **Shisō Kanaguri**: Wegen der großen Hitze boten ihm während des Laufs einige Stockholmer an, bei ihnen etwas zu trinken. Er nahm das Angebot an, schlief aber anschließend auf der Stelle ein und wachte erst am nächsten Tag wieder auf, als er schon polizeilich gesucht wurde. 1967 lud man den Japaner nach Schweden ein, um den Lauf an der Stelle fortzusetzen, wo er ihn abgebrochen hatte. So beendete Kanaguri, inzwischen ein 75-jähriger Universitätsprofessor, nach 54 Jahren, 8 Monaten und 6 Tagen den langsamsten Marathon aller Zeiten.

Info

Hinkommen: Olympiastadion, Lidingövägen, U-Bahnstation Stadion, Buslinien 4, 55, 72, 94

Museum: Bei besonderem Interesse an Geschichte und Gegenwart des schwedischen Sports empfiehlt sich ein Besuch des **Reichssportmuseums** 46b. Fotos, Filme und ca. 350 Exponate (u. a. Tennisschläger von Björn Borg) zeugen von sportlichen Großereignissen und legendären Gestalten des Landes: **Riksidrottsmuseet**, Djurgårdsbrunnsvägen 26, Tel. 08 699 601 0, www.riksidrottsmuseet.se; Di–So 11–17 Uhr, frei.

47 Stockholms Wahrzeichen: das Stadshuset

In herrlicher Lage erhebt sich auf der Insel Kungsholmen das Stadthaus mit dem 106 m hohen Turm. Seit der Fertigstellung 1923 ist Ragnar Östbergs architektonisches Meisterwerk nicht nur eines der wichtigsten Beispiele der schwedischen Nationalromantik, sondern auch das Wahrzeichen der Metropole. Hier ist die kommunale Verwaltung untergebracht und bei feierlichen Anlässen – darauf weisen die drei Kronen des Reichswappens an der Spitze des Turms hin – repräsentiert das Stadthaus das ganze Land.

Der mit einer Fülle von Details ausgestattete Bau aus 8 Mio. Rohziegeln ist um zwei Höfe angelegt. Zur Straße Hantverkargatan gibt sich das Gebäude spröde und abweisend. Interessant aber ist das **Hauptportal**, dessen schwarzes Eichenholz vom 1676 gesunkenen Kriegsschiff Riksäpplet (Reichsapfel) stammt. Anstelle des direkten Eintritts lohnt der Spaziergang um das Gebäude herum. Auf dem linken Treppenweg stößt man auf das **Scheingrab** (Kenotaph) mit der vergoldeten Figur des Stadtgründers Birger Jarl, dann gelangt man in den **Stadthauspark**, der eine herrliche Aussicht auf Södermalm bietet. In der Verlängerung des Parks sieht man Steinskulpturen von Carl Eldh von 1923, die wegen ihrer Nacktheit zuerst stark kritisiert wurden. Sie tragen die Namen „Verfasser", „Dichter" und „Maler" und stellen die schwedischen Künstler Strindberg, Fröding und Josephson dar.

Vom Park geht man durch eine lange Arkadenreihe in den **Bürgerhof** (Borgargården), wo sich der Eingang zum Stadthaus befindet. Es kann allerdings ausschließlich im Rahmen von Führungen besichtigt werden. Der erste große Saal ist die **Blaue Halle** (Blå Hallen). Ihr Name geht auf den ursprünglichen Gestaltungsentwurf des Architekten zurück, der sich dann aber entschied, die Wandflächen roh zu belassen. Der größte Festsaal des Hauses ermöglicht die Bewirtung von bis zu 1.300 Gästen, hier findet auch das jährliche Festessen anlässlich der Vergabe der Nobelpreise statt.

Von hier aus bringt einen eine monumentale Freitreppe in den prachtvollsten Raum, den für

Tipp

Unbedingt zu empfehlen ist der Besuch des **Turms** (S. 88; extra Eintritt).

Imposant: das Stockholmer Stadthaus

Der Goldene Saal ist mit prachtvollen Mosaiken dekoriert: hier Stockholm als „Königin des Mälarsees"

700 Bankettgäste ausgelegten, byzantinisch inspirierten **Goldenen Saal** (Gyllene Salen). Hier ließ der Künstler Einar Forseth fast 19 Mio. mit Blattgold belegte und farbige Mosaiksteinchen verarbeiten. Dominiert wird der Saal von einem großen Mosaik, einer allegorischen Darstellung Stockholms als „Königin des Mälarsees". Weiter erwähnenswert sind der **Ratssaal** (Rådsalen), in dem die 101 Mitglieder des Stockholmer Stadtparlaments tagen, und die **Galerie des Prinzen** (Prinsens galleri), für die Prinz Eugen (S. 64) ein Fresko schuf.

Tipp

Dinieren wie ein Nobelpreisträger

Auf der Vorderseite des Stadthauses kann man die Treppen zu den Kellergewölben hinabsteigen und gelangt in das Restaurant **Stadshuskällaren**. Es serviert schwedisch-französische Speisen zu hohen, aber der Qualität angemessenen Preisen (Hauptgerichte ca. SEK 300, Menü ab SEK 700). Hier kann man auch Nobel-Menüs bestellen, die während der Bankette zur Nobelpreisverleihung eine Etage höher aufgetischt wurden (ca. SEK 1.865 inkl. Getränke, Vorbestellung notwendig). **Restaurang Stadshuskällaren**, Hantverkargatan 1, Tel. 08 586 218 30, www.stadshuskallarensthlm.se; Lunch Mo–Fr 11.30–14 Uhr, Dinner Mi–Sa 17–23 Uhr Uhr.

Info

Hinkommen: U-Bahnstation T-Centralen oder Rådhuset, Buslinien 3, 50, 62
Stadthaus: Stockholms Stadshuset, Hantverkargatan 1, Tel. 08 508 290 58, www.stockholm.se/OmStockholm/Stadshuset/. Innenbesichtigung nur im Rahmen einer **Führung:** ca. 45 Minuten, tgl. 10–15 Uhr zu jeder vollen Stunde in englischer Sprache, in der Hochsaison auch auf Deutsch. Der Ticketschalter ist April–Sept. tgl. 8.30–16, Okt.–März 8.30–16.30 Uhr geöffnet; Eintritt Nov.–März SEK 80, 12–19 Jahre SEK 30, April–Okt. SEK 110, 12–19 Jahre SEK 50. Bei einigen Stadtrundfahrten ist der Besuch des Stadthauses eingeschl.

48 Stockholms Broadway: Kungsgatan

Die ca. 1,5 km lange Kungsgatan verläuft in West-Ost-Richtung vom Stadtteil Kungsholmen (S. 46) zum Stureplan (S. 38). Am interessanten ist der längere Abschnitt im Bezirk Norrmalm, der auf eine Stadtplanung von 1887 zurückgeht. Die Schwierigkeiten dieses Plans lagen in einem steilen Bergrücken (Brunkebergen), der wie ein Riegel dem geplanten Straßenverlauf im Wege stand. Erst 1905 begannen die Arbeiten und man brauchte sechs Jahre, um die Schneise durch den Wallberg zu schlagen und die Brücken zu errichten, die die Querstraßen auffangen sollten.

Als 1911 der westliche Teil der Kungsgatan eingeweiht wurde, gab es hier noch keine nennenswerte Bebauung. Diese entwickelte sich erst in den 1920er-Jahren. Während einige Jahre zuvor für die großen Boulevards (S. 106) noch Paris oder Wien die Vorbilder waren, orientierte man sich nun eher an den USA. Die Straße sollte nicht nur den Großstadtverkehr entlasten – u. a. mit der ersten Ampel Schwedens –, sondern mit gehobenen Geschäften und Cafés auch die Menschen anziehen.

Mit mehreren großen Lichtspielhäusern war die Kungsgatan in den 1930er-Jahren die **Kinostraße der Stadt**. Deshalb nannte man sie auch „Stockholms Broadway“ und als der Zweite Weltkrieg zu Ende ging, wurde hier nach amerikanischem Vorbild eine Konfettiparade abgehalten. Ab den 1960er-Jahren setzte eine Zeit des Verfalls ein, andere Straßen übernahmen die Rolle als Shopping-Meilen und die Kungsgatan verlor an Attraktivität. In den 1990er-Jahren wurde dieser Trend ge-

Kungsgatan und Hörtorget damals (1927) …

stoppt und heute macht es wieder Spaß, über den schwedischen Broadway zu flanieren.

… und heute

Da sich die Straßenbebauung von West nach Ost entwickelte, sind die westlichen Teile deutlich älter. Hier findet man an der Kreuzung mit der Vasagatan zwei dominierende Gebäude aus der Zeit der Wende vom 19. zum 20. Jh. An der nördlichen Seite wurde 1885 das **Lundbergska huset** eingeweiht, damals hypermodern ausgestattet mit Aufzügen, Zentralheizung und eigenen Stromgeneratoren. Bei dem mächtigen fünfstöckigen Komplex mit vier Ecktürmen und erhöhtem Mittelteil hat Architekt F.O. Lindström sich eindeutig vom (inzwischen abgerissenen) Wiener Heinrichshof inspirieren lassen. In dem Haus waren im Laufe der Zeit u. a. ein Theater und eine Zeitungsredaktion untergebracht, seit 2012 wird es als Hotel genutzt. Das gegenüberliegende, 1906 eingeweihte **Oscarsteatern** (kurz „Oscars" genannt) ist ein gutes Beispiel für den schwedischen Jugendstil. Das Haus dient immer noch als Theater, in dem vor allem Musicals gespielt werden. Bei den Vorstellungen lässt sich auch die edle Innenarchitektur mit Stuckaturen, Wand- und Deckenmalereien bewundern.

Hinter der Vasagatan wurde die Kungsgatan durch Verbreiterung der Bürgersteige und Begrünung zu einer „normalen" Straße zurückgebaut. An Geschäften und Straßencafés vorbei kreuzt man bald die Haupteinkaufsstraße Drottninggatan, dahinter liegt rechts der Hötorget (S. 27). Ihm gegenüber taucht links die Kungshallen auf, ein Haus von 1937, in dem sich eine internationale Food Mall befindet.

Hinter der Kreuzung mit dem breiten Sveavägen hat die Kungsgatan den **modernistischen Charakter** der 1930er-Jahre am besten bewahrt. Unmittelbar vor der Gewölbebrücke Malmskillnadsbron erheben sich die **Zwillingstürme Kungstornen**, die Wahrzeichen der Straße. Beide sind 60 m hoch und haben 17 Etagen. Wie in Manhattan – Architekt Sven Wallander hatte 1920 eine Studienreise nach New York unternommen – sind diese „Wolkenkratzer" durch Sockel, Mittelpartie und beleuchtete Krone klar gegliedert. Diese Art amerikanischer Architektur hatte man vorher weder in Schweden noch in einem anderen europäischen Land gesehen. Auf der Krone des Südturms stellen Bronzeskulpturen die antiken Götter Fortuna, Merkur, Neptun und Victoria dar, letztere trägt in der Hand ein vergoldetes Ericsson-Telefon, da der Konzern damals hier seinen Hauptsitz hatte.

Info

Hinkommen: U-Bahnstation Hötorget oder T-Centralen, Buslinien u. a. 1, 2, 57
Essen & Trinken: **Kungshallen**, Kungsgatan 44, www.kungshallen.eu. Stockholms erste Food Mall mit 16 unterschiedlichen Restaurants und Cafés; wochentags 9–23, Sa ab 11, So 11–22 Uhr geöffnet.

49 Ein Waldfriedhof als UNESCO-Weltkulturerbe

Ab 1912 plante man, auf dem Gelände einer ehemaligen Kiesgrube im südlichen Stadtteil Enskede einen Friedhof anzulegen. Den internationalen Architekturwettbewerb zum Bau des **Skogskyrkogården** (dt.: Waldfriedhof) gewannen die Schweden **Erik Gunnar Asplund** (1885–1940) und **Sigurd Lewerentz** (1885–1975). Ihr Konzept folgte einer klaren Vision: der Unterordnung der religiösen und architektonischen Anlagen unter die Natur. Dafür wurden von 1917 bis 1940 nicht nur künstliche Hügel aufgeschüttet, Grasflächen und Teiche angelegt und Bäume gepflanzt, sondern auch ein interessantes Gebäudeensemble aus der Umbruchzeit vom Nordischen Klassizismus zum Funktionalismus geschaffen. 1994 wurde der Waldfriedhof in die UNESCO-Liste des **Weltkulturerbes** aufgenommen.

Mehr als 100.000 Grabstätten gibt es hier und nach wie vor finden jährlich rund 2.000 Beerdigungen statt. Auf dem riesigen Areal finden sich sowohl Grabsteine, die zwischen Bäumen platziert sind, als auch Urnengräber. Allen Grabstätten ist gemein, dass sie äußerst schlicht gehalten sind – pompöse Grabmonumente wird man auf diesem Friedhof nicht finden.

Der Skogskyrkogården ist von einer Mauer aus Feldsteinen eingefasst, das Material stammt vom Friedhofsgelände selbst. Hinter dem Haupteingang im Norden gelangt man in die „Biblische Landschaft", eine Freifläche, die von baumbestandenen Hügeln umgeben ist. Links erhebt sich ein enormes **Granitkreuz**. Der Gebäudekomplex dahinter ist der jüngste des ursprünglichen Entwurfs von Asplund und wurde 1940 fertiggestellt. Er besteht aus drei Kapellen sowie dem Waldkrematorium, verbunden durch eine mächtige Kolonnade. Östlich davon sollte man sich das **Neue Krematorium** von Johan Celsing anschauen, das 2014 eingeweiht und sofort mit dem Kasper-Salin-Preis, Schwedens wichtigstem Architekturpreis, ausgezeichnet wurde.

Bleibt man an der Kolonnaden-Vorhalle auf dem Hauptweg, passiert man nach 200 m die **Waldkapelle**. In ihrer Schlichtheit wirkt sie sehr modern; allein ein kleiner, goldener Todesengel von Carl Milles schmückt ihr Dach. Dahinter führt ein kurzer Weg zum Grab von **Greta**

Das Waldkrematorium

Garbo, deren Urne hier 1999 beigesetzt wurde. Noch gute 200 m weiter befindet sich unter Pyramidendächern das **Besucherzentrum**, 1923 als Verwaltungsgebäude angelegt.

Von hier aus ist es nur ein kurzer Weg zur **Auferstehungskapelle** mit ihrem klassisch anmutenden Portikus. Zurück zum Haupteingang gelangt man über den schnurgeraden und äußerst eindrucksvollen **Sieben-Brunnen-Pfad** (sju brunnars stig), der als Abschiedsweg der Trauernden konzipiert ist.

Info

Hinkommen: U-Bahnstation Skogskyrkogården (grüne Linie), Bus 161 (Skogskyrkogården)
Information: **Skogskyrkogården**, Sockenvägen 492, Tel. 08 508 317 30, www.skogskyrkogarden.se. Tgl. geöffnet, das **Besucherzentrum** Juni–Aug. tgl. 11–16, Mai und Sept. Sa/So 11–16 Uhr.

Führungen: Juni–Sept. So 10.30 Uhr (engl., ca. 2 Std.), Treffpunkt am Haupteingang, Tickets (SEK 120) können im Besucherzentrum gekauft werden. Wer sich einen Platz bei der Führung sichern möchte, sollte das Ticket vorab bei der Touristeninformation, im Mittelaltermuseum oder online (www.stadsmuseet.stockholm.se) kaufen.

50 Modernisierungswahn der 1950–60er: Sergels torg und HötorgsCity

Würden Stockholmbesucher als Erstes den Sergels torg zu Gesicht bekommen, sie würden sich verwundert die Augen reiben: Das soll die prächtige Residenzstadt am Wasser sein? Keine Spur von Idylle und barocker Pracht, stattdessen ein Glas-Stahl-Komplex aus den 1960ern, einfallslose Hochhäuser, brausender Autoverkehr und monströse Skulpturen. Hört man dann, dass für das Projekt etwa 750 Gebäude, darunter viele historische, der Abrissbirne zum Opfer fielen, ist man endgültig entgeistert.

Tatsächlich stammen die Pläne, den Stadtteil Norrmalm umzugestalten, aus der Vorkriegszeit. Der Straßenverkehr hatte enorm zugenommen, Eisen- und Straßenbahnen mussten gebaut werden und es fehlte an einer tauglichen Nord-Süd-Verbindung. Die Wohnverhältnisse in Norrmalm waren mehr als bescheiden, die meisten Wohnungen hatten kein fließendes Wasser und wurden mit Kohleöfen beheizt. 1945 wurde schließlich die „Sanierung von Norrmalm“ (Norrmalmsregleringen) beschlossen, das größte schwedische Städtebauprojekt des 20. Jh. 1952 begannen die Abbruch- und Sprengarbeiten, 14 Jahre lang glich die Innenstadt einer riesigen Baustelle. Neue Straßen wurden gebaut, eine unterirdische Stadtautobahn, U-Bahn-Tunnel, Gas- und Stromleitungen und ein komplett neues Kanalsystem.

Das Großprojekt erhielt weltweit große Aufmerksamkeit, wenn nicht sogar Bewunderung. Immerhin war es eine der umfassendsten Sanierungen einer kompletten Innenstadt der Nachkriegszeit, und das, obwohl Schweden und Stockholm überhaupt nicht von den Zerstörungen des Zweiten Weltkriegs betroffen waren.

Hochhäuser am Sergels torg

Dennoch nahm in Schweden die Kritik zu. Schließlich wurde der Widerstand gegen den „Abrisswahnsinn", die „sterile Architektur" und den Versuch der „Amerikanisierung" so groß, dass das Vorhaben nach zwei von fünf Bauphasen eingestellt wurde. Ob die bis 1966 erzielten Resultate nun gelungen, interessant, langweilig oder einfach nur hässlich sind, mag jeder selbst entscheiden.

1966 wurde das Zentrum der neuen City eingeweiht. Der nach dem Bildhauer Johan Tobias Sergel benannte Platz wird von einem elliptischen Kreisverkehr durchzogen, in dessen Mitte erhebt sich über Wasserfontänen eine 37 m hohe, abends bunt leuchtende Glassäule, der die Stockholmer schnell den Spitznamen „Pinnen" (der Stock) verpasst haben. Unterhalb des Straßenniveaus breitet sich die aus schwarz-weißen Dreiecken bestehende „Platte" aus, über die man zur U-Bahnstation T-Centralen und zur Einkaufspassage **Sergelsarkaden** gelangt.

Nördlich des Sergels torg dominieren fünf 19-stöckige Hochhäuser das Bild. Umgangssprachlich werden sie als **„Hötorg-Wolkenkratzer"** (Hötorgsskraporna) oder „die fünf Trompetenstöße" der Neugestaltung des Zentrums bezeichnet. Zusammen mit weiteren Bauten und einer Fußgängerzone bilden sie die **HötorgsCity**, die sich bis zum Heumarkt (S. 27) zieht. In diesen Büro-Komplex wurde auch die unterirdische Markthalle **Hötorgshallen** integriert, die 1958 die viel schönere, freistehende Vorgängerin ersetzte. Dennoch lohnt sich ein Besuch: Neben Obst, Fleisch und Fisch bekommt man hier an etlichen Ständen Spezialitäten aus Schweden und aller Welt.

Die gesamte Südseite des Platzes wird vom fünfstöckigen **Kulturhuset** (Kulturhaus) mit seiner gläsernen Fassade eingenommen. Die Idee eines transparenten Kulturzentrums als Gegengewicht zur Kommerzialisierung der Umgebung kann als gelungen bezeichnet werden. Das Gebäude, in dem Anfang der 1980er-Jahre während des Reichstags-Umbaus sogar das schwedische Parlament tagte, beherbergt eine ganze Reihe öffentlicher und viel besuchter Institutionen, z. B. die Bibliothek (mit einer guten Auswahl deutschsprachiger Zeitschriften und Tageszeitungen) und das Stadttheater sowie eine temporäre Ausstellung des Nationalmuseums. Das Gebäude ist frei zugänglich und für Besucher auch wegen des kulinarischen Angebots interessant.

Info

Hinkommen: U-Bahnstation T-Centralen

Information: **Kulturhuset**, Sergels torg, www.kulturhusetstadsteatern.se. Die Infotheke im Erdgeschoss (Tel. 08 506 202 12) ist Mo–Fr 9–19.30 und Sa/So 11–17 Uhr besetzt.

Essen & Trinken: **Hötorgshallen**, HötorgsCity, www.hotorgshallen.se. Markthalle mit Cafés, Essensständen und Delikatessen, Mo–Do 10–18, Fr 10–19, Sa 10–16 Uhr.

TeaterBaren/Kulturhustaket, Kulturhuset; www.kulturhusetstadsteatern.se. Gutes Café bzw. Restaurant mit toller Sicht vom Dach des Kulturhauses. Mo 11–18, Di–So 11–19 Uhr (das Dach-Café nur im Sommer). Ebenfalls im Kulturhaus finden sich das das asiatische Restaurant **Nooshi** (zusammengesetzt aus Noodles und Sushi), das **Café Panorama** und die Tapas-Bar **Barcelona**.

Hinweis: Die „Platte" ist der Stockholmer Hauptumschlagplatz für Drogen; die Drogenkriminalität ist hier besonders hoch. In der Dunkelheit sollten Touristen, die allein unterwegs sind, den Sergels torg meiden.

51 Die „Arena-Stadt“: Sport, Wirtschaft und Kommerz in Solna

Was sich mit und um den Globen (S. 90) im Süden Stockholms entwickelte, findet 20 Jahre später seine Entsprechung in der Gemeinde Solna, etwa 6 km nördlich der Stockholmer Innenstadt. Auch hier formte bzw. formt sich um ein Sportstadion ein ganz neuer Stadtteil, der **Arenastaden** (Arena-Stadt) genannt wird. Der Name leitet sich von dem größten und auffälligsten Gebäude des Viertels ab, der **Friends Arena**, die meist einfach als **National-Arena** bezeichnet wird und 2012 als Ersatz für das inzwischen abgerissene Råsundastadion eingeweiht wurde. Die Arena ist das größte Fußballstadion Skandinaviens und bietet Platz für 50.000 Zuschauer. Durch das innerhalb von 20 Minuten verschließbare Dach ist sie auch für andere Events wie Konzerte nutzbar, hierfür kann ihre Kapazität auf 65.000 erhöht, sie kann aber auch – für eine „intimere“ Atmosphäre – auf 20.000 verringert werden. Das optische Highlight des 326-Mio.-Euro-Projekts ist die Fassade mit ihren rautenförmigen Elementen, die je nach Veranstaltung bunt beleuchtet werden kann. Bei Länderspielen erstrahlt sie in den blau-gelben Farben Schwedens.

Moderne Technik der National-Arena

Die Friends Arena ist die Heimat der schwedischen Fußballnationalmannschaft und des Erstligisten AIK. Daneben ist sie Schauplatz nationaler und internationaler Turniere, so fand hier 2013 das Endspiel der Fußball-EM der Frauen statt, auch das Finale des schwedischen Fußballpokals der Männer wird hier ausgespielt. Aber auch Wettbewerbe in anderen Sportarten wie Bandy, Eishockey oder Motorradrennen werden in der Arena ausgetragen.

Rund um das Stadion wurde in den letzten Jahren enorm viel gebaut, sodass der Name Arena-Stadt inzwischen durchaus berechtigt ist. Hier stehen mehrere Tausend Wohn- und Büroeinheiten, aber auch Hotels wie das 2013 eingeweihte **Quality Hotel Friends**. Das 94 m hohe Gebäude direkt neben der Arena fällt durch seine unterschied-

Zlatan Ibrahimović - it's Showtime

Obwohl es nur ein Freundschaftsspiel war, werden sich Fußballfans in aller Welt an das Match Schweden gegen England erinnern, mit dem am 14.11.2012 die Friends Arena sportlich eingeweiht wurde. Dies liegt in erster Linie am Stürmerstar Zlatan Ibrahimović. Beim **4:2-Sieg der Schweden** schaffte er es nicht nur als erster Spieler überhaupt, vier Tore gegen die Engländer zu schießen, sondern krönte seine Leistung mit einem Treffer, der wohl als **Tor des Jahrhunderts** in die Annalen eingehen wird: ein Fallrückzieher aus halbrechter Position, aus einer Distanz von gut 30 m! Auf die Verlegenheitsfrage, was er in diesem Moment gedacht habe, antwortete Ibrahimović einem Reporter lapidar: „Tor, ich wollte ein Tor schießen!“

Mall of Scandinavia

Die National-Arena

lich großen, kreisrunden Fenster auf, die wohl an Fußbälle erinnern sollen. Unter den Bars und Restaurants des Hauses ist die **Brasserie X** hervorzuheben, die aus dem 25. Stock einen Blick auf das gesamte Viertel ermöglicht. Auch einige Firmen wie der Energiekonzern Vattenfall oder die Großbank Skandinaviska Enskilda Banken (SEB) haben ihren Sitz inzwischen in architektonisch ambitionierte Hauptquartiere in der Arena-Stadt verlagert. Ende 2015 wurde zudem die **Mall of Scandinavia** eröffnet. Die dreistöckige Galerie mit etwa 240 Läden, Restaurants und dem Kinokomplex Filmstaden Scandinavia ist das größte Shoppingcenter Schwedens und das zweitgrößte in Skandinavien.

Info

Hinkommen: U-Bahnstation Näckrosen (blaue Linie), ab da ca. 1 km zu Fuß. S-Bahnstation Solna (Tvärbanan, Linie J36, J38), ab da ca. 700 m zu Fuß; Buslinien ab Solna Zentrum 502, 505 (Haltestelle Arenan)

Stadion: Friends Arena, Råsta Strandväg 1, www.friendsarena.se

Einkaufen/Essen: Mall of Scandinavia, Stjärntorget 2, www.mallofscandinavia.se; die Geschäfte sind tgl. 10–20 Uhr geöffnet, die Restaurants 10–22, Supermärkte 6.30–23, Kinos So–Do 11–21.30 (So ab 10), Fr/Sa 11/10–24 Uhr.

52 Verkehrsknoten Slussen: Umbau eines Prestigeobjekts

Der Durchgang vom Mälarsee in die Ostsee ist ohnehin schon schmal und wird durch die Insel Helgeandsholmen und Gamla Stan noch zusätzlich verengt. Da der See zudem etwas über dem Meeresspiegel liegt, fließt das Wasser als starker Strom nach Osten. Das machte es lange Zeit unmöglich, mit Booten in den Mälarsee hineinzufahren. Deshalb wurden im 17. Jh. holländische Handwerker beauftragt, zwischen Gamla Stan und Södermalm eine Schleuse (schwed.: Slussen) zu konstruieren. 1642 fertiggestellt, wurde die Anlage (nach einem Umbau und einer Modernisierung im Jahr 1750) bis in die 1920er-Jahre genutzt und bildete die einzige Verkehrsverbindung zwischen beiden Inseln.

Verkehrsknotenpunkt Slussen

Nach dem Bahnhofsviertel ist Slussen der zweitmeistfrequentierte Verkehrsknotenpunkt der Stadt. Allein an der **U-Bahnstation** steigen an jedem Werktag rund 80.000 Pendler zu und um. Im **Busbahnhof**, der nun in den Berg verlagert wird, beginnen viele Linien nach Södermalm und zu den Kommunen im Südosten der Stadt. Ebenso befindet sich in Slussen die Endstation der Vorortbahn **Saltsjöbanan**. Außerdem legen am Kai unterhalb von Slussen (Räntmästartrappan) die **Personenfähre** nach Djurgården und **Boote** u. a. nach Vaxholm, zu den Schären und nach Nacka ab.

Slussen 1935: Der damalige Umbau galt als höchst modern

Weil die veraltete Konstruktion das moderne Verkehrsaufkommen nicht mehr bewältigen konnte, wurde Slussen 1935 radikal und für damalige Verhältnisse höchst modern umgebaut. Dafür entwarf der Architekt Tage William-Olsson eines der ersten innerstädtischen Straßen-Kleeblätter Europas und berücksichtige in seiner Planung auch die immer wieder diskutierte **Umstellung auf den Rechtsverkehr** (die dann 1967 auch kam).

Die verkehrspolitischen Aufgaben, die das Vorzeigeobjekt Slussen zu meistern hatte, waren schon damals vielfältig und haben im Laufe der Jahrzehnte immer stärker zugenommen. Die Schleuse sollte nicht nur den Schiffsverkehr zwischen Ostsee und Mälarsee ermöglichen, sondern gleichzeitig Stockholm vor Hochwasser schützen. Der kreuzungsfreie Straßenkreisel sollte den Verkehrsfluss der Autos und Busse zwischen Gamla Stan und Södermalm bewältigen, die Tunnel und Brücken den der Fußgänger und Radfahrer.

Mit all dem war die einst so moderne Verkehrsanlage bald überfordert und nach Jahrzehnten ohne Erhaltungsmaßnahmen befand sie sich in einem erbärmlichen Zustand. Eine Renovierung war schon aus Platzgründen illusorisch, weshalb ein **kompletter Neubau** das „Problem Slussen" lösen sollte. Dafür wurden seit den

1990er-Jahren in Architekturwettbewerben Pläne entwickelt und wieder verworfen. Gleichzeitig setzten sich Bürgerinitiativen für den Erhalt des Kleeblattes ein, immer wieder gab es Anhörungen und Gerichtsverfahren. 2009 erhielten die Büros Foster & Partners aus Großbritannien und Berg Arkitektkontor aus Schweden den Zuschlag für ihr gemeinsames Projekt **„Nya Slussen"**. 2013 wurden die Arbeiten an der Kanalisation und den elektrischen Leitungen aufgenommen und nachdem Ende 2015 die letzten Widersprüche abgelehnt worden waren, begann der Abriss der alten Konstruktion. Bis zum Jahr 2024 soll das Gesamtprojekt abgeschlossen sein, als erstes Etappenziel ist für 2020 die Fertigstellung der neuen Hauptbrücke vorgesehen. Ob die bisher veranschlagte knappe Milliarde Euro für das größte Stadtumbauprojekt Schwedens ausreichen wird, bleibt abzuwarten.

Der Aufzug Katarinahissen soll im Rahmen der Umgestaltung von Slussen wieder in Betrieb genommen werden

Anstelle des bisherigen Kreisels ist eine T-Kreuzung geplant, die nach Osten führende Hauptverkehrsstraße Stadsgårdsleden wird überdeckelt, auf der so geschaffenen Fläche entstehen Wohnhäuser und ein Park mit direktem Zugang zum Wasser. Eine Plaza auf der Södermalmseite, evtl. unter einem großen Schräg-Glasdach, soll u. a. Raum für Cafés und Restaurants bieten. Und schließlich soll auch **Katarinahissen**, der Freiluftaufzug von 1883, wieder reaktiviert werden, sodass man direkt auf den Katharinenberg hinauffahren kann.

Stadtmuseum (Stadsmuseum)

Tipp

Das am Platz Ryssgården liegende Museum wird vom Slussen-Umbau nicht beeinträchtigt werden, der Platz aber schon. Das Museum befindet sich in einem prächtigen Dreiflügel-Palast aus dem 17. Jh, der einst als Stadthaus von Södermalm diente und von Vater und Sohn Tessin erbaut wurde. Es dokumentiert die Geschichte der Stadt und vermittelt ein Bild vom Leben im Stockholm der Großmachtzeit und dem Zeitalter der Industrialisierung. Neben einer Bibliothek mit reichhaltiger Stockholm-Literatur gibt es hier ein Bildarchiv sowie ein originelles Café im Stil des 19. Jh. Außerdem veranstaltet das Stadtmuseum Rundgänge zu verschiedenen Themen. Nach einer grundlegenden Renovierung wird das Stadtmuseum Anfang 2019 wiedereröffnet. Die thematischen Rundgänge (meist nur einmal in der Woche auf Englisch) finden aber trotzdem statt, u. a. zu der Millennium-Trilogie von Stieg Larsson, zu ABBA oder zum Waldfriedhof Skogskyrkogården (S. 114). Tickets (SEK 150) gibt es während des Umbaus des Museums online oder im Mittelaltermuseum (S. 21). Infos zu den Zeiten unter https://stadsmuseet.stockholm.se.

Grünes Stockholm

53 Djurgården: eine Welt für sich

Idylle auf Djurgården

Der Name der Insel und des Stadtteils Djurgården verrät, dass sich hier einst ein Tiergarten befand. Dieser war allerdings kein Zoo, sondern ein königliches Wildgehege und **Jagdrevier**, das Johann III. im 16. Jh. anlegen ließ. Auf Geheiß von Königin Kristina brachte man später auch Löwen und andere exotische Tiere auf die Insel. Lange Zeit war Djurgården allein dem Adel vorbehalten. Nachdem sie im Laufe des 18. Jh. öffentlich zugänglich gemacht wurde, avancierte die Insel mit den ersten Wirtshäusern und Karussellbetrieben schnell zu einem beliebten Ausflugsziel der Stockholmer.

Tipp

Museen auf Djurgården

Mit einem Dutzend Museen allein auf Djurgården kann dieser Stadtteil nicht nur als grünster, sondern auch als kulturträchtigster der Hauptstadt gelten. Außer den an anderer Stelle beschriebenen **ABBA The Museum** (S. 78), **Junibacken** (S. 164), **Nordiska Museet** (S. 43), **Skansen** (S. 74), **Spritmuseum** (S. 216), **Vasa-Museum** (S. 60) und **Waldemarsudde** (S. 64) empfehlen sich folgende interessante Museen:

Biologiska Museet, Lejonslätten, www.biologiskamuseet.com. In dem schwarzen Holzgebäude im Stil einer Stabkirche sind rund 300 ausgestopfte Exemplare skandinavischer Vögel und Landtiere ausgestellt. Das Museum wird 2018–19 umfassend renoviert.

Liljevalchs Konsthall, Djurgårdsvägen 60, www.liljevalchs.com; Mo–Do 10–18, Fr–So 11–17 Uhr, SEK 80, bis 18 Jahre und Mo für alle frei. Neben dem ABBA-Museum werden in dieser neoklassizistischen Kunsthalle des Industriellen Liljevalch Malerei und Skulpturen des 20. Jh. präsentiert.

Museifartygen, Galärvarvet, www.sjohistoriska.se. Juni–Aug. Di–So 10–17 Uhr, Eintritt frei. In der Bootshalle am Vasa-Museum und am Kai sind eine Bootssammlung sowie das Feuerschiff Finngrundet und der Eisbrecher Sankt Erik zu sehen.

Rosendals Slott, Rosendalsvägen 49, www.kungahuset.se. Zutritt nur im Rahmen von Führungen Juni–Aug. Di–So, Sept. Sa/So: 12, 13, 14, 15 Uhr, SEK 100, bis 18 J. SEK 50. Das Schlösschen ist Wohnsitz von Verwandten der Königsfamilie; die prunkvolle Innenausstattung kann bei Führungen besichtigt werden. **Tipp:** Nahebei liegt **Rosendals Trädgårdar** (Rosendals Garten) mit seinem ökologischen Anbau von Obst und Gemüse, den viele Stockholmer innig lieben und mehrmals im Jahr aufsuchen. In einem der Gewächshäuser ist ein gemütliches Café eingerichtet, in dem die dort angebauten Produkte angeboten werden (Rosendalsterrassen 12, Tel. 08 545 812 70, www.rosendalstradgard.se. Nov.–März Di–So 11–16, April Di–So 11–17, Mai–Sept. tgl. 11–17, Okt. Di–Fr 11–16, Sa/So 11–17 Uhr).

Thielska Galleriet, Sjötullsbacken 8, www.thielska-galleriet.se; Di–So 12–17, Do bis 20 Uhr, SEK 130, bis 18 J. frei. Ganz im Osten Djurgårdens gelegene Jugendstilvilla mit einer exquisiten Sammlung französischer und skandinavischer Kunst, u. a. Carl Larsson, Anders Zorn, August Strindberg und Edvard Munch.

Brücke von Djurgården nach Stockholm

Umfassende Veränderungen erfuhr Djurgården, als im Zuge der Stockholmer Ausstellung 1897 eine Brücke und Straßenbahnverbindung nach Östermalm gebaut wurde. Gleichzeitig steigerten neu geschaffene Institutionen wie das Freilichtmuseum Skansen, der Vergnügungspark Gröna Lund und der Cirkus die Popularität des Viertels.

Einheimische wie Touristen schätzen Djurgården als einzigartiges Naherholungsgebiet mit großem Kulturangebot. Viele Besucher halten sich allein im westlichen Abschnitt auf, wo die meisten Highlights versammelt sind. Spaziergänger flanieren hinter der Djurgårdsbron über die Freifläche **Lejonslätten**, an den Museen vorbei und über die Uferpromenade mit dem eindrucksvollen **Estonia-Denkmal**. Hier sind die Namen aller 852 beim Fährunglück auf der Ostsee 1994 Umgekommenen in Stein gehauen. Vor dem Skansen-Haupteingang passiert man den **Cirkus**. Früher fanden hier die namensgebenden Zirkusaufführungen statt, von 1956–1988 diente das Gebäude als Set für mehrere Fernsehshows und noch heute werden Konzerte veranstaltet.

Südlich vom Cirkus liegt das ausnehmend hübsche **Stadtviertel Djurgårdsstaden**. Mit seinen Holzhäusern, dem Yachthafen und der Brücke zum Inselchen Beckholmen ist es ein beliebtes Wohnquartier der Upperclass. Weiter östlich übernimmt die Natur die Regie: Wälder, Schären, kleine Seen. Zwischendrin die idyllische Halbinsel **Blockhusudden** und immer wieder Herrenhäuser und Museen – all das kann erwandert oder mit dem Fahrrad erfahren werden.

Hinkommen: Buslinien 67, 69, Tram 7; am schönsten ist die Anreise mit der Fähre von Slussen, im Sommer auch ab Nybroplan (Djurgårdsfärjan).

Info

54 Royale Erholung mitten im Zentrum: der Kungsträdgården

Früher war der **Kungsträdgården** streng bewacht, lange durften nur Mitglieder des Hofes in den „Königsgarten“. Die Geschichte des Kungsträdgården reicht zurück ins 15. Jh., als er unter der Bezeichnung „Konungens Kålgård“ (Königlicher Kohlgarten) die Versorgung des Hofes mit Gemüse sicherte. Ihre neue Funktion als richtiger Schlosspark bekam die älteste Parkanlage der schwedischen Hauptstadt, als im 17. Jh. direkt nebenan das prächtige Renaissanceschloss Makalös errichtet wurde, Schauplatz rauschender Feste der höfischen Gesellschaft.

Im Zuge der Öffnung für die Allgemeinheit erfuhr der Garten im 18. Jh. eine **barocke Umgestaltung** und 1796 legte man im Stile des **englischen Gartenbaus** nach. Einen weitaus größeren Einschnitt stellte das Jahr 1825 dar, als das Schloss Makalös vollständig abbrannte. Durch die so entstandene Freifläche konnte dem Kungsträdgården ein großes Areal im Süden angeschlossen werden.

Heute changiert der Charakter des Kungsträdgården zwischen dem eines Parks und eines prächtigen Platzes. Wo früher Blumenbeete, Buchsbaumhecken und Bäume sein Bild bestimmten, sind es heute Statuen, Pavillons und das große Wasserbassin. Dass hier überhaupt noch große Bäume stehen, ist Umweltaktivisten zu

Idylle am Kungsträdgården

verdanken, die im sog. **„Ulmenkrieg“** erfolgreich Widerstand leisteten, als 1971 für den Bau der U-Bahnstation ein gutes Dutzend prächtiger Ulmen gefällt werden sollte.

Der Park ist zu jeder Jahreszeit ein beliebter Treffpunkt der Stockholmer. Im Frühjahr lockt er zur Zeit der Kirschblüte Naturfreunde an, im Sommer sind die Cafés und Pavillons gut besucht, dann finden auf der Bühne Open-Air-Konzerte unterschiedlichster Musikrichtungen statt. Im Winter locken die Schlittschuhbahn und der stimmungsvollste Weihnachtsmarkt der Stadt, bei dem in zahlreichen Holzbuden Glögg, schwedische Spezialitäten und landestypische Souvenirs feilgeboten werden.

Kirschbaumblüte in Stockholm

Aber auch der Blick auf die Bucht und die Umrahmung durch die architektonisch eindrucksvolle Bebauung machen den Park so einzigartig. Am Nordende werden Shopping-Interessierte vom großen alten **Kaufhaus NK** (S. 194) magisch angezogen. Kultur- und Kirchenfans werden sich hingegen die **Jakobskirche** (Jakobs kyrka) im Südwesten nicht entgehen lassen. Aufgrund ihrer langen Bauzeit (1580–1642) vereint sie verschiedene Stile, macht aber trotzdem einen harmonischen Gesamteindruck. Außen sind die Rokoko-Haube, die Sandsteinportale und der von zwei kleineren Türmen flankierte Westeingang bemerkenswert, im Inneren die massigen Sandsteinsäulen, die die drei Schiffe der Hallenkirche trennen, die schönen Sterngewölbe, die vergoldete Kanzel und die Taufkapelle. Die Jakobskirche wird oft für Konzerte genutzt und ihre nächste Nachbarin ist niemand geringeres als die **Königliche Oper**.

Auf der anderen Seite des Parks versteckt sich die katholische St.-Eugenia-Kirche hinter der Fassade eines Stadtpalastes von 1887. Nur ein vergoldetes Kreuz über dem Haupteingang verrät, dass sich im Inneren ein großzügiger Kirchenraum mit Gemeindesälen befindet. Die schmucklose Backstein-Innenarchitektur wurde 1982 vom Dänen Jørgen Kjærgaard konzipiert.

Info

Hinkommen: U-Bahnstation Kungsträdgården, Buslinien 2, 43, 55, 62, 71, 76
Kirchen: **St. Jacobs kyrka**, Västra Trädgårdsgatan 2, tgl. 11–17, Do/Fr bis 18 Uhr.

St. Eugenia, Kungsträdgårdsgatan 12, Tel. 08 505 780 00, im Sommer tgl. 9–13, sonst Mo–Fr 9–13, Di, Do bis 16 Uhr.

55 Der Hagapark: das Projekt des Theaterkönigs

Der Hagapark ist nicht nur einer der größten, sondern kulturhistorisch der vielleicht interessanteste Park Stockholms. Er und seine Gebäude gehen im Wesentlichen auf den kunstsinnigen „Theaterkönig" Gustav III. zurück. Die Rasenflächen des englischen Parks und des Sees sind im Sommer die wunderschöne Bühne für sportlich Aktive und Naturliebhaber.

Der Hagapark lässt sich in einen südlichen und einen nördlichen Abschnitt unterteilen, wobei die wertvollsten Bauten im Norden stehen. Und so findet sich das vielleicht ungewöhnlichste Gebäudeensemble auch direkt hinter dem Nordeingang: die **legendären Kupferzelte**. Die drei bunt bemalten Blechzelte waren für die Leibgarde des Königs vorgesehen, heute befinden sich in ihnen Cafés und das Parkmuseum.

Wenige Schritte nach Norden steht man vor dem **Oberen Haga-Wirtshaus**, das zeitgleich mit den Kupferzelten entstand. Unter Gustav IV. Adolf wurde das Gebäude zu einer Orangerie umgebaut, flankiert von zwei Gewächshäusern. Während das linke später abgerissen wurde, wird das andere seit 1983 als **Schmetterlingshaus** (Fjärilshuset) genutzt. Außer Schmetterlingen lassen sich hier Vögel, asiatische Gärten und das Aquarium **Haga Ocean** bewundern. Dessen größte Attraktion ist der 30 m lange Glastank mit Skandinaviens größter Sammlung von Riffhaien.

Von hier aus kann man auf einem schönen Weg rund um das Hagaschloss die kleine Halbinsel im See Brunnsviken abwandern. Hier liegen auch die **Ruinen des Großen Schlosses** im Wald versteckt. Das Großprojekt Gustavs III. war als Krone der Haga-Anlage gedacht, als prächtiges Lustschloss, das durch eine schnurgerade, 5 km lange Chaussee mit dem Stockholmer Schloss verbunden sein sollte. Dabei wurden die Pläne vom König stetig verändert und vergrößert: Das Prestigeobjekt sollte Theater, Festsäle, Wohnungen und ein Kunstmuseum enthalten. Doch nach der Ermordung Gustavs III. im März 1792 wurde der Bau nicht fortgeführt.

Südlich davon steht das 1802–05 im Stil einer italienischen Villa gebaute **Hagaschloss**, Geburtsort des derzeitigen Königs und seiner vier Schwestern. Seit ihrer Hochzeit im Jahre

Der Echotempel entstand einst als Speisesaal

Der Pavillon Gustavs III. ist ein Prachtbau aus dem 18. Jh.

2010 dient es Kronprinzessin Victoria und Prinz Daniel als Residenz. Gegenüber sind zwei weitere Prachtbauten aus dem 18. Jh. zu bewundern: der **Pavillon Gustavs III.**, das schönste Beispiel für den gustavianischen Stil bzw. das „Goldene Zeitalter" schwedischer Baukunst, und der ausnehmend hübsche **Echotempel**, der 1790 als Freiluft-Speisesaal entstand.

Direkt am Wasser entlang führt der Spazierweg in den südlichen Teil des Hagaparks. Auch hier sind ungewöhnliche Gebäude aus dem 18. Jh. versammelt wie der **Chinesische Pavillon** oder der **Türkische Kiosk**. Im Südteil des Parks liegt auch der **Königliche Friedhof**, der seit dem Tod von Kronprinzessin Margareta (1920) die letzte Ruhestätte der Bernadottes ist.

Info

Hinkommen: Buslinie 515 ab Odenplan oder Buslinie 52 bis Karolinska Hospital, ab da Buslinie 607. Die Bootsgesellschaft Strömma bietet einen **Ganztagesausflug** zum Haga-Park inkl. Bootsfahrt auf dem Brunnsviken an: www.stromma.se.

Information: **Hagaparken**, Hagalund, Tel. 08 402 639 5, www.kungahuset.se. Einen **MP3-Audioguide** (engl.) kann man unter https://webapp.onspotstory.com/23/2 herunterladen.

Museen: **Pavillon Gustavs III.**, nur während einer 45-minütigen Führung zu besichtigen, Juni–Sept. Sa/So (22. Juni–16. Aug. tgl.) 15 Uhr, SEK 100, 7–17 Jahre SEK 50.

Fjärilshuset & Haga Ocean, Hagapark, Tel. 08 730 398 1, www.fjarilshuset.se; tgl. 10–17 Uhr, SEK 175, 4–15 Jahre SEK 90.

Aktivitäten: Am Schmetterlingshaus werden **Segways** vermietet, tgl. 10–16 Uhr, je nach Wetterlage auch im Herbst und Winter, Infos Tel. 08 730 398 1, www.fjarilshuset.se/segways. 30 Min. SEK 250, 60 Min. SEK 400.

56 Gefängnisinsel mit Freizeitwert: Långholmen

Die Insel Långholmen, auf der sich der gleichnamige Stadtteil befindet, hat in ganz Schweden einen zwar legendären, aber auch sehr düsteren Ruf: 250 Jahre lang wurde sie vom **Zentralgefängnis** (Kronohäktet) dominiert. Andererseits wurden in dieser Epoche auch die Grundlagen für den heutigen Status der Insel als Natur- und Ausflugsparadies gelegt. Im Laufe der Jahre brachten die Gefängnisinsassen Mutterboden auf die Felsen auf und pflanzten rund 3.000 Bäume. Und während Långholmen wörtlich übersetzt schlichtweg „lange Insel" bedeutet, hat sich für das Eiland zwischen Södermalm und Kungsholmen längst der Beiname „Die grüne Insel" durchgesetzt.

Ursprünglich lebten auf Långholmen nur einige Fischer in ihren bescheidenen Katen. **1523** versammelte hier Gustav Wasa seine Truppen vor dem entscheidenden Angriff auf Stockholm; das Inselchen blieb fortan im Besitz der Krone, bis Königin Kristina sie **1647** der Stadt Stockholm zum Geschenk machte. Zwei Jahre später pachtete der wohlhabende Braumeister Jochum Ahlstedt große Teile der Insel, ließ sie urbar machen und errichtete das erste Steingebäude, das repräsentative Herrenhaus Alstavik. Im gleichen Jahrhundert ließen sich die Zollbehörden auf Långholmen nieder und wurde eine Werft gebaut. **1975** wurde das Gefängnis für immer geschlossen, einige Gebäude wurden abgerissen, in andere zog mit Jugendherberge, Hotel, Restaurant und Café neues Leben ein.

Nur ca. 140 Menschen leben heute dauerhaft auf Långholmen. Bei gerade einmal 1.380 m Länge und 405 m Breite muss man kein ausdauernder Wanderer sein, um die Insel recht schnell zu umrunden. Der Wanderweg bringt einen an den schma-

Bogenbrücke Västerbron

len Sunden Långholmen-Kanal und Pålsundet vorbei, an deren Ufern Hunderte von Freizeitbooten festgemacht sind. Auch ein Sandstrand und Badeklippen lassen sich entdecken, außerdem baumbestandene Grasflächen und Granitfelsen. Und natürlich bieten sich stets wunderbare Blicke auf den See und über den Riddarfjärden hinweg auf Kungsholmen. Eine kleine Edelstahlskulptur erinnert an den Absturz eines Militärflugzeuges 1993 während einer Flugshow, bei dem aber niemand zu Schaden kam.

Kajaken um Långholmen

Klar, dass eine solch naturschöne und zentral gelegene Insel vor allem an warmen Sommertagen Besucher zuhauf anzieht. Dann verwandelt sich die ehemalige Gefängnisinsel in ein riesiges Strandbad, in dem gegrillt und gepicknickt wird, wo man Open-Air-Konzerte veranstaltet, im See schwimmt oder mit einem an Ort und Stelle gemieteten Kajak bzw. Kanu das Eiland umrundet. Bei nicht ganz so gutem Wetter empfiehlt sich ein Besuch im Gefängnismuseum oder im kleinen Museum des Barden Carl Michael Bellman.

Die 600 m lange, gewaltige Bogenbrücke **Västerbron** nutzt übrigens die Insel nur als Sprungbrett, ohne Abfahrtsmöglichkeit, Autofahrer können nur von Södermalm aus über die Långholmsbron auf die Insel gelangen. Trotzdem ist der Weg zur Västerbron nicht weit und eine Empfehlung für einen kleinen Spaziergang, denn die Aussicht vom Scheitelpunkt ist fantastisch!

Tipp

Der Besuch von Långholmen kann in eine schöne, knapp 4 km lange **Fahrradtour** rund um die Mälarsee-Bucht Riddarfjärden eingebaut werden: Nach dem Start am Stadshuset folgt man der Uferstraße Norr Mälarstrand durch Kungsholmen, quert die Bucht über die Västerbron, macht den Abstecher nach Långholmen und fährt dann auf der Uferstraße Söder Mälarstrand bis nach Slussen/Gamla Stan zurück. Auch für **Wanderfreunde** ist die Strecke möglich, wobei diese auf Södermalm nicht die Uferstraße, sondern die hoch gelegenen Parks und Panoramawege Högalidsparken, Skinnarviksberget und Monteliusvägen bevorzugen sollten.

Info

Hinkommen: U-Bahnstation Hornstull, ab da ca. 12 Minuten zu Fuß. Buslinien 4 (Haltestelle Högalidsgatan), 40, 66 (Haltestelle Bergsunds Strand)

Museum: **Carl Michael Bellmanmuseet**, Stora Henriksvik, www.storahenriksvik.se/bellmanmuseet, im Sommer tgl. 11–17 Uhr, sonst an ausgewählten Wochenenden, frei.

Essen & Trinken: **Wärdshus**, Alstaviksvägen 17, Tel. 08 720 850 0, www.langholmen.com/wardshus; Mo–Fr 11.30–23, Sa 12–22, So 12–17 Uhr. Sehr schönes Lokal im ehemaligen Spinnhaus des Gefängnisses mit moderner schwedischer Hausmannskost zum Mittag- und Abendessen, bisweilen auch Brunch. Im Sommer Außenservierung bzw. Grillabende im Freien. Im Anschluss an das Restaurant kann man in der Bar **Finkan** den Tag ausklingen lassen.

Aktivität: **Långholmen Kajak**, Alstaviksvägen 3, Tel. 076 069 385 2, www.langholmenkajak.se; Juli–Mitte Sept. tgl. 11–21 Uhr.

57 Grüne Oase mit Kultur: der Humlegården

In der königlichen Bibliothek

Als Johann III. den **Humlegården** anlegen ließ, befand sich das Gelände noch außerhalb der Stadtgrenzen. Heute ist der Park in Östermalm die größte grüne Oase der Innenstadt. Anfangs diente der „Humlan" als königlicher Gemüse- und Kräutergarten. Viele verschiedene Nutzpflanzen wurden hier angebaut, daher auch der Name: Humle bedeutet Hopfen.

Nach einer Zeit des Verfalls wurde der Humlegården Ende des 18. Jh. wieder instand gesetzt und als Vergnügungsareal genutzt. Hier gab es Theateraufführungen, Karussells und Käfige mit exotischen Tieren. Gleichzeitig bescherten die vielen Kneipen rundherum dem „Hopfengarten" einen eher zweifelhaften Ruf.

Das Gelände steigt von der Humlegatan im Süden zum Karlavägen im Norden stetig an und ist mit Hügeln und Senken modelliert. Im nördlichen Bereich finden sich Spiel- und Bolzplätze oder kleine Pools. Kreuz und quer verläuft ein Netz von Wegen, die von einigen Skulpturen geschmückt sind. Die größte Statue steht zentral im Park und zeigt den „Blumenkönig" Carl von Linné.

Carl von Linné (Linnaeus)

Vom schwedischen Naturforscher Carl von Linné (1707–78) sagte Goethe einmal, er habe ihn nach Shakespeare und Spinoza am meisten beeindruckt. Linné wurde in Stenbrohult in Småland geboren und studierte in Uppsala Biologie und Medizin. Ab 1732 unternahm er seine ersten wissenschaftlichen Reisen nach Lappland, Dalarna und Schonen, die er in ausführlichen Berichten beschrieb. Nach einem dreijährigen Aufenthalt in Holland und Reisen nach Frankreich und England war er einige Zeit in Stockholm als Arzt tätig, bis er 1741 Professor und 1750 Rektor der Universität von Uppsala wurde.
Sein Leben widmete Linné den Pflanzen, von denen er rund 8.000 Exemplare gesammelt, manche selbst entdeckt und erforscht hat. Seine Lieblingsblume, das Moosglöckchen, trägt ihm zu Ehren den wissenschaftlichen Namen *Linnaea borealis*. Berühmt ist Linné vor allem für seine Abhandlung „Systema Naturae", der Grundlage der modernen biologischen Systematik. Er war maßgeblich an der Gründung der Schwedischen Akademie der Wissenschaften 1739 beteiligt und wurde 1754 in den Adelsstand erhoben. Linné starb 1778 und ist im Dom zu Uppsala beigesetzt.

Die Nationalbibliothek

Das südliche Ende des Parks dominiert die **Königliche Bibliothek** (Kungliga Biblioteket). Sie ist für jedermann zugänglich und dient als Schwedens **Nationalbibliothek**: Da von allen schwedischen Druckproduktionen ein Pflichtexemplar an sie abzugeben ist, wächst der Bestand – derzeit rund 20 Mio. Exemplare – stetig weiter an. Gleiches gilt für Musik-, Film-, Fernseh- und Radioaufnahmen Die audiovisuelle Sammlung enthält mehr als 7 Mio. Stunden Material! Auch werden hier alle schwedischen Zeitungen auf Mikrofilm festgehalten. Es lohnt sich durchaus, die Bibliothek zu besuchen und z. B. einen Blick in den Lesesaal werfen oder sich die alljährlich von April bis August stattfindende Ausstellung Svensk Bokkonst (Schwedische Buchkunst) anzusehen.

Info

Hinkommen: U-Bahnstation Östermalmstorg, Buslinien 1, 55, 67

Bibliothek: **Kungliga biblioteket (KB)**, Humlegårdsgatan 26, Tel. 010 709 303 0, www.kb.se. Öffnungszeiten: Sept.–Mai Mo–Do 9–19, Fr 9–18, Sa 11–15 Uhr. Von Juni–Aug. schließt die Bibliothek wochentags eine Stunde früher.

Essen & Trinken: **Debaser Humlegården**, Kungliga Humlegården 1, www.debaser.se. Der populäre Biergarten an der Königlichen Bibliothek gehört zum gleichnamigen Rockclub, der nach einem Song der US-Band Pixies benannt ist. Serviert werden u. a. Toasts, Salate, Burger und Steaks. Im Sommer Mo–Sa ab 11 bis mindestens 19 Uhr, bei gutem Wetter manchmal deutlich länger geöffnet. Ein ähnlich beliebtes Sommerrestaurant (Mai–Sept.) im Park ist **Floras Kulle**. In der Bibliothek stehen das **Café Valfrid** und für ein Mittagessen das **Restaurang Sumlen** zur Verfügung. Rund um den **Humlegården** gibt es einige Restaurants, v. a. auf der Sturegatan. Auf der Ecke mit der Linnégatan (Nr. 1) liegt der urige britische Pub **The Bishops Arms**.

58 Ein Nationalpark in der Stadt? In Stockholm geht das!

Ein schwedischer Nationalpark? Da denkt man an die Weite Lapplands oder die Wunderwelt der Schären, an wilde, unberührte Natur fernab der Zivilisation. Tatsächlich aber gibt es eine Großstadt, die innerhalb ihrer Grenzen ebenfalls einen Nationalpark beherbergt: Stockholm! Die Idee hierzu geht vor allem auf den amtierenden König Carl XVI. Gustaf zurück. Ziel des „Königlichen Nationalstadtparks" ist es, die einzigartige Mischung aus Landschaft, Flora und Fauna sowie kultureller Denkmäler in Stockholm und Umgebung zu schützen und zu bewahren. Die Grenzen des Nationalstadtparks umschließen deshalb nicht nur alte Park- und Grünanlagen sowie zwei Naturreservate, sondern auch Wohnhäuser, Industrie- und Bürokomplexe, Stadtautobahn und S-Bahnlinien sowie die Universität.

Blick auf den Nationalstadtpark

Den südlichsten Vorposten des Nationalstadtparks bilden der Mini-Archipel der **Fjäderholmarna** (S. 154) und Teile des Ostseearmes **Edsviken**. Nördlich davon gehört **Djurgården** (S. 124) mit Djurgårdsstaden und Beckholmen zum Areal. Auch die Inseln **Skeppsholmen** (S. 36) und **Kastellholmen** (S. 36) westlich von Djurgården sind Bestandteile des Nationalparks. Ebenso der wunderschöne **Nobelpark** (S. 44) direkt nördlich von Djurgården: Seinen Reiz machen die gewundenen Spazierwege und der Blick aufs Wasser aus – aber auch die Tatsache, dass hier fast alle Baumarten versammelt sind, die es in Schweden gibt.

Anschließend zieht sich der Nationalpark in einem zunächst engen, später wieder breiten Streifen nach Nordwesten, bis hin zum **Hagapark** (S. 128), dem See **Brunnsviken**, den Parks von **Ulriksdal** (S. 104) und **Sörentorp**. Hier oben im Norden zieht der botanische Garten **Bergianska trädgården** Pflanzenenthusiasten aus Nah und Fern an. Die Außenanlagen mit japanischem Garten, dem kuppelförmigen Victoriahuset und dem modernen Glaspalast Edvard Andersons växthus bieten eine Fülle an Bäumen, Blumen und Sträuchern aus aller Welt.

Der erste Nationalstadtpark der Welt – einige Fakten:

Name: Königlicher Nationalstadtpark (Kungliga nationalstadsparken); ursprünglich: Öko-Park (Ekoparken)

Gründungsdatum: 7. Dezember 1994

Größe: 27 km², davon 19 km² Land und 8 km² Wasser

Lage: in den Gemeinden Stockholm, Lidingö und Solna

Flora & Fauna: Eine größere Artenvielfalt gibt es nirgendwo in Schweden, einige Pflanzen und Insekten kommen nur hier vor. Die Flora ist vor allem durch die hohe Konzentration von Eichen vertreten, mehr gibt es auf einer solchen Fläche wohl in ganz Europa nicht! Die Tierwelt repräsentieren (vom Zoo in Skansen und dem Aquarium in Haga einmal abgesehen) u. a. Füchse, Dachse, Marder, Rehe, elf Fledermaus- und Hunderte von Vogelarten.

Kultur: Hunderte von denkmalgeschützten Gebäuden, darunter vier königliche Paläste, über 20 Museen, rund 50 Restaurants und Cafés, Vergnügungsstätten wie Gröna Lund und Cirkus.

Der Bergianska trädgården ist Teil des Parks

Info

Information: Kungliga nationalstadsparken; Tel. 010 223 100 0/08 651 000 0, www.nationalstadsparken.se. Auf der Website gibt es auch eine Übersicht über die vielen Veranstaltungen im Park („Kalendariu"). Weitere Infos: www.ekoparken.org und www.lansstyrelsen.se/stockholm.

Botanischer Garten: Bergianska trädgården, Gustafsborgsvägen 4, Tel. 08 163 500, www.bergianska.se. Freier Eintritt zu den ganzjährig geöffneten Außenanlagen; Edvard Andersons växthus ganzjährig Mo–Fr 11–16, Sa/So 11–17 Uhr, SEK 80, bis 15 J. frei; Victoriahuset Mai–Sept. Mo–Fr 11–16, Sa/So 11–17 Uhr, SEK 20, bis 15 Jahre frei.

59 Vita bergen: der grüne „Weiße Berg"

Der Name Vita bergen (weiße Berge) geht wahrscheinlich auf die helle Färbung der einst kahlen Klippen in der heutigen Grünanlage zurück. Tatsächlich ist der Gesamteindruck des „Vitan" im Südosten Södermalms aber der einer grünen Hügellandschaft.

Warum aber sollte man aus den vielen Stockholmer Parks ausgerechnet den „Vitabergspark" auswählen? Hinsichtlich des Erholungsfaktors ähnelt die Grünanlage vielen anderen. Auch hier kann man in der warmen Jahreszeit wunderbar picknicken, in den Mulden windgeschützt sonnenbaden, den weiten Blick genießen und das Stockholmer Sommerleben beobachten. In dem klassisch-weißen **Musik-Pavillon**, der auf einem Hügel thront, finden v. a. im Sommer Konzerte und regelmäßig kostenlose Theatervorstellungen statt.

Das Ungewöhnliche an Vita bergen ist aber die **pittoreske Bebauung** in der unmittelbaren Umgebung. Als der Park ab dem späten 19. Jh. angelegt wurde, zählte das Quartier zu den ärmsten Gegenden Stockholms. Hier lebten Arbeiter, arme Handwerker und Tagelöhner. Oft teilten sich mehrere Familien eins der kleinen Holzhäuschen. In seinem 1879 veröffentlichten Roman „Das Rote Zimmer" (Röda rummet) beschreibt August Strindbergs die besondere Atmosphäre in Vita bergen. Armut, beengtes Wohnen und schlimme hygienische Verhältnisse ließen manche Menschen verrohen. Eine Gruppe missionierender „Bibelfrauen" (bibelkvinnor) versuchte, den moralischen Verfall zu stoppen und mit Kinder- und Schutzheimen soziale Missstände abzumildern.

Bei den Plänen, das Brennpunktviertel durch einen Park zu entschärfen, spielte die 1906 fertiggestellte **Sofia-Kirche** von Anfang an eine wichtige Rolle. Der Architekt Gustaf Hermansson gestaltete die auf dem höchsten Punkt des Viertels gelegene, alles überragende Kirche als Zentralbau aus Granit, Back- und Sandstein. Ihre vier Kreuzarme sind alle gleich lang und von mehreren kleinen Türmchen flankiert. Außen und innen ahmt die Kirche mit ihren Wandgemälden, Glasfenstern und dem Taufstein die rheinländische Romanik nach, weshalb sie anfangs als „zu deutsch" kritisiert wurde.

Bereits für den Bau der Kirche wurden mehrere der ärmlichen Häuser und Hütten abgerissen, bis 1924 musste die weitere umliegende Bebauung den Grünanlagen weichen. Außerhalb des Parks jedoch, vor allem entlang der Straßen Bergsprängargränd, Mäster Pers gränd, Renstiernas gata und Skånegatan, stehen noch **viele der Häuschen aus dem 18. und 19. Jh**. Früher mögen sie die Armut ihrer Bewohner verkörpert haben, heute wirken sie idyllisch und pittoresk. Die meisten sind falunrot gestrichen und von Gärten mit überquellender Vegetation umgeben. Eine solche Szenerie mit den gewundenen und teils gepflasterten Sträßchen erwartet man vielleicht in der tiefsten Provinz, aber nicht in Schwedens Hauptstadt.

Überragt das Viertel: die Sofia-Kirche

Info

Hinkommen: U-Bahnstationen Medborgarplatsen und Skannstull, Buslinien 2, 3 bis Renstiernas gata oder 66 bis Klippgatan
Kirche: **Sofia kyrkan**, Borgmästargatan 11, Tel. 08 615 315 9, www.svenskakyrkan.se, tgl. 11–17 Uhr.
Essen & Trinken: **Gojo Fasika**, Renstiernas gata 48, Tel. 08 641 049 6, www.gojorestaurang.se; Mo–Do 17–23, Fr 16–1, Sa/So 13–1 Uhr. Äthiopisches Lokal mit sehr gutem und recht preiswertem Essen, das mit den Händen direkt von einem großen Teller gegessen wird. In der Umgebung, vor allem am Ringvägen und am Nytorget, gibt es ein großes Angebot an Restaurants, Kneipen und Cafés, z. B. das Hipster-Lokal **Bleck** mit Biergarten, Katarina Bangatan 68.

60 Noch mehr Grün: Tantolunden, Observatorielunden und Tyresta-Nationalpark

Man könnte Bücher füllen mit einer Beschreibung all der Parks, die eine der grünsten Hauptstädte Europas auszeichnen. Allein auf **Södermalm** gibt es außer dem **Vita bergen** (S. 136) mehrere fantastische Grünanlagen. **Fåfängan**, hoch gelegen im äußersten Osten der Insel, z. B. bietet allerbeste Möglichkeiten, Erholung im Grünen mit dem Beobachten von Schiffen zu verbinden. Auch der **Eriksdalslunden**, malerisch an der Bucht Årstaviken platziert, ist so ein feiner Ort. Eine ganz besondere Empfehlung stellt der benachbarte **Tantolunden** 60a dar. Sein Reiz liegt in seiner Nähe zu den urbanen Hotspots, den Cafés, Restaurants und Boutiquen rund um Hornstull, Mariatorget und SoFo. Deshalb treffen sich hier vor allem jüngere Stockholmer zum Picknicken und zum Sport. Wer auf den Parkhügel steigt, hat außerdem einen Blick auf die mehr als hundert Schrebergärten (koloniträdgårdar), die ab 1915 angelegt worden sind.

Der **Observatorielunden** 60b liegt hingegen nicht am Wasser, sondern mitten im Großstadtgetümmel von Vasastan, umgeben von verkehrsreichen Straßen wie Sveavägen und Odengatan. Doch auch dieser Park ist eine grüne Oase, die zudem von kulturhistorisch bedeutsamen und schönen Bauten aus den 1920er- und 30er-Jahren umringt ist: die Handelshochschule, das Technische Institut, die Hochschule, der Studentenpalast und vor allem G. Asplunds Meisterwerk, die Stadtbibliothek. Der im wahren Wortsinn Höhepunkt des Parks ist jedoch das alte Observatorium auf dem Hügel, von dem aus man eine tolle Aussicht auf die gesamte, großstädtische Umgebung hat. Der Blick in die Sterne bleibt einem zwar verwehrt – das Observatorium ist seit 2014 geschlossen – als Ersatz kann man sich nach all den landschaftlichen und kulturellen Eindrücken aber im „Kafe Himlavalvet" eine der himmlischen Waffeln schmecken lassen.

Plätze für ein entspanntes Picknick bieten fast alle Stockholmer Parkanlagen

Wirkliche Outdoor-Fans lassen sich natürlich nicht mit städtischen Grünanlagen abspeisen und auch der erste Nationalstadtpark der Welt (S. 134) wird ihnen noch zu zivilisiert vorkommen. Da trifft es sich gut, dass sich vom Stockholmer Zentrum aus in rund 30 Minuten Autofahrt ein Schutzgebiet erreichen lässt, das alle Erwartungen an unverfälschte schwedische Natur erfüllt: der **Tyresta-Nationalpark** 60c. Das 20 km südöstlich der Hauptstadt gelegene Schutzareal ist insgesamt fast 5.000 ha groß, wovon 2.700 ha seit 1993 als Nationalpark gelten.

Der Tyresta-Nationalpark bietet unberührte Natur

Tyresta ist nicht nur eines der unberührtesten Gebiete Mittelschwedens, sondern verfügt auch über viele landschaftliche Besonderheiten. Den Untergrund bildet ein fast 2 Mrd. Jahre altes granitenes Urgestein, das vor mehreren Hundert Millionen Jahren „eingerissen" ist, weswegen man von einer **Risstallandschaft** spricht. Außer hier und in Südfinnland findet man ein solches Phänomen nirgendwo auf der Welt. Das zweite Highlight ist der einzigartige Urwald. In den felsigen Regionen stehen knorrige Kiefern, die bis zu 500 Jahre alt sind, während in den Risstälern uralte, bis zu 30 m hohe Fichten wachsen. Ansonsten wartet der Nationalpark mit einer großen Artenvielfalt, zehn klaren Waldseen, vielen Teichen, Mooren, offenen Weidegründen, Laubwäldern und zur Küste hin mit beweideten Strandwiesen und Schären auf. Einzige Spuren des Menschen sind ein verlassener Bauernhof und **Reste einer frühgeschichtlichen Wallburg**.

Wer statt eines tagesfüllenden Programms nur einen ersten, aber intensiven Eindruck gewinnen möchte, sollte den ca. 3 km langen Naturlehrpfad begehen.

Info

Tantolunden 60a
Hinkommen: U-Bahnstationen Zinkensdamm, Hornstull, Buslinie 55

Observatorielunden 60b
Hinkommen: U-Bahnstation Odenplan

Tyresta-Nationalpark 60c
Hinkommen: Der Haupteingang zum Nationalpark liegt bei der Ortschaft Tyresta, die ab dem Gullmarsplan mit den Buslinien 807, 809 erreicht wird. Ab der Haltestelle Svartbäcken sind es ca. 2 km auf einem markierten Fußweg zum Nationalpark.
Infos und Karten erhält man im **Naturum** nahe dem Haupteingang.

ST

Stockholm im Fahren erleben

61 Die „längste Galerie der Welt“: mit der Tunnelbanan unterwegs

Ende der 1940er-Jahre begann der Bau der Tunnelbanan, der Stockholmer Metro. Die Topografie der Stadt mit ihren 14 Inseln und dem granitenen Untergrund machte dieses Unterfangen schwierig. Die Tunnel wurden tief ins Urgestein gesprengt, weshalb die Rolltreppen und Aufzüge oft sehr weit hinab führen.

Tipp

Diese U-Bahnstationen ...

... sind **künstlerisch besonders ausgeschmückt**:

Blaue Linie: Kungsträdgården, T-Centralen, Rådhuset, Solna Centrum, Tensta
Grüne Linie: Hötorget, Thorildsplan, Bagarmossen
Rote Linie: Tekniska Högskolan, Stadion

Mit ihren insgesamt 110 km trägt die Tunnelbanan zu Recht den Beinamen „längste Galerie der Welt“: Da Kunst im öffentlichen Raum in Schweden eine lange Tradition hat, beauftragte die Eigentümergesellschaft AB Storstockholms Lokaltrafik (SL) von früh an Künstler mit der Gestaltung der Stationen. Seit den 1950er-Jahren haben rund 150 Künstler mehr als 90 der 100 Stationen mit Wandmalereien, Skulpturen, Mosaiken, Reliefs und Installationen dekoriert.

Deswegen gerät die Fahrt mit der Tunnelbanan oft zu einem Kunsterlebnis, vor allem wenn man an den interessantesten Stationen aussteigt, die manchmal eher an Ausstellungsräume denn an Bahnhöfe erinnern. Etwa die **Station T-Centralen**, die 1957 als erste U-Bahnstation künstlerisch gestaltet wurde: Einige der Gewölbe sind mit weißen und kobaltblauen floralen Motiven bemalt, während man an anderer Stelle Schattenbilder von U-Bahn-Arbeitern auf Gerüsten entdeckt. Oder die 35 m tiefe **Station Kungsträdgården**, die an eine archäologische Ausgrabung erinnert. Hier arrangierte Ulrik Samuelson Säulen, Steinskulpturen, kleine Wasserfälle und einen Terrazzoboden mit rot-grün-weißem Harlekinmuster zu einem Gesamtkunstwerk. Zu diesem gehören auch eine alte Gaslaterne und

Umsteigen unter dem Regenbogen

ein Ölfass aus dem 1825 abgebrannten Palast Makalös, der früher genau über der jetzigen Station stand. In der **Station Solna Centrum** wird unter einem giftroten Himmel mit einem lebensgroßen Elch auf die Gefährdung der Umwelt hingewiesen, während die **Station Hötorget** mit ihren Kacheln und Neonlichtstreifen wie ein riesiges „Badezimmer" wirkt.

Einige U-Bahnstationen (hier T-Centralen) sind wahre Kunstwerke

Info

Informationen: Storstockholms Lokaltrafik (SL), Tel. 08 600 100 00, www.sl.se (englische Version: http://sl.se/en/). Das **zentrale Ticketbüro** befindet sich im Hauptbahnhof in der unteren Halle, tgl. 6.30–23.15, So ab 7 Uhr. Hier bekommt man auch einen kostenlosen Führer zu künstlerisch gestalteten Stationen. Weitere SL-Center befinden sich in den U-Bahnstationen Sergels torg, Fridhemsplan, Gullmarsplan, Slussen und Tekniska högskolan.

Streckennetz: Alle drei Hauptlinien (rot, grün, blau) laufen am Hauptbahnhof in der Station T-Centralen zusammen. Eine weitere (die gelbe) Linie ist in Planung und soll 2022 fertiggestellt werden.

Tickets: In jeder U-Bahnstation gibt es einen Ticketschalter. Fahrkarten, die per Smartphone, am Automaten oder online gekauft werden, sind günstiger. Für Besucher bietet sich die Travelcard für unbegrenzte Fahrten im Großraum Stockholm an (24 Std. SEK 125 / 72 Std. SEK 250, 7 Tage SEK 325), für gelegentliche Fahrten gibt es die Zonen-Tickets, die im gewählten Geltungsbereich 75–120 Min. gültig sind. Voraussetzung ist in jedem Fall eine SL Access card (SEK 20), die beliebig oft aufgeladen werden kann. Auf Schwarzfahren steht eine Strafe von SEK 1.500!

Fahrzeiten: Die Tunnelbanan verkehrt in einem sehr kurzen Takt So–Do 5.30–3.30 und Fr/Sa bis 4 Uhr.

Führungen: In den Sommermonaten bietet der Verkehrsbetrieb SL regelmäßig kostenlose Führungen zu vier bis fünf jeweils wechselnden Stationen an (auch in englischer Sprache); Voraussetzung zur Teilnahme ist der Besitz eines gültigen Tickets.

62 Kreuz und quer mit der Personenfähre oder dem Wasserbus

Angesichts der vielen Inseln und Buchten, die das Stockholmer Stadtgebiet aufweist, ist offensichtlich, dass der Weg übers Wasser oft der kürzeste ist. Abgesehen von den Schärenschiffen (S. 152) und Sightseeing-Booten (S. 146) verkehren zwischen den großen Buchten Schiffe, die zum öffentlichen Nahverkehr zählen, und private Personenfähren. Dabei ist jede Fahrt übers Wasser viel mehr als nur ein Transfer von A nach B. Die wechselnden Perspektiven, das Auftauchen oder Verschwinden von Halbinseln und Landmarken, das Näherkommen der Fassaden, all das macht die Fahrt selbst zu einem Erlebnis – das zudem keine zusätzlichen Kosten verursacht, wenn man mit einem Mehrtagesticket ausgestattet eine der öffentlichen Fähren nutzt. Die hier vorgestellten Schiffe und Wasserbusse fahren das ganze Jahr über, wobei im Winter die Taktung reduziert ist. Dann kommt es auch vor, dass der Fahrplan wegen der Eisverhältnisse nicht eingehalten werden kann oder der Fährbetrieb ganz eingestellt werden muss. Auf allen Booten können – wenn es der Platz zulässt – auch kostenlos Fahrräder mitgenommen werden.

In nur 10 Minuten geht es von Slussen nach Djurgården

Zwischen Gamla Stan und Gröna Lund: die Djurgården-Personenfähre

Mit einer Fahrzeit von unter 10 Minuten ist die Personenfähre zwischen Slussen und Djurgården natürlich eine genial kurze Verbindung zwischen den beiden meistbesuchten Stockholmer Stadtteilen. Wie bei den Wasserbussen können an Bord keine Tickets erworben werden, aber es gibt Ticket-Automaten an den Endstationen. Da die von der Reederei Waxholmsbolaget betriebene Fähre Teil des ÖPNV ist, gelten hier auch alle SL-Tickets, inklusive Zeitkarten. Im Sommer fährt die Fähre mit Zwischenstopp auf Skeppsholmen auch ab/bis Nybrokajen. Die Anlegestelle an Slussen liegt an der Räntmästartrappan auf Höhe der Busstation (u. a. Buslinien 2, 53, 55, 57 und 76).

Die SjöVägen-Wasserbusse

Für die Pendler, etwa aus Nacka oder Lidingö, ist der Wasserbus SjöVägen eine schnelle Option für die tägliche Fahrt zur Arbeit in der Innenstadt. Das heißt aber auch, dass Touristen die Linie 80 morgens oder zwischen 16 und 18 Uhr besser meiden sollten. In etwa 40 Min. führt die Fahrt vom Nybroplan über Allmänna Gränd (Djurgården), die Küste von Södermalm entlang bis Nacka Strand und dann nach Dalénum auf Lidingö und weiter zum Freihafen. Am Wochenende machen die M/S Ballerina, die M/S Gurli und die M/S Kanholmen zwischen Södermalm und Nacka Strand einen Abstecher nach Blockhusudden (Djurgården), dafür endet die Fahrt bereits in Dalénum. Die Wasserbusse verkehren je nach Jahreszeit und Wochentag ab 5.30 bis 21/22 Uhr und mindestens im 40-Minuten-Takt, während der Stoßzeiten auch häufiger.

Tipp

Achtung!

Beim **SjöVägen** kann man **keine Fahrkarten an Bord** erwerben, man muss im Besitz eines gültigen SL-Tickets sein. In unmittelbarer Nähe zu einigen Anlegestellen werden aber SL-Tickets verkauft: **Nybroviken**: 7-Eleven, Birger Jarlsgatan 2; **Allmänna Gränd**: Djurgårdsslättens Kiosk, Djurgårdsslätten 25; **Saltsjöqvarn**: Elite Hotel Marina Tower; **Nacka Strand**: Hotel J; **Lidingö/Dalénum**: ICA Kvantum Livs, Agavägen 3; **Freihafen**: Gärdets Tobak & Spel, Sandhamnsgatan 35.

Mit der M/S Emelie vom Nybroplan nach Södermalm

Eine private Alternative bietet die Reederei Ressel mit ihrer Personenfähre M/S Emelie, die als einzige auf der reizvollen Strecke von Hammarby Sjöstad über Masthamnens Brygga (am Viking-Terminal) nach Allmänna Gränd (Djurgården) und Nybroplan verkehrt. Das Ticket wird an Bord erworben.

Die Personenfähre M/S Emelie vor dem Nybroplan

Info

Information: Waxholmsbolaget, Tel. 08 600 10 00, https://.waxholmsbolaget.se. Wenn ausreichend Platz ist, können auch Fahrräder auf dem Boot mitgenommen werden.

SjöVägen, www.sjovagen.nu.
Ressel Rederi, Tel. 08 731 002 5, www.ressel.se. Die Fahrt dauert ca. 30 Min, Abfahrten mehrmals tgl., SEK 60 (13–18 Jahre SEK 45).

63 Auf Süß- und Salzwasser: Boot-Sightseeing

Für Ausflüge zu den weiter entfernten Zielen wie den Schären in der Ostsee oder den Schlössern, Wikingersiedlungen und Städten am Mälarsee kann man auf eine breite Palette an Schnellbooten und teils historischen Dampfern zurückgreifen. Wer auf den Gewässern im eigentlichen Stadtgebiet Sightseeing zu Wasser betreiben möchte, wird der niedrigen Brücken und z. T. engen Kanäle wegen auf die flachen und rundum verglasten Boote des Marktführers **Strömma** (www.stromma.se) zurückgreifen. Auf dem Programm stehen viele mögliche Touren, im Winter auch mit Erbsensuppe und Punsch.

Mit dem Sightseeing-Boot rund um Djurgården

Zu Recht zählt die kommentierte Tour **Djurgården Runt** zu den beliebtesten Sightseeing-Fahrten in der schwedischen Hauptstadt. Sie bringt einen vom quirligen Zentrum am Strömkajen vorbei am Prachtboulevard Strandvägen und durch den engen Djurgården-Kanal, wo man sich angesichts der Ruhe, der Wälder und der vielen Wasservögel in einer anderen Welt fühlt. Zurück zum Ausgangspunkt geht es dann durch die Ostsee und auf Gamla Stan zu – insgesamt eine überaus abwechslungsreiche und interessante Tour! Abfahrten in der Hochsaison mindestens zu jeder vollen Stunde; bei gutem Wetter lohnt es sich, rechtzeitig da zu sein, damit man einen der begehrten Plätze unter freiem Himmel ergattert. Ca. 50 Min. SEK 220.

Tipp

Strömma bietet auch sogenannte **Hop-On-Hop-Off-Tickets** an, auch in Kombination mit den entsprechenden Bussen (s. S. 148). An acht Stationen (u. a. Gröna Lund, Vasamuseum, Slussen, Gamla Stan) kann man nach Belieben ein- und aussteigen und zur individuellen Stadterkundung vom Wasser aus aufbrechen.

24-Std.-Ticket SEK 220, Kombiticket Bus/Boot 24 Std. SEK 450, 72 Std. SEK 500.

Mit dem Sightseeing-Boot rund um Kungsholmen

Ebenso interessant ist die **Kungsholmen Runt** um die Insel Kungsholmen im Mälarsee. Vom Stadthaus aus verläuft die Fahrt durch die lauschigen Kanäle und Buchten, die die Insel nördlich begrenzen, wobei man oft den Eindruck einer Grachtenfahrt bekommt. Später kreuzt man den breiten Riddarfjärden, umrundet die Inseln Långholmen und Reimersholme und unterquert insgesamt zwölf Brücken. Neben dem Stadthaus und den historischen Fassaden Kungsholmens ist ein Schwerpunkt dieser kommentierten Sightseeing-Bootsfahrt die Stadtentwicklung seit der Industrialisierung. Ca. 50 Min., SEK 220.

Die flachen Panorama-Boote passen unter den Brücken hindurch

Boot nach Drottningholm

Über den Brunnsviken

Nur im Hochsommer angeboten wird die **Royal Haga Boat Tour** über den See Brunnsviken. Dabei fährt das kleine, wunderschöne Mahagoni-Boot M/S Stegeholm vom Startpunkt Haga Södra (nahe dem Südeingang zum Hagapark) in einer großen Runde fünf Anlegestellen an, darunter den Bergianska trädgården und das Schmetterlingshaus. An jedem Stopp kann man aus- und später wieder zusteigen, sodass diese Bootstour ideal für eine individuelle Entdeckungsreise zu den Sehenswürdigkeiten rund um den Hagapark ist. Wer möchte, kann eine kombinierte Bus-/Bootstour ab/bis Gustav Adolfs torg buchen, bei der auch am Schloss Ulriksdal Halt gemacht wird. Ca. 50 Min., SEK 180, Kombiticket Bus/Boot SEK 260.

Mit dem Sightseeing-Boot durch Ostsee und Mälarsee

Die Sightseeing-Bootstour **Unter Stockholms Brücken** ist die einzige, die sowohl über die Ostsee als auch den Mälarsee geht. Zu Recht gilt die Fahrt unter 15 Brücken hindurch als wahrer Klassiker. Zunächst genießt man von Nybroviken aus den Blick auf Skeppsholmen, Djurgården und Gamla Stan, bevor man durch das Schleusenwerk von Slussen in den Mälarsee einfährt. Um Södermalm und kleinere Inseln herum, an Parkanlagen, Industriebauten und dem Stadtteil Hammarby Sjöstad vorbei, durch schmale Kanäle und eine weitere Schleuse führt die Fahrt, an deren Ende man wieder in die Ostsee einfährt. Ca. 2 Std., 15 Min., SEK 280.

Information: Strömma, Klarabergsgatan 35 (ab Mai), Tickets gibt es auch am Strömkajen 63, Nybroplan, Gustav Adolfs torg, Stadshusbron/Klara Mälarstrand (jeweils nur in der Saison geöffnet), Tel. 08 120 041 00, www.stromma.se. Bei Online-Buchung beträchtliche Rabatte. Kinder bis 5 Jahren frei, von 6–15 Jahren halber Preis.

Info

64 Rauf und Runter: mit dem Bus zu Wasser und zu Land

Natürlich ist es viel zu schade, die schwedische Hauptstadt nur aus dem Busfenster zu betrachten. Deswegen gibt es, wie in vielen anderen Großstädten, auch hier Sightseeing-Touren nach dem „Hop-on-Hop-off"-Prinzip.

Hierbei fahren die Doppeldeckerbusse entlang einer ausgeklügelten Route die größten Sehenswürdigkeiten ab. Wenn einem danach ist, kann man jederzeit an einer der Stationen rausspringen („Hop off") und die Fahrt zu einem späteren Zeitpunkt fortsetzen („Hop on"). Verfügbar sind Tickets für einen Zeitraum von 24 oder 72 Stunden. Macht man die Strecke an einem Stück, dauert es etwa 90 Minuten, bis man wieder beim Ausgangspunkt zurück ist. Währenddessen erhält man per Kopfhörer eine mehrsprachige Führung vom Band. Bei gutem Wetter ist natürlich das obere Deck beliebt, wo Fotografen voll auf ihre Kosten kommen. Bei schlechtem Wetter wird ein Schutzdach angebracht, dann ist die Aussicht unten besser.

In Stockholm gibt es zwei Anbieter, die ähnliche Strecken bedienen. Die Busse des Unternehmens **Red Sightseeing** erkennt man an ihrer knallroten Farbe. Die Busse von **Open Top Tours** sind hingegen grün. Da die Betreibergesellschaft Strömma aber mit dem weltweit operierenden Anbieter Worldwide City Sightseeing zusammenarbeitet, fahren auch auf diesen Strecken teilweise rote Busse. Diese sind dann am grünen Schild im Fenster zu identifizieren. Die Busse fahren im Sommer

Das Königliche Schloss ist eines der Highlights der Stadt – hier hält jeder Sightseeing-Bus

Das Ritterhaus lohnt einen Stopp

meist im Takt von 15–30 Minuten, im Winter mindestens stündlich. Bei beiden Anbietern gibt es auch Kombitickets mit den Hop-on-Hop-off-Booten.

Doch wer Stockholm sowohl vom Land als auch vom Wasser aus kennenlernen will, muss gar nicht mal das Fahrzeug wechseln. Denn die Fahrt mit dem blau-weißen Amphibienfahrzeug **Ocean Bus** führt einen nicht nur durch die Stadt, sondern auch durchs Meer! Und wer in dem auffälligen Bus sitzt, kann sicher sein, dass er während der Tour durch die verkehrsreichen Straßen selbst zur Attraktion für die Passanten wird. Los geht's an der Strömgatan gegenüber der Königlichen Oper. Von hier aus geht es quer durch Östermalm, vorbei am Humlegården und über die Prachtstraßen Karlavägen und Strandvägen. Der Höhepunkt ist der „nasse Teil" der Sightseeingtour, der durch die Bucht Nybroviken führt. Dann schwimmt der Bus sogar unter der Djurgårdsbron hindurch in die Djurgårdsbrunnsviken, wo er sich wieder an Land begibt. Die Kommentare an Bord sind englisch, live und launig.

Info

Red Sightseeing, Red City Buses, Tel. 08 555 103 90, www.redsightseeing.com. 24-Std.-Ticket SEK 320, 72-Std.-Ticket SEK 370, Kinder bis 12 J. frei. **64**
Open Top Tours, Strömma Turism & Sjöfart AB, Svensksundsvägen 17, Tel. 08 120 041 00, www.stromma.se. 24-Std.-Ticket SEK 320, 72-Std.-Ticket SEK 400, Kombiticket Bus/Boot 24 Std. SEK 450, 72 Std. SEK 500. Die Tickets beinhalten teils Rabatte und freien Eintritt bei den Sehenswürdigkeiten. Beträchtliche Rabatte bei Online-Buchung; Kinder 5–16 Jahre halber Preis.
Unter dem Label **Stockholm Panorama Sightseeing** bietet Strömma auch „klassische" Stadtrundfahrten im Panoramabus. Diese eignen sich gut, wenn man nur wenig Zeit in Stockholm verbringt oder um einen komprimierten Überblick über die Highlights der Stadt zu gewinnen (75-Min.-Rundfahrt, SEK 320, Kinder 6–15 Jahre halber Preis).
Ocean Bus, Nybrogatan 62, Tel. 07 088 798 54, www.oceanbus.se/en. SEK 280, Kinder bis 2 J. frei.

Stockholm und sein Schärengarten

65 Schärengarten und Schärenboote

Die hellen Sommernächte, die Nähe zum Meer, der Reichtum der Vegetation und der Vogelarten machen den Aufenthalt in den Schären zu einem besonderen Erlebnis. Und weil das so ist, gehört bei einem mehrtägigen Stockholm-Aufenthalt ein Schärenausflug einfach dazu!

Tipp

Wer sich länger in Stockholm aufhält und die Schären erkunden möchte, dem sei die Fünf-Tages-Karte (Båtluffarkortet oder Island Hopping Pass) der Reederei Waxholmsbolaget (s. u.) empfohlen. Sie ist für beliebig viele Fahrten mit den Schärenbooten von Waxholmsbolaget gültig und kostet SEK 445, für 30 Tage SEK 790. Man kann die Karte an den Waxholm-Terminals in Stockholm, Vaxholm und Stavsnäs, in einigen Touristeninformationen oder online kaufen.

Die Schären sind Inseln aus Urgestein, die einst durch das Inlandeis überformt und abgeschliffen wurden. Sie bilden eine vom Meer überflutete Rundhöckerlandschaft, deren längliche Felshügel teilweise aus dem Wasser herausragen. Seit der letzten Eiszeit steigen die Inseln langsam empor, rund einen halben Meter im Jahrhundert.

Die größte Nord-Süd-Ausdehnung des Stockholmer Schärengartens beträgt rund 150 km, von Stockholm bis zu den äußersten Inseln im Osten sind es rund 60 km Luftlinie. Dabei bilden die rund **24.000 Inseln und Inselchen** alles andere als eine homogene Landschaft. Auf einer Fläche von rund 6.000 km^2 – davon ein Fünftel Land – sind sehr verschiedene Natur- und Kulturräume entstanden.

Den **inneren Schären** mit ihren großen, bewaldeten Inseln nahe dem Festland und den gut erhaltenen Häusern aus der Zeit um 1900 schließen sich die **mittleren Schären** mit ihren kleineren Inseln und größeren Buchten und geschützten Fahrwassern an. In den äußeren Schären geht der Schärengarten schließlich in eine karge Landschaft mit flachen, meist in Gruppen liegenden Felsinseln über.

Abendliche Kreuzfahrt durch die Schären

Wunderwelt der Schären (Stora Vånskär)

Seit dem Mittelalter lebten die Menschen der Schären von Ackerbau, Fischfang und Jagd. Ihr wichtigstes Handelsprodukt war der gesalzene Hering. Im 19. Jh. ließen wohlhabende Stockholmer Bürger „Großhändlervillen" in den inneren Schären längs der Dampfschifflinien errichten, um dem Stadtklima des industrialisierten Stockholm zu entkommen. Nach einem starken Bevölkerungsrückgang im 20. Jh. ist es in den letzten Jahren wieder populärer geworden, ganzjährig in den Schären zu leben. Heute wohnen auf den Inseln etwa 10.000 Menschen.

Der **Tourismus** ist in den letzten Jahren zu einem wichtigen Faktor geworden. Wochenweise vermietete Ferienhäuser, jeweils ein Dutzend Hotels und Gästehäuser sowie (meist einfache) Campingplätze stehen Schärenbesuchern zur Verfügung. Hinzu kommt, dass die Verkehrsinfrastruktur in der zerrissenen Schärenlandschaft erstaunlich gut ist. Viele der größeren Inseln sind leicht über Brücken oder (meist kostenlose) Autofähren erreichbar, vor allem aber gibt es einen hervorragend ausgebauten, ganzjährigen Linienschiffsverkehr. Besonders hübsch (aber auch relativ langsam) sind die **alten Dampfschiffe**, die mit Edelholz und Messing maritimen Charme versprühen. Weniger nostalgisch, aber bequemer und schneller sind die sog. Cindarellabåtarna, die **Cinderellaschiffe**.

Info

Hinkommen: Die wichtigste Reederei für den Linienverkehr zu den Schären ist **Waxholmsbolaget**, Tel. 08 600 100 0, www.waxholmsbolaget.se. Den Stockholm-Terminal am Strömkajen erreicht man unter Tel. 08 686 246 5.
Über das größte Angebot an geführten Bootstouren (Halbtages-/Tagestouren) verfügt **Strömma**, Tel. 08 120 040 45, www.stromma.se.

66 Schärenerlebnis vor der Haustür: Fjäderholmarna

Für ein authentisches Schärenerlebnis muss man weder mit dem Auto noch mit dem Schärenboot stundenlang unterwegs sein. Es geht auch sozusagen vor der Haustür: Unmittelbar östlich von Djurgården liegt mitten in der Einfahrt zu den Stockholmer Häfen der aus vier Inselchen bestehende Mini-Archipel Fjäderholmarna. Vom Zentrum Stockholms braucht man mit dem Boot hierher weniger als eine halbe Stunde.

Schon im 17. Jh. war die Hauptinsel Stora Fjäderholmen wegen ihres Gasthauses bekannt, wo den Fischern auf dem Weg nach Stockholm selbstgebrannter Schnaps angeboten wurde. Im 19. Jh. entwickelte sich dann ein regelrechter **Schnapstourismus**. Da der Archipel nicht unter die Stockholmer Jurisdiktion fiel, verkaufte der aus der Hauptstadt vertriebene „Schnapskönig" Lars Olsson Smith hier seinen „Absolut rent bränntvin", der bis heute unter dem Markennamen Absolut Vodka bekannt ist. Hierfür ließ er die Kunden sogar extra mit Booten in Stockholm abholen und gratis auf die Inseln bringen – sehr zum Missfallen der

Tipp

Der Ausflug zu den Fjäderholmarna lässt sich gut mit einem Besuch von **Nacka Strand** (S. 57) kombinieren, da die Schiffe der Fjäderholmslinjen sowohl auf der Hin- als auch auf der Rückfahrt dort festmachen. Wer die Fahrt in Nacka Strand unterbrechen möchte, sollte das allerdings der Besatzung mitteilen.

Idylle vor Stockholms Haustür: Fjäderholmarna

Stockholmer Destillen und Kneipen. Das Ganze eskalierte zu einem regelrechten „Wodka-Krieg“, bei dem es auch zu Sabotage- und Gewaltakten kam.

Nachdem sich die Gemüter beruhigt hatten, blieb der Archipel weiterhin ein beliebtes Ausflugsziel und bekam mit dem Bau des großen Restaurants Belvedèren einen neuen Mittelpunkt. Aber als der Zweite Weltkrieg ausbrach, übernahm das Militär die komplette Inselgruppe, ließ das Restaurant abreißen und verhängte ein Fotografie- und Anlandungs-Verbot. Erst 1985 verließ das Militär den Archipel und machte Platz für eine erneute zivile Nutzung.

Heute konzentriert sich der Fremdenverkehr auf die **Hauptinsel Stora Fjäderholmen**. Vom Bootsanleger aus kann man an Fischerkaten und Bootshäusern durch den kleinen Ort mit seinen Boutiquen, Ateliers für Kunsthandwerk und dem sehenswerten Fischereimuseum schlendern. Der große Granithügel im Südosten bietet sich als Aussichtsplattform zur **Vogelbeobachtung** an. Von der Nordküste hat man einen guten Blick auf die beiden kleinsten Inseln Rövarns holme und Libertas mit dem denkmalgeschützten Leuchtturm. Beide sind Vogelschutzgebiet und dürfen während der Brutzeit nicht betreten werden.

Schäre mit eigenem Bier

Tipp

Schnapstourismus heute

Das renommierte schwedische Unternehmen Mackmyra nutzt die alten, in den Granit gesprengten Munitionsbunker zur Lagerung seiner Fässer mit edlem **Whisky**; in der Saison kann man eine Verkostung buchen (**Mackmyra Svensk Whisky**, Tel. 08 556 025 80, www.mackmyra.se). Und seit 2014 betreiben zwei junge, ambitionierte Bierbrauer hier eine **Mikrobrauerei**, die ungewöhnliche und inzwischen preisgekrönte Biere produziert, die von Mai bis Sept. im eigenen Pub ausgeschenkt werden (**Fjäderholmarnas Bryggeri & Pub**, Tel. 070 218 445 3, www.fjaderholmarnasbryggeri.se).

Info

Information: Fjäderholmarna Information, Tel. 08 718 010 0, www.fjaderholmarna.se

Hinkommen: Fjäderholmslinjen, Tel. 08 215 500, www.fjaderholmslinjen.se. Verkehrt von Mai bis Anfang Sept. tgl. auf der Route Slussen–Nacka Strand–Fjäderholmarna, die Fahrzeit beträgt 25 Minuten. Abfahrten in Slussen jede volle Stunde zwischen 10–23 Uhr, von den Insel, jeweils 30 Min. später, das Ticket kostet SEK 150, Kinder SEK 75. Während der Bauarbeiten am Slussen gehen die Boote ca. 100 m nördlich am Skeppsbrokajen ab. Die Reederei **Strömma** (www.stromma.se) bietet Touren zu den Fjäderholmarna mit Führung an.

Essen & Trinken: Fjäderholmarnas Krog, Stora Fjäderholmen, Tel. 08 718 335 5, www.fjaderholmarnaskrog.se. Quirliger Treff mit typischer Schärenküche und Pub-Betrieb.

Restaurang Rökeriet, Tel. 08 716 508 8, www.rokeriet-fjaderholmarna.se. Bietet auf traditionelle Weise geräucherte Köstlichkeiten an, vor allem Ostseelachs und Krabben.

Röda Villan, Tel. 08 215 031, www.rodavillan.nu. Die „Rote Villa“ ist das erste Haus, das man von der Fähre aus sieht. Mit seinem großen Garten, den Granitklippen und dem kleinem Badestrand eignet sich das Café-Restaurant auch vorzüglich zum Entspannen – z. B. in einer der Hängematten!

67 Drei der inneren Schären: Grinda, Djurö und Ängsö

Grinda

Wegen der guten Erreichbarkeit, vor allem aber wegen der vielen Strände und flachen Klippen, ist Grinda ein **beliebtes Ausflugsziel**. Dabei war die Insel fast ein halbes Jahrhundert in Privatbesitz. 1906 kaufte Henrik Santesson, der erste Direktor der Nobelstiftung, die Insel und ließ eine gewaltige Jugendstilvilla bauen. Sie bildet heute den Mittelpunkt des **Grinda Värdshus**, wo man nicht nur gut essen, sondern auch übernachten kann. Für einen Tagesausflug empfehlen sich eine Fahrradtour, ein Spaziergang über den Promenierweg oder die Wanderung auf dem 2,5 km langen Pfad Grindastigen.

Grinda Värdshus

Djurö

Eine aussichtsreiche Bogenbrücke verbindet das 50 km östlich von Stockholm gelegene Djurö mit dem Festland. Deshalb eignet sich die ausgesprochen grüne Insel vorzüglich für Selbstfahrer, die die **Wunderwelt der inneren Schären** entdecken möchten, oder um sie als Sprungbrett zu den äußeren Schären zu nutzen. Nach der Brücke gelangt man zunächst zur schmalen südlichen Landzunge von

Djurhamn, einem der beiden Zentren der Insel. Auch die Bucht Bruksfladen mit der Freizeitanlage Vita Grindarna befindet sich im Süden. Sommergäste freuen sich über den großen Sandstrand und die vielen Sportangebote von Minigolf und Boule über Beachvolleyball bis Kanufahren. Das **hügelige Inselinnere** ist von Kiefernwäldern bedeckt, dazwischen zeigt sich immer wieder der blanke Felsen, Wanderer stoßen auf mehrere Binnenseen. Die durch viele schmale Buchten gegliederte Küste weist Badeklippen und Sandstrände auf. Wer länger bleiben möchte, kann auf ein ansehnliches Angebot an Ferienhäusern und Hütten zurückgreifen.

Nationalpark Ängsö

Die Insel **Ängsö** ist nur auf dem Wasserweg zu erreichen. Hier gibt es weder Cafés noch Läden; mit anderen Worten: ein Ausflugsziel, das ungestörten Naturgenuss garantiert. Bereits seit 1909 stehen die Schäre und die angrenzenden Gewässer als **Nationalpark** – einer der ersten in Schweden, ja sogar im gesamten Europa – unter Naturschutz. Ein Netz von Wander- und Spazierwegen führt durch das ehemalige Weiden- und Wiesenland, wo der Zustand des 19. Jh. konserviert ist. Besucher werden von der artenreichen Flora, darunter mehrere Orchideen-Arten, entzückt sein, die sich im Frühjahr am prachtvollsten zeigt.

Wenn morgens die Boote aus Stockholm und Östanå anlegen, wartet ein Ranger für eine geführte Tour. Man kann Ängsö aber auch gut auf eigene Faust erkunden oder sich eine verschwiegene Badestelle suchen. Von Februar bis Mitte August darf der östliche Teil der Insel nicht betreten werden, er dient als Vogelschutzgebiet.

Info

Grinda
Hinkommen: Grinda wird sowohl von Waxholmsbolaget als auch den Cinderellaschiffen angelaufen, von Stockholm ca. 90 Min., z. T. mit Umstieg in Vaxholm.
Essen/Unterkunft: **Grinda Värdshus**, Södra Bryggan Grinda, Tel. 08 542 494 91, www.grindawardshus.se. Im Sommer tgl. 10–23 Uhr, leckere schwedische Küche mit südländischem Akzent. Das Wirtshaus wurde mehrfach als „Bester Krog des Schärengartens" ausgezeichnet. Übernachtungsmöglichkeiten in sehr komfortablen Zimmern in vier Neubauten. Daneben gibt es auch einige Hütten, eine Jugendherberge und einen Campingplatz.

Djurö
Hinkommen: Djurö ist von Stockholm aus mit der Buslinie 434/434 oder dem eigenen Wagen in knapp einer Stunde auf dem Landweg zu erreichen. Ab Södermalm folgt man immer der Straße 222.
Essen/Unterkunft: **Hotel Djurönäset**, Seregårdsvägen 1, Djurhamn, Tel. 08 571 490 00, www.djuronaset.com. Ganzjährig geöffnetes, fantastisch gelegenes 4-Sterne-Haus sofort hinter der Brücke. 274 Zimmern in acht Gebäuden, Konferenzeinrichtungen, gutes Restaurant, Saunalandschaft mit Pool und Gästehafen.

Ängsö
Hinkommen: In den Sommermonaten gibt es regelmäßigen Schiffsverkehr von Stockholm (Strömkajen) zum Nationalpark mit der Reederei **Blidösundsbolaget**: Ferkens gränd 3, Tel. 08 243 090, www.blidosundsbolaget.se. Tickets kann man hier, an Bord oder in den Tourist Infos Gallerian, Hauptbahnhof oder Västerlånggatan kaufen.

68 Drei der äußeren Schären: Möja, Sandhamn und Utö

Möja

Möja ist Mittelpunkt eines kleinen Archipels und liegt ziemlich zentral im Schärengarten, an der Grenze von mittleren und äußeren Schären. Etwa 300 Menschen leben ganzjährig auf der recht großen Insel und auch die Zahl der Sommerhäuschen ist bescheiden. Das liegt wohl v. a. daran, dass es auf Möja kaum Bademöglichkeiten gibt und die Strände unzugänglich sind. Stattdessen ist Möja ein Ziel für Outdoor-Fans. Gleich zwei Naturreservate bietet die Insel: Im nördlichen Tal liegt Björndalen mit Laub- und Nadelwäldern, Mooren und vielen Tieren. Im Möja-Naturreservat geht die Landschaft von der Idylle der mittleren zur Kargheit der äußeren Schären über. Für die Erkundung gibt es markierte Wanderwege, in Ramsmora und Berg kann man Fahrräder leihen, in Berg lassen sich auch Kanus mieten. Auch einige kulturelle Sehenswürdigkeiten wollen gewürdigt werden, z. B. das kleine Heimatmuseum oder die weiße Holzkirche aus dem 18. Jh. An einer Klippe in Berg steht das Wahrzeichen der Insel: ein hölzernes Leuchtfeuer (Vårdkasen).

Sandhamn

Sandhamn sei „von drei Seiten von Wasser umschlossen und auf der vierten vom Meer" bemerkte August Strindberg 1873. Tatsächlich fühlt man sich auf diesem äußeren Vorposten ein bisschen wie am Ende Welt. Segler haben die Schönheit Sandhamns längst erkannt, nicht umsonst finden hier zahlreiche Regatten statt. Und das Inseldorf mit seinen 100 Einwohner, seinen Holzhäuschen, den idyllischen Gassen, dem Blumenschmuck und einigen Architekturperlen wie dem Zollhaus ist ohnehin

Blick auf Sandhamn

einen Ausflug wert. Etwas außerhalb der Ortschaft (ca. 20 Min. Fußweg) liegen auch die beiden bekanntesten Strände des „Sandhafens", der lang gestreckte Trouville und der kleinere Fläskberget.

Ausflug mit dem Schärenboot

Utö

Viel weiter südlich, aber ebenfalls draußen („Ut") im Meer liegt die Insel („Ö") Utö. Mit ihren Sandstränden zieht die Schäreninsel an warmen Sommertagen viele Tagesgäste an. Eine große Besonderheit von Utö sind die Eisenerzgruben, die vom 12.–19. Jh. betrieben wurden und die immer noch zu sehen sind, inzwischen mit Wasser gefüllt. Nach dem Bergbau wurde der Fremdenverkehr zur Haupteinnahmequelle, befeuert durch Berühmtheiten wie Greta Garbo, die sich gerne auf Utö aufhielt. Besucher sollten eine Fahrradtour zu den weißen Sandstränden von Ålö unternehmen, das Eisenerz-Museum besuchen oder an den Klippen von Rävstavik baden.

Selbst auf den äußeren Schären gibt es **Mord und Totschlag!** Ausgerechnet das pittoreske Sandhamn ist Schauplatz der Kriminalromane von Viveca Sten, die hier ein Ferienhaus besitzt. Unter dem Titel „Mord im Mittsommer" waren die Geschichten auch im ZDF zu sehen.

Info

Möja
Hinkommen: Das Cinderellaschiff benötigt knapp 3 Std. nach Möja. Schneller geht es, wenn man mit dem Wagen oder dem Bus (Linie 434 ab Slussen) bis Sollenkroka fährt, ab da sind es mit der Fähre ca. 45 Min. zur Insel.
Information: **Möja Turistbyrå**, Berg, Tel. 08 571 640 53, www.mojaturistinfo.se und www.moja.nu

Sandhamn
Hinkommen: Ausflugsboote der Reederei Strömma brauchen ab Stockholm (Nybrokajen) ca. 3 Std. Auf der Insel selbst bleibt dann nicht viel Zeit für einen Aufenthalt. Schneller geht es mit den regulären Fähren der Waxholmsbolaget (knapp 2 Stunden), die auch häufiger am Tag verkehren.
Essen & Trinken: **Sandhamns Värdshus**, Sandhamn, am Hafen, Tel. 08 571 530 51, www.sandhamns-vardshus.se; schönes, ganzjährig geöffnetes Restaurant in einem Holzhaus von 1672 mit zwei Etagen, Pub und Veranda mit toller Aussicht. Einfache Übernachtungsmöglichkeiten im ehemaligen Missionshaus.

Utö
Hinkommen: Im Sommer regelmäßige Bootsverbindung mit Waxholmsbolaget ab dem Stockholmer Strömkajen, ca. 2,5 Stunden. Viel schneller ist die Fähre ab Årsta Brygga, die man von Stockholm über den Nynäsvägen (Straße 73) erreicht.
Information: **Utö Turistbyrå**, Gruvbryggan, Utö, Tel. 08 501 574 10, www.utoturistbyra.se
Essen/Unterkunft: **Utö Värdshus**, Gruvbryggan, Utö, Tel. 08 504 203 00, www.utovardshus.se. Gemütliches Vier-Sterne-Gasthaus mit 78 Zimmern, Restaurant mit vorzüglicher Küche, Bar und Sauna. Günstigere Unterkünfte gibt es im angeschlossenen Hostel.

69 Eine Schärenrundfahrt mit dem Auto

Mit dem eigenen Auto kann man von Stockholm aus eine schöne Tagestour in die Schären unternehmen. Um den landschaftlich attraktivsten Teil an den Beginn der ca. 70 km langen Rundfahrt zu legen, empfiehlt es sich, in Stockholm ab Slussen die Uferstraße (Straße 222) Stadsgårdsleden in östliche Richtung zu nehmen. Ab der Brücke nach Nacka heißt die Straße Värmdövägen, danach Värmdöleden, und bringt einen in kurzem Abstand an **Saltsjöqvarn** und **Nacka Strand** (S. 57) vorbei.

Kurz hinter der nächsten Brücke kann man die Straße nach rechts verlassen, um dem Kunst- und Kulturzentrum **Artipelag** einen Besuch abzustatten. In dem interessanten Gebäude finden Konzerte und Veranstaltungen statt, außerdem beherbergt es ein Museum für moderne Kunst und Design (Wechselausstellungen) sowie zwei empfehlenswerte Restaurants.

Wunderwelt der Schären

Einige Fahrminuten später lohnt es sich, einen kleinen Bogen durch das nördlich gelegene Städtchen **Gustavsberg** zu fahren. Architektonisch interessant ist das „Runde Haus“ aus den 1950ern, in dem sich heute ein Kulturzentrum samt Bibliothek befindet. Am interessantesten ist aber die Bucht Farstaviken: Hier liegt die in ganz Schweden und darüber hinaus bekannte **Porzellanfabrik Gustavsberg** samt Arbeitersiedlungen aus dem 19. Jh. Sehenswert ist das Museum, das die Produkte der Fabrik von 1825 bis zur Gegenwart zeigt (zzt. wegen Renovierung geschlossen). In unmittelbarer Nähe kann man im alten Fabrikgebäude (Tyra Lundgrens väg) zu Outlet-Preisen einkaufen, z. B. Glas der renommierten Manufakturen Iittala, Kosta Boda und Orrefors.

Kurz hinter Gustavsberg verengt sich die Straße 222 und führt einen durch den Weiler **Grisslinge** (schöner Park mit Marina und Sandstrand). Am nächsten Kreisel geht es dann auf die **Straße 274** nach Norden, die einen nach wenigen Kilometern unmittelbar an der Ende des 14. Jh. errichteten **Kirche von Värmdö** vorbeibringt. Besonders interessant an der reich ausgestatteten Kirche sind der aus der Werkstatt von Bernt Notke stammende Altarschrein mit Szenen aus der Passionsgeschichte vom Ende des 15. Jh., der Flügelaltar von Lars Snikkare von 1514 sowie eine Reihe mittelalterlicher Holzskulpturen.

Am Ende der Insel Värmdö bringt einen eine der gelben Fähren innerhalb weniger Minuten kostenlos über die „Ochsentiefe“ auf die **Insel Rindö**. An beiden Ufern

Im Hafen von Vaxholm

des schmalen Sunds sind Festungsanlagen zu sehen, von denen die **Fredriksborg Fästning** auf Värmdö besonders beeindruckend ist. Die Straße 274 überquert die kleine Insel Rindö der gesamten Länge nach. Die Fähre zur nächsten Insel fährt nah am Kastell Vaxholm vorbei, das gemeinsam mit der Festung Fredriksborg zum ausgeklügelten Verteidigungssystem der Schären und der Einfahrt nach Stockholm gehört.

Auf der anderen Seite des Sundes breitet sich das pittoreske und im Sommer sehr beliebte Städtchen **Vaxholm** (S. 234) aus, das zumindest einen zweistündigen Aufenthalt verdient hat. Bei genügend Zeit und Interesse kann man hier noch einen Abstecher zum **Schloss Bogesund** aus dem 17. Jh. unternehmen, das nahe dem Golfplatz liegt.

Man verlässt Städtchen und Insel Vaxholm über eine Brücke bzw. die Straße 274, die einen zur Autobahn E 18 bringt. Auf dieser führt der Weg an der Trabantenstadt **Täby** mit seiner Mittelalterkirche vorbei, bevor man nach Stockholm, dem Ausgangspunkt der Rundfahrt, zurückkehrt.

Info

Museen: Artipelag, Artipelagstigen 1, Gustavsberg, Tel. 08 570 130 00, www.artipelag.se; Okt.– Feb. Mi–So 11–17, März–Sept. Di–So 11–17, Juni–Aug. zusätzlich Mi bis 20 Uhr, Eintritt in das Gebäude ist frei, die Wechselausstellungen haben unterschiedliche Eintrittspreise.

Gustavsbergs Porslinsmuseum, Odelbergs väg 5B, Gustavsberg, Tel. 08 570 356 58, www.nationalmuseum.se/gustavsbergs-porslinsmuseum. Das Museum ist zzt. wegen Renovierung geschlossen und wird frühestens im Sommer 2019 unter Regie des Nationalmuseums wiedereröffnet.

Pippi Langstrumpf & Co.: Stockholm für Kinder

70 Junibacken: Astrid Lindgrens Märchenwelt

Mit dem Freilichtmuseum Skansen samt Zoo, dem vielen Platz zum Toben am Wasser und im Wald ist die Insel Djurgården mit Kindern ohnehin ein schönes Ziel. In direkter Sichtweite des Vasa-Museums gibt es aber noch eine weitere Attraktion, die sich speziell an junge Gäste richtet: Junibacken.

Zwar firmiert Junibacken als „Kindermuseum“, tatsächlich ist es aber ein märchenhafter Themen-Spielplatz, der sich schwedischen Kinderbüchern, insbesondere den Werken Astrid Lindgrens, widmet. Vor allem jüngere Kinder können hier spielen, toben, basteln oder das Theater besuchen. Da das gesamte Areal überdacht ist, ist der Andrang an Regentagen (und an Wochenenden) besonders groß.

Sofort hinter dem Eingang kommt man auf den **Märchenmarkplatz Sagotorget**. Dort leben in kleinen Häuschen Figuren aus schwedischen Kinderbüchern. Hier trifft man z. B. die Mumins, Pettersson und Findus oder Willi Wiberg. Nahebei liegt der Bahnhof Vimmerby, wo der **schwebende Märchenzug Sagotåget** zu einer Reise durch Astrid Lindgrens Welt startet. Man begegnet Karlsson vom Dach, Ronja Räubertochter, den Brüdern Löwenherz und vielen anderen Gestalten, hört (auch auf Deutsch) die entsprechenden Geschichten und hat – trotz des ein oder anderen Gruseleffekts – viele Gründe zum Lachen. Anschließend besucht man natürlich Pippi Langstrumpfs **Villa Kunterbunt**, wo man auf ihrem Pferd Kleiner Onkel reiten kann. Daneben wartet Junibacken auch mit regelmäßigen **Kinderspielzeug-Ausstellungen**, einer gut sortierten **Kinderbuchhandlung** und einem altersgerechten **Restaurant** auf.

Junibacken ist ein echtes Kinderparadies

Astrid Lindgren

Astrid Lindgren (1907–2002) war eine der erfolgreichsten Kinderbuchautorinnen der Welt. Die Gesamtauflage ihrer Bücher beträgt über 165 Mio. Exemplare, allein in Deutschland wurden weit mehr als 20 Mio. ihrer Titel wie „Pippi Langstrumpf", „Ronja Räubertochter", „Mio mein Mio" oder „Wir Kinder aus Bullerbü" verkauft.

Nach einer Kindheit auf dem Land, die Lindgren selbst immer als besonders glücklich beschrieb, wurde sie mit 17 Jahren zur Journalistin ausgebildet. Nach der heimlichen Geburt ihres ersten Kindes zog sie 1927 nach Stockholm, wo sie zunächst als Sekretärin arbeitete. Wenige Jahre später heiratete sie Sture Lindgren und brachte 1934 eine Tochter zur Welt.

1933 veröffentlichte Astrid Lindgren erstmals (allerdings anonym) zwei Weihnachtsgeschichten und in der Folgezeit immer wieder Kurzgeschichten in schwedischen Zeitschriften. Als ihre Tochter im Jahr 1941 mit einer Lungenentzündung im Bett lag, erfand Astrid Lindgren für sie die Geschichte von Pippi Langstrumpf. Als sie mit dieser 1945 bei einem Kinderbuchwettbewerb den ersten Preis erhielt, war der Grundstein für ihre weitere Karriere gelegt.

Aber auch politisch war Astrid Lindgren aktiv und hatte großen Einfluss auf die schwedische Gesellschaft. U. a. setzte sie sich zeitlebens für den Kinder- und den Tierschutz ein. In Anerkennung ihrer Verdienste ziert das Konterfei der Schriftstellerin seit 2015 den 20-Kronen-Schein.

Wer sich besonders für Astrid Lindgren interessiert, kann seit Ende 2015 in der Dalagatan 46 ihr Stockholmer Zuhause besichtigen (nur im Rahmen einer Führung auf Schwedisch möglich; Anmeldungen unter www.astridlindgrenshem.se). Hier lebte Lindgren bis zu ihrem Tod 2002 mehr als 60 Jahre und schrieb u. a. Pippi Langstrumpf und Ronja Räubertochter.

Zu Besuch bei Pippi Langstrumpf

Info

Hinkommen: U-Bahnstation Karlaplan, Buslinien 67, 69 und Tram 7 (Station Nordiska Museet/Vasamuseet), Fähren: Djurgårdsfärjan (ganzjährig ab Slussen, im Sommer ab Nybrokajen)

Museum: **Junibacken**, Galärvarvsvägen, Tel. 08 587 230 00, www.junibacken.se. Tgl. 11–17, Juli–Mitte August bis 18 Uhr, Sept.–April Mo geschl., SEK 179, Kinder 2–15 J. SEK 149.

Essen & Trinken: **Sagolekhuset**, Junibackens Restaurant (10–16 Uhr geöffnet), mit eigener Bäckerei bietet vernünftige, schwedische Speisen, Eis und Kuchen sowie vor allem eine schöne Aussicht auf Stockholm und die Bucht Nybroviken.

71 Gröna Lund: Schwedens ältester Vergnügungspark

In der Saison braucht man keinen Stadtplan, um nach Gröna Lund zu finden. Von vielen Punkten in der Stadt ist der Vergnügungspark auf Djurgården von weithin sichtbar. Und ist man einmal auf der Insel, folgt man einfach dem Gekreische, das von den Achterbahnen auf die Straße dringt.

Die modernen Fahrgeschäfte lassen kaum vermuten, dass der „Grönan" der älteste Vergnügungspark des Landes ist. Schon 1883 pachtete der Deutsche Jacob Schultheiss das Stück Land, um darauf ein Karussell zu betreiben. Heute zieht der Park, der bis 2001 in Familienbesitz war, jährlich 1,5 Mio. Besucher an.

Tipp

Das Vergnügen ist nicht umsonst!

Es mag seltsam erscheinen, ist in Skandinavien aber nicht ungewöhnlich: Im Eintrittspreis für den Vergnügungspark sind keinerlei Fahrgeschäfte enthalten. Für die einzelnen Attraktionen benötigt man Coupons (Åkkupong), die man an den Schaltern hinter dem Haupteingang erwerben kann. Ein Coupon kostet SEK 25, je nach Fahrgeschäft benötigt man 1–3 Coupons pro Fahrt. Da es erfahrungsgemäß nicht bei einer Fahrt bleibt, empfiehlt sich der Kauf eines Heftes mit 20 Coupons (Åkhäftet, SEK 380) oder eines Åkbandet (SEK 340, nach 19 Uhr SEK 260); das bunte Armband bietet für einen ganzen Tag freien Eintritt zu allen Attraktionen. Geld sparen kann man, wenn man vorab online ein Ticket oder eines der diversen Pakete kauft, z. B. das Åkpaketet (Eintrittskarte und alle Fahrgeschäfte, SEK 460).

Blick auf den ältesten Vergnügungspark des Landes

Viele der Attraktionen sind auch für kleinere Kinder geeignet, allerdings liegt der Schwerpunkt auf Fahrgeschäften, die für einen deutlichen Adrenalinschub sorgen – z. B. der „Freie Fall" oder die sieben Achterbahnen. Wer schwindelfrei und wagemutig genug ist, sollte „Eclipse" ausprobieren, das höchste Kettenkarussell der Welt. Wer in 121 m Höhe mit 70 km/h seine Runden dreht, bekommt einen grandiosen Rundblick über Stockholm!

Hoch hinaus in Gröna Lund

Neben Fahrgeschäften, Buden und Restaurants besitzt der Vergnügungspark auch Bühnen, auf denen schwedische und internationale Stars auftreten. Wie früher Louis Armstrong, Benny Goodman, die Beatles oder Jimi Hendrix, zieht die besondere Atmosphäre von Gröna Lund auch heute die Crème de la Crème des internationalen Pop & Rock an. Für die Konzerte werden keine gesonderten Tickets verkauft: Eine normale Eintrittskarte reicht, um sich die Show auf der Hauptbühne anzusehen. Allerdings sind die Ticketpreise an solchen Tagen höher und die Öffnungszeiten der Fahrgeschäfte abends begrenzt. Bei manchen Bands kann es auch ziemlich voll werden, sodass man frühzeitig vor Ort sein sollte, wenn man den Auftritt nicht verpassen will. Zumindest mit kleinen Kindern sollte man an Konzerttagen von einem Besuch in den späteren Stunden absehen. Oft herrscht dann eine hohe Polizeipräsenz und auch alkoholisierte Konzertbesucher können einem das Vergnügen verleiden.

Info

Hinkommen: Buslinien 44, 47, 69 und Tram 7 (Station Gröna Lund), Fähren: Djurgårdsfärjan (ganzjährig ab Slussen, im Sommer ab Nybrokajen).
Information: Gröna Lund, Lilla Allmänna Gränd 9, www.gronalund.com; Ende April–Mitte Sept. mit sehr unterschiedl. Zeiten tgl. geöffnet, ab 10, 11, 12 oder 15 Uhr bis 20, 22 oder 23 Uhr, Eintritt (ohne Fahrgeschäfte) SEK 120, unter 7 und über 64 Jahren frei.

72 Naturgeschichte und Experimente: Museen (nicht nur) für Kinder

Auf die aktive Teilnahme von Kindern am Kulturleben wird in ganz Schweden großen Wert gelegt. Auch in Stockholm will man die Kleinen für alle möglichen Sehenswürdigkeiten begeistern. Deshalb gibt es in Museen oft eigene Abteilungen für Kinder, in Kirchen liegen Malsachen bereit und Schlösser und Herrenhäuser bieten Schatzsuchen oder kindgerechte Filme an. Ein gelungenes Beispiel ist das Postmuseum (Gamla Stan, Nygatan 6), mit der „Lilla Posten" (Kleine Post), in der Kinder spielen und sich verkleiden können.

Anschauliche Ausstellungen im Naturhistorischen Museum begeistern auch die Kinder

Für Kinder und Jugendliche, die sich für Naturwissenschaften interessieren, lohnt ein Besuch im **Naturhistorischen Museum** (Naturhistoriska Riksmuseet) unbedingt. Es liegt zehn Fahrminuten vom Zentrum entfernt nahe der Universität im Stadtteil Frescati. Schon die prächtige Fassade samt Kuppel zeigt, dass es sich bei diesem Bau um einen ganz besonderen handelt. Das Naturhistorische Museum ist ein forschendes, das weltweit einen hervorragenden Ruf genießt und international gut vernetzt ist. Nach mehreren Modernisierungen darf es aber auch Eigenwerbung als „größtes und spannendstes Museum Schwedens" machen. Hier stößt man auf Dinosaurier, kann anhand von nicht weniger als 9 Mio. Präparaten Bekanntschaft mit der Tier- und Pflanzenwelt Schwedens und der gesamten Welt machen und wird über die ökologische globale Lage informiert. Ein Highlight für sich ist der Besuch des IMAX-Kinos **Cosmonova** in der riesigen Kuppel, die sonst auch als Planetarium oder Konzertsaal dient. Hier werden 3D-Filme gezeigt, etwa zur pazifischen Unterwasserwelt oder zum Weltall.

35 Fahrminuten von Stockholm entfernt liegt in der Industriestadt Södertälje ein ganz besonderes Kindermuseum: **Tom Tits Experiment**. In dem großen Komplex eines ehemaligen Fabrikgebäudes gibt es eine Unmenge von Indoor- und Outdoor-Attraktionen. Der Name leitet sich ab von einer Figur aus dem französischen Magazin „L'Illustration", die für etliche naturwissenschaftliche Experimente be-

kannt war. Das interaktive Museum richtet sich an alle „Kinder von 2 bis 102 Jahren". Auf vier Stockwerken kann man hier an über 600 verblüffenden Experimenten teilnehmen und sich spielerisch mit Phänomenen aus Technik, Physik, Mathematik, Geografie oder Biologie bekannt machen. Angesichts der Fülle der Attraktionen (und des hohen Eintrittspreises!) sollte man mindestens einen halben Tag für diesen Ausflug einplanen.

Auch der Klimawandel ist ein Thema

Info

Naturhistorisches Museum 72a
Hinkommen: U-Bahnstation Universitetet, Buslinien 40, 540
Museum: **Naturhistoriska Riksmuseet**, Frescativägen 40, Tel. 08 519 540 00, www.nrm.se; Di–Fr 10–18 Uhr; der Eintritt ist frei. Das Cosmonova-Kino kostet je nach Film SEK 80–120, 5–18 Jahre SEK 40–60.
Essen & Trinken: Das Restaurant **Fossilen** serviert ein gutes Lunch-Menü (11–14, Sa/So bis 16 Uhr) ebenso wie Sandwiches oder Snacks, Mo 10–14, Di–So 11–17.30 Uhr.

Tom Tits Experiment 72b
Hinkommen: ab U-Bahnstation Liljeholmen mit dem Buslinien 748, 748X nach Södertälje Centrum. Mit dem Nahverkehrszug alle 15 Minuten nach Södertälje Centrum. Mit dem Wagen auf der Autobahn nach Södertälje (ca. 30 Minuten), dann den braunen Hinweisschildern zu Tom Tits Experiment folgen.
Information: **Tom Tits Experiment**, Storgatan 33, Södertälje, Tel. 08 522 525 00, www.tomtit.se; Mo–Fr 10–17, Sa/So bis 18 Uhr, der umliegende Park ist Mai–Sept. geöffnet; SEK 190, Kinder 3–14 Jahre SEK 150; Hauptsaison (Juni–Aug.) SEK 225/175
Essen & Trinken: Das Büffet-Restaurant ist tgl. 11–14 Uhr geöffnet, hier kann man auch Lunchpakete bestellen. Im Café (tgl. 10–16.45 Uhr) bekommt man u. a. Sandwiches. Mitgebrachte Speisen kann man im mittelalterlichen „Pfeilersaal" u. a. mit Mikrowelle und Spültischen oder im Garten verzehren.

73 Stockholmer Badevergnügen

Überall in Stockholm bieten sich Klippen, Strände und Holzbrücken zum Baden an, z. B. auf der Insel **Långholmen** (S. 130) oder am **Tantolunden** (S. 138). Daneben gibt es etliche Schwimmbäder, sodass man dem Wunsch vieler Kinder, anstelle eines Besichtigungsprogramms einfach mal ins Wasser zu hüpfen, leicht nachkommen kann.

Freibad am Sveavägen: **Vanadisbadet** 73a
Dieses Freibad mitten in der Stadt am Sveavägen war bis 2007 eine Stockholmer Institution im funktionalistischen Stil. Nach einem Komplettumbau wurde es 2015 wiedereröffnet. Das Bassin selbst stellt keine Sensation dar, aber die Umgebung mit den Granitklippen des Parks Vanadislunden ist wirklich schön. An heißen Tagen ideal, um z. B. auf dem Weg zum Hagapark den Kindern ein Wasservergnügen zu gönnen.

Kleiner See in Liljeholmen: **Trekantens strandbad** 73b
Der See Trekanten liegt direkt westlich von Södermalm in Liljeholmen. Trotz seiner geringen Größe ist er im Sommer bei Familien mit kleineren Kindern sehr beliebt. Die einst künstliche angelegte Strandzone ist nur etwa 40 m lang, vom schmalen Sandstrand geht es sanft ins Wasser, als Alternative bietet sich ein Holzsteg an. Umgeben ist der Badeplatz von Wiesen und einem asphaltierten Spazierweg. Das Strandbad ist von der U-Bahnstation Liljeholmen aus zu Fuß gut zu erreichen.

Sport, Spiel, Spannung für junge Leute: **Rålambshovsparken** 73c
Der Rålambshovspark ist ein populärer Treffpunkt von Jugendlichen und Studenten, die ihn für allerlei sportliche Aktivitäten, zum Grillen oder für Partys nutzen. Auf einer Open-Air-Bühne tritt von Zeit zu Zeit das Parktheater auf und natürlich gibt es auch nette Plätzchen zum Schwimmen oder Sonnenbaden. Den grandiosen Blick über den Riddarfjärden hinweg auf das Stadthaus oder auf Riddarholmen gibt's gratis dazu. Der Park liegt im westlichen Teil von Kungsholmen, unmittelbar vor und unter der Västerbron. Die schönste Art, in den „Rålis" zu gelangen, ist ein Spaziergang oder eine kleine Fahrradtour über den Norr Mälarstrand ab dem Stadthaus oder von Södermalm aus über die Västerbron. Die nächste U-Bahnstation ist Fridhelmsplan. In direkter Umgebung gibt es einige Restaurants und Cafés, im Park selbst die „Boule-Bar". Westlich der Västerbron schließt sich das familien-

Angelspaß …

... und Badevergnügen mitten in der Stadt

freundliche **Smedsuddsbadet** 73d mit dem schönen, sichelförmigen Sandstrand, zwei Sommercafés und einer Windsurfschule an.

Klippenbad auf Kungsholmen: **Fredhällsbadet** 73e

Gut 1 km weiter westlich, am äußersten Ende der Insel Kungsholmen, liegt das „Klippenbad". Die meiste Zeit des Jahres wird es von einem Club genutzt, von Juni bis August ist es für die Allgemeinheit geöffnet. Man erreicht es am besten von der U-Bahnstation Kristineberg aus nach einem kurzen Spaziergang zum Snoilskyvägen, wo gegenüber der Hausnummer 34 der Eingang liegt. Über Holztreppen geht es hinab zum eingezäunten Gelände mit der kleinen Rasenfläche, dem hölzernen Sonnendeck sowie Duschen und Umkleiden. Von den Stegen geht es direkt in tiefes Wasser, weshalb das Bad für kleinere Kinder oder Nichtschwimmer ungeeignet ist.

Schwedens größtes Schwimmbad: **Eriksdalsbadet** 73f

Am südlichen Ufer Södermalms befindet sich das Eriksdalsbadet, das größte Schwimmbad Schwedens. Es verfügt über fünf unterschiedliche Becken, darunter ein 50-m- und zwei 25-m-Becken und wird auch oft für internationale Wettkämpfe genutzt. Ein Wasserpark, in dem man auch im Winter nach draußen schwimmen kann, eine Halle für Turmspringer, Rutschen und mehrere Sporthallen komplettieren das Angebot.

Info

Vanadisbadet, Sveavägen 142, www.vanadisbadet.nu; 1. Mai–15. Sept. tgl. 7–20 Uhr.

Eriksdalsbadet, Hammarby Slussväg 20, Tel. 08 508 402 58. Mo–Do 6–20, Fr 6–19, Sa 8–18, So 8–19 Uhr, SEK 90, 4–19 Jahre SEK 40.

Aktivitäten

74 Auf Mälarsee und Ostsee: ein Kanu-Eldorado

Stockholm ist wahrscheinlich weltweit die Hauptstadt mit den besten Bedingungen für Kanuten, sowohl was die Gewässer selbst als auch die Dichte der Verleihstationen angeht. Noch nie in einem Kanu gesessen? Kein Problem, die meisten Verleiher bieten auch Kurse an. Angst, sich in dem verwirrenden Labyrinth der Wasserwege zu verirren? Auch das ist kein Problem, denn es gibt eine Vielzahl geführter Touren, sowohl in den Schären, als auch im Stockholmer Stadtgebiet und am Mälarsee. Für die Miete eines Kanus (Einsitzer, einschl. Rettungsweste etc.) muss man mit SEK 300 bis zu 2 Std., SEK 350 bis 4 Std., SEK 600 für den ganzen Tag und SEK 2.000. pro Woche rechnen.

Rund um Djurgården

Das **Sjöcaféet** ist sicher die zentralste Verleihstation für Kanus, aber auch für Tretboote und Fahrräder: Unterhalb der Djurgårdsbron gelegen, kann man von hier aus sofort zu einer entspannten Tour über die ruhige Bucht Djurgårdsbrunnsviken oder durch den schmalen Kanal starten. Der einzige Störfaktor sind die Sightseeing-Boote, die hier allerdings so langsam fahren, dass sie kaum Wellen schlagen. Mit mehr Zeit und Kondition ist auch eine Umrundung von Djurgården möglich, wobei man in der Ostsee schon mit der ein oder anderen Bugwelle und bei Wind auch mit Wellengang rechnen muss. Wer nicht mitpaddeln möchte, kann sich derweil eine von Djurgårdens Attraktionen anschauen oder im Sjöcaféet die Aussicht genießen.

Rund um Kungsholmen

Die **Kajakkompaniet** hat ihren Standort im westlichen Teil der Insel Kungsholmen und ist deshalb perfekt für alle, die die populäre und auch für Anfänger geeignete Kajaktour rund um Kungsholmen (ca. 9 km) befahren möchten. Die Station vermietet Einer- und Zweier-Kajaks und bietet auch Anfängerkurse und geführte Touren an.

Outdoor-Paradies Schären

Unter der Västerbron

Ein anderer empfehlenswerter Anbieter für Kajaks und SUPs (Stand Up Paddleboards) ist **Rålis kajak**, dessen Basis nahe dem quirligen Rålambshovspark und nahezu unter der Brücke Västerbro alle Möglichkeiten offenlässt: z. B. eine Tour rund um die Insel Lilla Essingen oder stadteinwärts entlang dem Norr Mälarstrand. Das Unternehmen verleiht vom Frühling bis zum Spätherbst Kanus – auch für romantische Nachttouren zwischen 22 und 8 Uhr. Jedes Jahr zu Mittsommer organisiert Rålis kajak das populäre Midnight Paddling. Wer unsicher ist, kann einen erfahrenen Kanuguide buchen.

Über den Brunnsviken

Am wunderschönen See Brunnsviken hat der **Brunnsvikens Kanotklubb** sein Quartier mit Verleihstation. Der See eignet sich vorzüglich auch für Anfänger und ist ideal, um große Teile des Nationalstadtparks und des Hagaparks von der Wasserseite aus kennenzulernen.

Rund um Långholmen

Die Verleihstation **Långholmen kajak** bietet sich als Ausgangspunkt für eine Umrundung der ehemaligen Gefängnisinsel an (ca. 6 km). Am Beginn der Tour liegen die geschützten und schmalen Sunde zwischen Långholmen, Reimersholme und Södermalm. Wer vor Seegang Angst hat (den gibt's manchmal im Mälarsee!), braucht diese ruhigen Gewässer auch gar nicht verlassen. Anfänger können Do abends an einem Kurs mit anschließender Paddeltour teilnehmen (ca. 2,5 Std.). Wer nicht mitpaddeln möchten, kann in der Zeit spaziergengehen, baden oder das Café nutzen.

Durch die Schären

Die meisten Campingplätze und viele anderen Unterkünfte auf den Schären haben sich auf Kanuten eingestellt. Ein großes Unternehmen ist das **Skärgårdens kanotcenter**, 35 km von Stockholm und 3 km von Vaxholm entfernt auf Resarö gelegen. Hier werden nicht nur Ein- und Zweisitzer auf Stunden-, Tage- oder Wochenbasis vermietet, sondern auch Fahrräder und Mountainbikes, wasserdichte Seekarten sowie Outdoor-Equipment wie Gaskocher, Zelte, Tipis oder Isomatten. Das Kanu-Center hat eine breite Palette an geführten Halb- und Ganztages-Touren im Programm, z. B. zum Sonnenuntergang oder mit Picknick auf einer Schäre.

Info

Sjöcaféet, Galärvarvsvägen 2, Tel. 08 660 575 7, www.sjocafeet.se; April–Sept. tgl. 9–21 Uhr. 74a

Kajakkompaniet, Kristinebergs Strand, Stockholm, Tel. 08 224 818, www.kajakkompaniet.se (am besten von der U-Bahnstation Kristineberg aus zu erreichen). Mai–Sept. tgl. geöffnet.

Rålis Kajak, Smedsuddsvägen 23, Tel. 07 077 172 73, http://raliskajak.se; zu erreichen am besten über die U-Bahnstation Fridhelmsplan oder mit den Buslinien 1, 4, 54, 56, 61, 77 bis Västerbroplan.

Brunnsvikens Kanotklubb, Frescati, Hagväg 5, Tel. 08 155 060, www.bkk.se. Juni–Aug. tgl. geöffnet, Mai und Sept. nach Voranmeldung.

Långholmen kajak, Alstaviksvägen 3, Tel. 076 069 385 2, www.langholmenkajak.se. 74b

Skärgårdens kanotcenter, Engarn, Resarö, Tel. 08-54137790, www.kajaker.com; tgl. Mitte Mai–Aug. 10–18 Uhr, in der restlichen Zeit auf Anfrage.

75 Auf zwei Rädern durch Stockholm – mit dem Fahrrad oder der Vespa

Auch wenn sich das dänische Kopenhagen als Fahrradstadt Nummer Eins fühlen darf – Stockholm hat in den letzten Jahren enorm aufgeholt. Es gibt jede Menge Leihrad-Anbieter (z. B. die öffentlichen City Bikes mit 140 Stationen) und das Netz der Radwege summiert sich inzwischen auf über 700 km. Zwar sind einige Stadtteile nicht gerade flach – wer z. B. kreuz und quer auf Södermalm unterwegs ist, muss ganz schön in die Pedale treten –, aber dafür gibt es herrliche Uferstraßen und ganze Stadtteile, die nahezu autofrei sind.

Eine **herrliche Radwanderung** führt von der Djurgårdsbron aus durch die Diplomatenstadt, über die Museumsmeile (S. 44) und den Prins Bertils väg immer am Kanalufer entlang bis zum alten Zollhaus. Dann fährt man über die Brücke nach Djurgården und hält sich auch hier immer am Ufer. So fährt man die Halbinsel Blockhusudden ab, bis einen der Djurgårdsvägen an den Sehenswürdigkeiten des

Tipp

Fahren mit dem City Bike

Voraussetzung für eine Fahrt mit einem City Bike ist der Erwerb einer bike card (cykelkort), die man u. a. im SL-Ticketcenter im Bahnhof bekommt. Neben der Saisonkarte (online SEK 250, sonst SEK 300), die für April–Okt. gilt, gibt es auch eine Drei-Tages-Karte (SEK 165). Damit kann man an jeder Station tgl. 6–22 Uhr ein Rad ausleihen und nach maximal drei Stunden an einer beliebigen anderen Station wieder abgeben (bis spätestens 1 Uhr). Auf der Website www.citybikes.se sieht man nicht nur die Lage der Stationen, sondern auch wie viele Räder dort aktuell verfügbar sind.

Stockholm lässt sich hervorragend mit dem Fahrrad erkunden: zum Beispiel entlang des Kanals von Djurgården

Tiergartens vorbei zum Ausgangspunkt zurückbringt. Dieser Ausflug lässt sich erweitern (oder an einem anderen Tag fortsetzen), indem man durch den Nationalstadtpark hinauf zum Brunnsviken-See, dem Hagapark und dem Schloss Ulriksdal radelt.

Viele Fahrradverleiher haben ihren Sitz in der Nähe Djurgårdens, sodass man direkt losradeln kann. Z. B. das **Sjöcaféet** an der Djurgårdsbron, das auch Kanus vermietet und kleine Speisen anbietet. Auf der anderen Uferseite liegt vor dem Historischen Museum **Bike Sweden**. Die Firma bietet neben Touren- und Mountainbikes auch Kinderfahrräder, -sitze und Elektroräder sowie geführte Radtouren in deutscher Sprache an. An den Schärenbooten vor dem Strandvägen kann man bei **Rent-a-bike** neben „normalen" Rädern auch Tandems mieten. Von Mai bis September bietet **Bike Hike** geführte Radwanderungen an (auch in deutscher Sprache), sowohl über die Insel Djurgården als auch zum See Brunnsviken oder zum Waldfriedhof Skogskyrkogården (S. 114).

Ein anderer toller **Radwanderweg mit Sightseeing-Charakter** wartet auf der anderen Seite der Stadt. Dort lohnt unbedingt der Weg ab dem Stadthaus entlang der Uferstraße Norr Mälarstrand, bis man auf der aussichtsreichen Västerbron den Riddarfjärden quert und dann auf der Söder Mälarstrand (also der nördlichen Uferstraße Södermalms) zur Altstadt zurückradelt. Als Fahrradverleiher in dieser Gegend bietet sich der **Cykelstallet** an.

Möchte man selbst nicht zu sehr strampeln, kann man auch auf das Angebot von **Vespa & E-bike Tours** zurückgreifen. Deren knallbunte Vespa-Roller haben 50 ccm, schaffen knapp 50 km/h und dürfen mit dem normalen Führerschein gefahren werden. Im Mietpreis (z. B. SEK 790 pro Tag) sind Navi, Helm, Vollkasko und Benzin enthalten.

Verleihstation der City Bikes

Info

Karten: Spezielle Stadtführer für Radler und Radkarten bekommt man in Buchläden, Touristeninformationen und in der **„Kartbutiken"**, Mäster Samuelsgatan 54, Tel. 08 202 303, www.kartbutiken.se.

Fahrradverleih und Fahrradtouren: alle April/Mai bis September tgl. geöffnet:

Sjöcaféet, Galärvarvsvägen 2, Tel. 08 660 575 7, www.sjocafeet.se 75a

Rent-a-Bike, Strandvägen, Kajplats 18, Tel. 08 660 795 9 u. 076 226 768 3, www.rentabike.se 75b

Bike Hike, Treffpunkt: Djurgårdsbron, Tel. 08 649 018 6 u. 078 16 55 29, www.bikehike.se

Cykelstallet, Scheelegatan 15, Tel. 08 651 006 6, www.cykelstallet.se 75c

Bike Sweden, Narvavägen 13–17, Tel. 08 525 270 00, www.bikesweden.se 75d

Vespa & E-bike Tours, Wallingatan 30, Tel. 079 33 66 473, www.vespastockholm.com; Mi–So 9–15 Uhr (im Winter geschlossen) 75e

76 Angeln, Schlittschuhlaufen und Skifahren

Angeln gehört zu Schweden wie Knäckebrot und Elche. Auf den Schären oder an den Ufern des Mälarsees sind die Angelbedingungen natürlich bestens. Aber mitten in der Stadt? Auch das ist möglich, und zwar an der zentralsten und vornehmsten Stelle, die man sich überhaupt nur vorstellen kann: unmittelbar vor Reichstag und Königlichem Schloss! Durch das bisweilen reißende Wasser des Strömmen, des Ausflusses des Mälarsees in die Ostsee, drängen sich Lachse und Seeforellen, die förmlich darauf warten, an den Haken genommen zu werden. Wer sich als Hobbyangler mit entsprechender Ausrüstung in der Stadt aufhält, hat also die einmalige Gelegenheit, zwischen Besichtigungsprogramm oder Shoppingtour für ein oder zwei Stündchen innezuhalten und Stockholm auf ganz andere Art kennenzulernen.

Im Winter, wenn sowohl der Mälarsee als auch die flachen Gewässer des Schärengartens und der Ostseebuchten regelmäßig zufrieren, kann man sich höchstens noch im Eisloch-Angeln versuchen. Dann aber ist es für viele Stockholmer Zeit, die **Schlittschuhe** anzuziehen und ihre Runden auf der wohl schönsten Eislauffläche der Welt zu drehen. Für kurze Fahrten bietet sich – insbesondere mit Kindern – die recht große temporäre Bahn im **Kungsträdgården** an. Schlittschuhe kann man sich ausleihen, Glögg und Kinderpunsch gehören anschließend unbedingt dazu!

Apropos Winter: Freunde des **Skilanglaufs** finden in der Saison, also meist ab Anfang/Mitte Januar, ausreichend Betätigungsmöglichkeiten in den Parks und vor allem in den Vororten, wo man bisweilen auf den beleuchteten Wegen durch den Schnee ziehen kann. Aber **Abfahrtslauf**? Tatsächlich kann die schwedische Hauptstadt auch damit dienen, und zwar durch den **Hammarbybacken**, der nahe dem Globen liegt und mit der Metro bequem zu erreichen ist. Der ursprünglich 55 m hohe Hügel wurde in den 1980er-Jahren durch das Aushub-Material, das beim Bau

Angeln ist in Schweden Volkssport

Skispaß in der Großstadt: Hammarbybacken

der Globen-Arena anfiel, auf 94 m erhöht. Seit 1990 ist der Hammarbybacken mit einer Ski-Anlage ausgestattet, zu der u. a. vier Pisten, zwei Schlepplifte, ein Snowboard Park und mit dem Park Inn Hotel Hammarby sogar „Stockholms erstes Ski-Hotel" gehören. Und weil auch im kalten Stockholmer Winter Schneesicherheit nicht immer gegeben ist, wurde in den letzten Jahren ein System von Schneekanonen installiert. Von Oslo einmal abgesehen gibt es wohl keine europäische Hauptstadt, in deren Zentrum Wintersport so problemlos möglich ist wie in Stockholm. Und im Sommer? Dann gehört der Hammarbybacken den Mountainbikern!

Info

Angeln
Information: An der Küste benötigt man in Schweden keine Angelkarte, das betrifft also auch den Stockholmer Schärengarten. Auch in den fünf größten Binnenseen des Landes, zu denen der Mälaren gehört, ist Angeln mit der Rute erlaubt. Mit anderen Worten: Im gesamten Großraum haben Hobbyangler ein riesiges und kostenloses Revier! Komplette Angelurlaube außerhalb Stockholms, z. B. in den Schären, organisieren u. a. folgende Anbieter:
Catch & Relax, Vaxholm, Tel. 08 544 913 20, www.catchrelax.se
Stockholm fishing camp (Mikael Hedlund), Gällnö, Byviken, Tel. 073 899 328 2, www.stockholmfishingcamp.se

Kungsträdgården
Information: Kungsträdgården, Tel. 08 555 100 90, www.kungstradgarden.se. Von Ende Nov.–März, unregelmäßige Öffnungszeiten, normalerweise 11–18.30/20.30 Uhr.

Skiresort Hammarbybacken
Information: Skiresort Hammarbybacken, Tel. 0280 880 61, www.skistar.com/hammarbybacken; Mo&Fr 15–22, Di–Do 10–22, Sa/So 9–18 Uhr; Skipass (Eintageskarte) SEK 220, Kinder (8–15 J.) SEK 180. U-Bahn: Grüne Linie, Haltestelle Bagarmossen. 76

77 Wellnessoasen im Jugendstil

Viele hochpreisige Hotels in Stockholm haben ihr eigenes Spa und wer im Netz nach anderen Wellnessoasen sucht, wird schnell fündig. Zwei Bäder im Zentrum der Stadt sind jedoch von ganz besonderem Reiz, sowohl was die Architektur als auch das Wohlfühlangebot angeht.

Sturebad 77a

Schon im 19. Jh. vertrat der Arzt Carl Curman die These, dass es der Gesundheit des Menschen zuträglich sei, wenn er in angenehmem, künstlerisch gestaltetem Ambiente Entspannung und Bewegung im Wasser kombinieren könne. Deshalb gründete er 1867 das Große Badehaus an der Malmtorgsgatan, das begeistert aufgenommen und ein kommerzieller Erfolg wurde. 1885 beschloss Curman, ein zweites, größeres und noch schöneres Projekt zu starten: das **Sturebad**.

Für den Bau war nichts zu teuer, Anregungen holte Curman sich bei römischen Thermen, venezianischen Palästen und dem gerade aufkommenden Jugendstil. In rund 100 Kabinen standen Wannen mit unterschiedlich warmem Wasser bereit, daneben gab es allerlei Möglichkeiten zur sportlichen Betätigung. 1902 wurde dann der fantastische **Swimmingpool** eingeweiht, den später auch Greta Garbo be-

Badetempel Sturebad

geistert benutzte und der auch heute noch das Zentrum der Anlage darstellt. Mit seinem reichen Dekor ist dieser Innenraum ein wahrer Badetempel und ein einzigartiger Bestandteil der Kulturgeschichte Stockholms.

Fast wäre er für immer verloren gegangen, als im Mai 1985 das ganze Gebäude in Flammen stand. Glücklicherweise entschied man damals, das Sturebad in alter Pracht wiederauferstehen zu lassen. Wie vor 130 Jahren ist es heute der exklusivste Ort zum Schwimmen, Saunieren und Relaxen, inzwischen natürlich mehrfach modernisiert und auch erweitert (zuletzt 2014 um den 240 m² großen Fitnessraum). Einmalig ist auch die Verbindung dieser Architekturperle mit dem ebenfalls exklusiven und sehenswerten Konsumtempel **Sturegallerian** (S. 198). Das Spa-Konzept des Sturebads hat sich übrigens so bewährt, dass man inzwischen ähnliche Anlagen unter dem gleichen Label auch im Elite Hotel Marina Tower (Saltsjöqvarn) und im Radisson Royal Blu Park Hotel im Hagapark findet.

Centralbadet 77b

Auf der geschäftigen Drottninggatan findet sich neben dem bekannten Restaurant Rydbergs eine recht schmale Passage mit einem schmiedeeisernen Torbogen. Nur schwer ist dessen verschnörkelte Inschrift zu lesen: **Centralbadet**. Begleitende Schilder versprechen „Ausruhen und Entspannen wie im Jahre 1904“. Tritt man durch das Tor, fängt die Entspannung schon an, ohne dass man auch nur eine Krone bezahlt hätte. Denn es öffnet sich die vielleicht kleinste, aber mit Sicherheit auch eine der angenehmsten Parkanlagen der Innenstadt: der **Centralbadspark**. Anlässlich des 100-jährigen Jubiläums wurde der Park wieder auf Vordermann gebracht, man rekonstruierte den kleinen Brunnenpavillon, säuberte die Skulptur „Triton auf dem Delfin“ und brachte eine Büste des Architekten Wilhelm Klemming an. Dessen Meisterwerk, das Zentralbad, ist vom Garten aus am besten in seiner ganzen weißen Pracht zu bewundern.

Klemmings zentrale Idee war denn auch, Natur und Bad miteinander zu verbinden, z. B. durch ein großes Fenster. Als nach zwei Jahren Bauzeit das Zentralbad 1904 eingeweiht wurde, war es das erste Gebäude überhaupt im Land, das nach der neuen Stahlbetonbauweise („System Hennebique") errichtet wurde. Es verfügte u. a. über drei Bassins für Herren, zwei für Damen, Tennisplatz und Kegelbahn, Restaurant, Friseur und Fotoatelier sowie ein Zigarrengeschäft (!). Heute ist das Bad Teil einer 3.000 m² großen Wellness- und Spa-Anlage.

Info

Sturebad
Hinkommen: U-Bahnstation Östermalmstorg, Buslinien 1, 2, 55, 56, 62
Information: **Sturebadet**, Sturegalleri an 36, Tel. 08 545 015 00, www.sturebadet.se; Mo–Fr 6.30–22, Sa/So 8.30–20.30 Uhr, SEK 595 (Mo–Do), SEK 795 (Fr), SEK 1.095 (Sa/So; ganzer Spa-Tag); inkl. Sauna, Fitness-Studio, Badetuch und -mantel. Mindestalter 18 Jahre.

Centralbadet
Hinkommen: U-Bahnstation Hötorget
Information: **Centralbadet**, Drottninggatan 88/Holländergatan 11, Tel. 08 545 213 00, www.centralbadet.se; Mo–Fr 7–21, Sa 8–20, So 9–17 Uhr, Mo–Do ab SEK 250, Fr–So ab SEK 350 (ohne Anwendungen, Handtücher usw.).

BIRKA CRUISES

Zimmer mit Aussicht

78 Schiff ahoi: aber ohne Seekrankheit!

Reizvoll ist die Idee, in der „Stadt, die auf dem Wasser schwimmt" auch auf dem Wasser zu nächtigen. Kein Problem: In Stockholm gibt es eine ganze Reihe von Schiffen, die in originelle „Boat Hotels" oder „Botels" umgebaut wurden. Die meisten wenden sich an ein eher jüngeres Publikum ohne große Ansprüche. Allen gemein ist die geringe Größe der Kabinen. Und natürlich die Tatsache, dass die Boote am Ufer festgemacht sind, was wiederum heißt, dass die eine Hälfte der Bullaugen und Fenster zur See ausgerichtet ist, die andere zur Straße – also bei Buchung unbedingt den Wunsch auf einen Seeblick äußern. Länger als 10 Gehminuten vom Zentrum entfernt liegt keines der hier vorgestellten Schiffe.

Af Chapman 78a: Die Af Chapman ist das älteste der Schiff-Hostels, gleichzeitig aber auch das schönste. Der 1888 in Irland vom Stapel gelaufene Handelsfrachter ist ein Segelschiff, ein sog. Vollschiff aus Eisen, das drittälteste seiner Art in der Welt. Nachdem der Viermaster 25 Jahre über alle Weltmeere geschippert war, kam er 1923 in den Besitz der schwedischen Marine, die ihn als Segelschulschiff nutzte. Nach dem Weltkrieg an die Stadt Stockholm verkauft, wurde er 1949 zur Jugendherberge umgebaut, wobei man darauf Wert legte, dass das originale Aussehen innen und außen weitgehend bewahrt wurde. Die tolle Lage am Pier von Skeppsholmen und das rustikal-maritime Ambiente sorgen dafür, dass die Betten oft weit im Voraus ausgebucht sind. Wer keinen Platz mehr auf dem Schiff bekommt, kann in dem Haus vor der Anlegestelle nächtigen, das seit 1983 zur Jugendherberge gehört und wo sich Rezeption, Frühstücksraum und weitere Zimmer befinden. Insgesamt hat die Herberge heute 282 Betten in 77 Zimmern (2–10 Betten).

Mälardrottningen Yacht Hotel – Lady Hutton 78b: Die 1924 in Kiel gebaute Lady Hutton liegt wunderbar am Kai von Riddarholmen. Das Schiff hat eine wechselvolle Geschichte u. a. im Dienst der Royal Navy, aber wirklich bekannt wurde es als Luxusyacht der Woolworth-Erbin Barbara Hutton. 1980–82 in ein First-Class-Hotelschiff verwandelt, wurde das Schiff zum zehnten Mal umgetauft, in Lady Hutton, während der Hotel- und Restaurantbetrieb Mälardrottningen heißt. Fast alle Kabinen des Botels versprühen mit Mahagoni und Messing authentisch-maritimes Ambiente, sind aber auch nicht unbedingt größer als die der anderen Schiffe und u. a. mit Etagenbetten ausgestattet. Das Schiff verfügt über ein gutes Restaurant und eine gemütliche Kapitäns-Bar.

LogInn Hotel – M/S Kronprinsesse Märtha 78c: Die verrückte Geschichte der 1928 gebauten M/S Kronprinsesse Märtha stand lange unter einem ungünstigen Stern: Anfangs als Post- und Passagierschiff zwischen Oslo und Bergen im Einsatz, lief sie 1939 in einem Sturm auf Grund, zwei Passagiere ertranken. Später wurde sie von einem Tor-

Die M/S Birger Jarl vor Söder

nado getroffen, sank noch zwei weitere Male, wurde während des Weltkriegs als Blockadeschiff eingesetzt und später als schwimmendes Casino in Holland. Heute liegt sie fest vertäut am Södermälarstrand, verfügt über kleine, aber elegante Zimmer, ein Restaurant und Konferenz-Einrichtungen.

M/S Birger Jarl Hotell 78d**:** Die M/S Birger Jarl, 1953 in Schweden vom Stapel gelaufen, diente über 60 Jahre lang als Personenkreuzer auf der Route Stockholm – Helsinki bzw. Mariehamn (Åland-Inseln). Im Jahre 2013 funktionierte man das Schiff zum festen Hotelschiff um. Mit sechs Decks, über 92 m Länge und 14 m Breite ist es das deutlich größte der Botels. Auch sein kulinarisches Angebot ist mit mehreren Restaurants und Bars am umfangreichsten. Und ein weiterer Unterschied ist, dass die Birger Jarl durchaus ab und zu noch mal in See sticht, und zwar für eine dreistündige Lunch-Kreuzfahrt durch die Schären. Die 156 Kabinen an Bord decken ein weites Spektrum von der sehr einfachen, fensterlosen Einzelkabine bis zur komfortablen Doppelkabine mit Fenster, Sitzgruppe, TV und eigenem Bad ab.

Red Boat Mälaren 78e**:** Der Name dieses Botels ist irreführend, denn es handelt sich nicht um ein, sondern um zwei nebeneinanderliegende Schiffe, und nur eines davon fällt durch seine falunrote Farbe auf, das andere ist weiß. Die ehemaligen Fischtrawler verfügen über Ein- bis Zwei-Bett-Kabinen sowie Schlafsäle mit 4 bzw. 10 Betten.

M/S Rygerfjord Hotel & Hostel I, II & III 78f**:** Das 1950 in Bergen gebaute Schiff hatte stets mit technischen Problemen zu kämpfen und verbrachte mehr Zeit in Werften als auf See. 1989 lief es vor der norwegischen Küste auf Grund; der Kapitän bekam einen Herzinfarkt und alle Passagiere mussten evakuiert werden. Nach einer Renovierung dient es ab 1995 als Botel mit 130 Betten in 45 Kabinen. 2002 kam die 1986 in Polen als Hotelschiff gebaute Rygerfjord II hinzu, deren Schwesterschiff Rygerfjord III komplettierte die Flotte im Jahre 2013.

Gustaf af Klint Hotel & Hostel 78g**:** Auch dieser frühere Ozeandampfer wurde in ein ganzjährig geöffnetes, empfehlenswertes Hotel/Hostel umgebaut und liegt nur rund 250 m von Slussen entfernt vertäut. Es verfügt über ein Restaurant und in der Hotel-Abteilung über Einzel- und Doppelzimmer mit Du/WC, in der Hostel-Abteilung über 2- bis 4-Bett-Kabinen und einen 24-Betten-Schlafsaal.

Info

STF Af Chapman, Flaggmansvägen 8, Skeppsholmen, Tel. 08 463 226 6, www.stfchapman.com
Mälardrottningen Hotell, Riddarholmen, Tel. 08 545 187 80, www.malardrottningen.se
LogInn Hotel, Södermälarstrand, Kajplats 16, Tel. 08 442 442 0, www.loginn.se
M/S Birger Jarl Hotell, Stadsgårdskajen 156, Tel. 08 684 101 30, www.msbirgerjarl.se
Red Boat Mälaren, Södermälarstrand, Kajplats 10, Tel. 08 644 438 5, www.theredboat.com
Rygerfjord Hotell & Vandrarhem, Södermälarstrand, Kajplats 12–14, Tel. 08 840 830, www.rygerfjord.se
Gustaf af Klint Hotel & Hostel, Stadsgårdskajen 153, Tel. 08 640 407 7, www.gustafafklint.se bzw. http://www.vandrarhemstockholm.se/city/gustafafklint

79 Hinter Schwedischen Gardinen oder lieber im Jumbo-Cockpit?

Lange hatte die naturschöne Insel Långholmen (S. 130) einen denkbar schlechten Ruf: Hier saßen ab 1880 im Zentralgefängnis die wirklich bösen Jungs ein, hier wurde 1910 zum letzten Mal in Schweden die Todesstrafe vollstreckt. 1975 schloss das Gefängnis für immer seine Tore. Anschließend verfiel der Komplex und wurde teilweise abgerissen.

In den erhalten gebliebenen Gebäuden findet sich heute eine der originellsten Unterkünfte der Hauptstadt: **Långholmen Hotell & Restaurang**. Wer also immer schon einmal im Knast wohnen wollte, kann das hier ausprobieren. Und man hat sogar die Wahl: Braucht man nicht allzu viel Komfort, nimmt man sich eines der spartanischen Zimmer im Hostel (Schlafsaal, Vierbett- bis Einzelzellen). Für einen höheren Preis erhält man aber auch Hotelzimmer mit allem Komfort. Wer es stilecht mag, kann im Shop gestreifte Långholmen-Gefängniskleidung kaufen.

Komfortable Einzelzelle im „Gefängnis" von Långholmen

Ähnlich eigenwillig ist das Hotel **Jumbo Stay**. Hier schläft man nicht hinter Schwedischen Gardinen, sondern in einem leibhaftigen Jumbo-Jet. Und natürlich befindet sich das Flugzeug nicht in der Stockholmer Innenstadt, sondern da, wo es hingehört: auf dem Flugplatz.

Der Jumbo (Modell 747-212B) wurde 1976 von Singapore Airlines in den Dienst gestellt, flog später längere Zeit für die PanAm und gehörte zuletzt zur Flotte der schwedischen Gesellschaft Transjet, die 2002 bankrott ging. Einige Jahre später kam dem Unternehmer Oscar Diös, der in Uppsala eine Jugendherberge betreibt, zu Ohren, dass der ausrangierte Flieger zum Verkauf stehe. Diös hatte schon lange den Plan, eine Budget-Alternative zu den hochpreisigen Airport-Hotels zu schaffen. Und so war die Idee zu einer wirklich außergewöhnlichen und nicht zu teuren Unterkunft am Flughafen geboren.

Zuvor mussten allerdings noch etliche Genehmigungen eingeholt, der Umbau geplant und ein geeigneter Platz gefunden werden. Letzteren bekam der Jumbo-Jet Anfang 2008. Seitdem steht er – auf einem Betonfundament und mit einem stählernen Treppenhaus versehen – direkt am Eingang des Arlanda Airport. Damit hat der Flughafen eine neue Landmarke gewonnen, die von jedem gut zu sehen ist, der per PKW oder Bus auf den Flughafen zufährt.

Nächtigen im Cockpit

Auch ein Frühstückssaal befindet sich an Bord

Nach der Entkernung des 450-Sitze-Fliegers und dem Umbau nach allen gesetzlichen Vorschriften hinsichtlich Isolation, Energie- und Sicherheitsstandards, konnte Jumbo Stay Anfang 2009 den Betrieb aufnehmen. Angeboten werden 33 kleine (ca. 6 m^2) Zimmer, viele davon mit vier Etagenbetten. Insgesamt gibt es Platz für 76 Gäste. Die etwas luxuriöseren Zimmer befinden sich im oberen Flugdeck, so z. B. die Cockpit Suite mit eigenem Bad und WC. Die Zimmer sind modern ausgestattet und überall im Flieger gibt es WLAN-Empfang.

Im Café serviert das in Fluguniform gekleidete Personal das Frühstück stilecht auf Airline-Tabletts, tagsüber ist es auch für auswärtige Besucher geöffnet. Man muss also nicht unbedingt im Jumbo Stay übernachten, um diese originelle Unterkunft von innen sehen zu können. Seit 2013 werden sogar „Exkursionen" angeboten, bei denen die Gäste einen der Flügel des Jumbo-Jets begehen dürfen.

Info

Långholmen Hotell & Restaurang 79a
Hinkommen: U-Bahnstation Hornstull, Buslinien 40, 54, 66
Information: Långholmsmuren 20, Tel. 08 720 850 0, www.langholmen.com.

Jumbo Stay 79b
Hinkommen: Der freie Shuttle-Bus ALFA, der von 5–24 Uhr im 15-Minuten-Takt die Terminals miteinander verbindet, hält auch am Jumbo Stay.
Information: Jumbovägen 4, Airport Stockholm Arlanda, Tel. 08 593 604 00, www.jumbostay.com.

80 Die erste Adresse: Grand Hôtel Stockholm

Die Bezeichnung „Grand Hôtel" hat heute immer noch Strahlkraft und weckt gewisse Erwartungen, auch wenn sich theoretisch jedes Hotel so nennen darf: Ein Grand Hôtel steht an markanter Stelle, zeichnet sich durch eine repräsentative Innen- und Außenarchitektur aus, kann auf eine lange Tradition als Edelherberge mit eine ebenso langen Liste illustrer Gäste verweisen und bietet eine exquisite Küche.

Das **Grand Hôtel Stockholm**, die große alte Dame der Stockholmer Hotellerie, erfüllt all diese Kriterien. Zudem weist es noch ein zusätzliches Extra auf: die Aussicht! Wer hier in einem der nach vorne gelegenen Zimmer nächtigt, blickt über das Gewimmel von Fähren, Ausflugsbooten und Kreuzfahrtschiffen geradewegs auf das Königliche Schloss und die Altstadt, sieht im Hintergrund die aufragenden Fassaden von Södermalm, zur Rechten Oper, Reichstag und Stadthaus, sowie zur Linken das Nationalmuseum. Einen noch zentraleren Punkt mit einer noch repräsentativeren Nachbarschaft und einer noch schöneren Aussicht zu finden, ist unmöglich.

Die **Geschichte** des Grand Hôtel Stockholm beginnt im Jahr 1874. Damals beauftragte man den in Schweden lebenden Franzosen Jean-François Régis Cadier mit dem Bau einer repräsentativen Nobelherberge, die den höchsten internationalen Ansprüchen genügen sollte. Als Architekt stand ihm Axel Kumlien zur Seite, der zusammen mit seinem Bruder Hjalmar damals führend an der Konzeption der großen Stockholmer Boulevards beteiligt war (S. 106). Im Frühsommer 1874 bezogen die ersten Gäste das Hotel und schnell verbreitete sich sein Ruf über die Landesgrenzen hinaus. Schnell zeigte sich, dass das Grand Hôtel zwar für schwedische Verhältnisse ein nobles „Großhotel" war, aber eben nicht groß genug. Deshalb wurde 1889 der benachbarte Bolinderska-Palast angeschlossen, der sich auch heute noch durch Dekor und Farbe vom eigentlichen Hotel absetzt. Damit war Platz auch für größere Veranstaltungen. 1901 z. B. wurde hier das erste Bankett zur **Verleihung der Nobelpreise** ausgerichtet, eine Tradition, die bis zum Jahre 1929 anhielt, als die Feierlichkeiten in das Stadthaus umzogen. Den Rahmen für diese und andere Veranstaltungen bildete der wunderbare Spiegelsaal. Aber auch heute noch nächtigen die Nobelpreisträger und ihre Begleitung im Grand Hôtel. Traditionell werden sie am 13. Dezember mit Kaffee und Safran-Gebäck geweckt, während ein Mädchen-Chor Santa-Lucia-Lieder singt. Der Flügel Grand Hôtel Royal wurde in den 1930er-Jahren zu einer weltweit bekannten Adresse für Jazz-Liebhaber, die während der legendären Konzerte des Thore-Ehrling-Orchesters die Nacht durchtanzen konnten – in Smoking und Ballkleid, versteht sich.

Gediegen, stilvoll, elegant: im Grand Hôtel

Imposant: das Grand Hôtel Stockholm

Größere bauliche Veränderungen in der hoteleigenen Geschichte waren 1909 der Anbau des Flügels **Grand Hôtel Royal**, dessen Prunkstück der herrliche **Wintergarten** ist. 1926 gestaltete der Architekt Ivar Tengbom die lange Hauptfassade zu ihrem heutigen Aussehen mit der rosa Farbgebung und dem grünen Dach um. Ein anderer Flügel, der sog. **Burmanska Palast**, wurde 2006 mit den anderen Gebäuden verbunden. Das Fünf-Sterne-Hotel, das den Titel „Königlicher Hoflieferant" trägt, gehört seit 1968 der berühmten Finanz-Familie Wallenberg.

An Übernachtungsmöglichkeiten bietet das Hotel derzeit 269 Zimmer und 31 Suiten, darunter auch die von Staatsoberhäuptern und Nobelpreisträgern bevorzugte „Princess Lilian Suite", mit 330 m² eine der größten Penthouse-Suiten, die je in einem europäischen Hotel gebaut wurden. Spektakulär ist auch die Wellness-Abteilung „Nordic Spa & Fitness Club", die nicht nur u. a. Saunas und Pools bietet, sondern auch eine grandiose Aussicht über die Stadt. Wenn ein amerikanischer Präsident zu Besuch ist kann es schon mal passieren, dass das Hotel für die Allgemeinheit komplett geschlossen wird.

Information: Grand Hôtel Stockholm, Södra Blasieholmshamnen 8, Tel. 08 679 350 0; www.grandhotel.se. Bei Buchung sollte man trotz der höheren Tarife Zimmer „mit Hafenblick" wählen. In dieser Kategorie kostet ein Standarddoppelzimmer umgerechnet ca. 400–800 €, eine Suite ca. 1.000–1.500 € und die Princess Lilian Suite ca. 8.000 €!

Buchtipp: Lennart Jarnhammar: Grand Hôtel Stockholm, Stockholm 1998 (schwed./engl.). Der großformatige Prachtband (197 Seiten) erschien zum 125. Jubiläum des Hotels und berichtet u. a. vom Aufenthalt diverser prominenter Persönlichkeiten im Grand Hôtel. Man kann ihn im Shop des Hotels erwerben.

Info

Shoppen und Ausgehen

barista
FRAPPISTA

81 Stockholmer Nachtleben

In den letzten Jahren hat sich Stockholm immer mehr als Party-Queen herausgeputzt. Egal, ob im Sommer oder Winter, die Hauptstädter stürzen sich gerne und oft ins quirlige Nachtleben, wobei es die Schönen, Jungen und Reichen eher nach Östermalm zieht, während man es in den Pubs in Södermalm entspannter und rustikaler mag.

Bei mehreren hundert **Bars** stehen die Chancen gut, dass jeder eine passende findet. Ob die **Spy Bar** am Stureplan dazu gehört, bleibt fraglich, denn dieser vielleicht bekannteste Nachtclub des Landes ist der Teffpunkt in- und ausländischer VIPs. Nach 1 Uhr brechend voll, gespielt wird aktuelle Club-Musik.

Weniger heiß, im Gegenteil: Wirklich unterkühlt ist die Atmosphäre der **Absolut Icebar**, die sich nahe dem Bahnhof im Nordic Sea Hotel befindet. Der Clou: Die Temperatur beträgt nur 7 °C – minus! Die gesamte Inneneinrichtung bis hin zu den Gläsern besteht komplett aus nordschwedischem Eis. Besucher, die den (hohen) Eintritt zahlen, bekommen arktistaugliche Kleidung für das coole Vergnügen.

Nicht Minusgrade, sondern die Aussicht ist das große Plus der Södermalm-Bar **Himlen**. Das Hochhaus Skatteskrapan wurde 1959 eingeweiht und beherbergte einst das Finanzamt. 2007 setzte man zwei Etagen (den 25. und 26. Stock) auf den „Wolkenkratzer", die nun ein sehr gutes Restaurant und ganz oben die Skybar beherbergen. Klar, dass bei 104 m Höhe die Aussicht atemberaubend ist, aber auch sonst stimmt die Atmosphäre bis in die frühen Morgenstunden. Wer nicht im Restaurant essen möchte, kann in der Bar ein einfacheres „Loungemeny" zu sich nehmen.

Eine der ungewöhnlichsten Ausgeh-Adressen ist das Östermalmer Unikum **Berns**. Am Berzelii-Park prunkt das in den 1860er-Jahren ein-

Im kurzen Sommer verlagert sich das Nachtleben nach draußen

geweihte Etablissement außen wie innen in den Formen der Belle Époque, in der man es mit Veranda, Prunk-Lüstern und prächtigen Salons ausbaute. Heute umfasst das Berns ein Boutique-Hotel, zwei Restaurants, mehrere Bars und Nachtclubs. An den Wochenenden sind Lounge und Terrasse stets gut gefüllt, meist wird Soul, Blues, elektronische Musik und Hip-Hop gespielt, aber auch die Livekonzerte können auf eine lange Tradition zurückblicken. U. a. trat hier schon Bob Dylan auf.

Jazz

Stockholm hat eine lange Tradition in Sachen Jazz. Und auch wenn das Genre ein wenig aus der Mode gekommen ist, gibt es im Sommer in vielen Open-Air-Clubs und ganzjährig in etlichen Kneipen Livejazz zu hören. Zwei Adressen sollte sich jeder Jazz-Liebhaber merken:

Stampen: 1968 eröffnet, ist dieser Jazz-Pub in der Altstadt eine Stockholmer Institution, in der die Zeit seit 50 Jahren stehengeblieben scheint. Früher traten hier Größen wie Dizzy Gillespie oder Dexter Gordon auf, heute wird täglich Swing, Dixie, New Orleans-, Chicago-Jazz, Blues oder Rock'n'Roll vor einem vorwiegend älteren Publikum gespielt. Samstags trifft man sich zu den legendären Blues-Jams.

Jazzklubb Fasching: Der 1977 gegründete Jazzclub in der City gilt zu Recht als der wichtigste Schwedens. So gut wie jeder nationale und internationale Star des Genres (dessen Grenzen hier nicht allzu eng gefasst werden) trat und tritt während seiner Skandinavien-Tour im Fasching auf. Auch beim alljährlichen Stockholm-Jazz-Festival spielt der Club eine wichtige Rolle. Samstags wird ab 24 Uhr vorwiegend Soul der 1960/70er gespielt.

Tipp

Früher Start spart Geld und Zeit!

Freitags und samstags, z. T. auch donnerstags, bilden sich vor vielen Clubs lange Schlangen. Die Türsteher entscheiden gerade bei den schicksten Adressen (z. B. am Stureplan) nach Lust, Laune und Outfit, und oft wird ab Mitternacht noch zusätzlich Eintritt erhoben. Möchte man langes Anstehen vermeiden, sollte man früher als der Rest starten. Da es in vielen Clubs auch ein Restaurant gibt, bietet es sich an, das gesparte Eintrittsgeld in ein Abendessen zu investieren. Über das aktuelle Programm informiert u. a. die kostenlose Broschüre „What's on"?
Achtung: Für Diskos, Nachtclubs und Bars gilt oft ein Mindestalter von 20, 23 oder gar 27 Jahren.

Info

Spy Bar, Birger Jarlsgatan 20, www.thespybar.com. Mi–Sa 23–5 Uhr, Eintritt Mi/Do SEK 120, Fr/Sa 180. Mindestalter 23 Jahre. 81a
Absolut Icebar, Nordic Sea Hotel, Vasaplan 4, www.icebarstockholm.se; So–Do 16.30–24, Fr/Sa 15.45–1 Uhr, im Sommerhalbjahr jeweils ab 11.15 Uhr geöffnet, Eintritt SEK 199 bei Online-Buchung, ansonsten SEK 215, Kinder (3–17 J.) SEK 99. 81b
Himlen, Skatteskrapan, Götgatan 78, www.restauranghimlen.se. Mo 11.30–24, Di–Do 11.30–1, Fr 11.30–3, Sa 12–3 Uhr. 81c
Berns, Berzelii park, www.berns.se. Der Große Salon ist nur während diverser Events geöffnet, die Terrasse Fr/Sa 21–3 Uhr, die Clubs „Neu" und „Le!" Fr/Sa 23–4 Uhr, Eintritt SEK 150, Mindestalter 23 Jahre. 81d
Stampen, Stora Nygatan 5, www.stampen.se; Di–Fr und So 17–1, Sa 14–1 Uhr, Mo geschl. 81e
Jazzklubb Fasching, Kungsgatan 63, www.fasching.se. So–Do 18–24, Fr/Sa 18–4, Konzertbeginn 20/21 Uhr, Eintritt je nach Veranstaltung unterschiedlich. 81f

82 Kaufhäuser mit Tradition: NK & Åhléns

In vorzüglicher Lage, die Schauseite dem prächtigen Kungsträdgården (S. 126) zugewandt, erhebt sich das Warenhaus **Nordiska Kompaniet** 82a, kurz: **NK**. 1915 eröffnet, streitet es sich seither mit dem 1894 gegründeten Magasin du Nord in Kopenhagen um das Etikett „größtes Kaufhaus Skandinaviens". Das Gebäude des Architekten Ferdinand Boberg beeindruckt durch seine Fassade mit **Jugendstilelementen** und dem vergoldeten Logo. Das architektonische Konzept ist von der Galeries Lafayette in Paris (1893), Harrods in London (1903) und KaDeWe in Berlin (1905) inspiriert; das Interieur mit Marmor und Messing erstreckt sich über vier Etagen, die um einen glasgedeckten Innenhof angeordnet sind.

Von Anfang an war das NK sowohl technisch innovativ (z. B. mit der ersten Rolltreppe Schwedens) als auch **Trendsetter** für Mode und Wohnen. Einige berühmte schwedische Designer konnten es als Karriere-Sprungbrett nutzen. Die Zeiten mit Filialen u. a. in Sankt Petersburg, Moskau und Buenos Aires sind vorbei, heute gibt es nur noch zwei Häuser: das in Stockholm (jährlich ca. 12 Mio. Besucher) und das in Göteborg. Zusammen beschäftigen sie ca. 1.200 Angestellte.

Der Schwerpunkt des **Sortiments** liegt auf Mode, Designerstücken, Haushaltsgeräten etc. und richtet sich an gut situierte Bürger. Für Touristen besonders interessant ist das Untergeschoss mit seinem Angebot an typisch schwedischem Glas-, Kristall- und Kunsthandwerk. Auch das **kulinarische Angebot** ist durchweg gut: Im obersten Stock offeriert der historische Speisesaal Bobergs Matsal nicht nur gutes Essen, sondern auch die originale Atmosphäre von 1915. Die Nordische Kantine, die Gartenbar und die exquisite Gaston Wine Bar sind ebenfalls in der 4. Etage untergebracht. Im Erdgeschoss stehen einige Cafés und Eiscafés zur Verfügung, im Keller gibt es neben der NK-Konditori (mit guter Schokolade) den **Delikatessen-Markt** NK Saluhall – perfekt für ein Mittagessen oder als Takeaway für ein Picknick und 2018 erheblich erweitert und modernisiert.

Shopping-Erlebnis im NK

Mord im NK

Am 10. September 2003 wurde im NK die damalige schwedische Außenministerin **Anna Lindh** Opfer eines Messer-Attentats und starb am darauf folgenden Tag.

Nur wenige Hundert Meter vom NK entfernt liegt **Åhléns City** 82b, das im Vergleich ein preiswerteres, aber weniger ausgefallenes Sortiment hat. Die Geschichte der Firma begann 1899, als die Unternehmer Johan Petter Åhlén und Erik Holm im schwedischen Dalarna ein Postversandhaus gründeten, dessen erster Renner ein Bild des schwedischen Königs war. Mit zunehmendem Erfolg zog man 1915 nach Stockholm um, wo auf Södermalm ein riesiges Kaufhaus entstand. Auf Reisen in die USA bekam Åhlén die Idee, eine Supermarktkette mit einheitlichen und günstigen Preisen zu starten. 1964 wurde Åhléns City als neues Flaggschiff

Jugendstilfassade der Nordiska Kompaniet

der Kette eingeweiht. Derzeit gibt es 75 schwedische Filialen (Åhlénshus genannt), davon 15 in Stockholm. Zusammen mit den 22 in Norwegen und mit insgesamt 80 Mio. Kunden im Jahr stellt Åhléns die größte **„klassische" Warenhauskette** in Skandinavien dar.

Das Paradehaus auf der Klarabergsgatan (Architekt: Backström & Reinius) zeichnet sich durch eine 130 m lange und vier Etagen hohe Backsteinfassade mit weißen Querstreifen und wenig Reklame aus. Zur Klarabergsgatan hin wird die Front von einer großen Kupferuhr dominiert, die das Namenslogo (in echtem Blattgold!) trägt. Das auf 20.000 m^2 ausgebreitete **Sortiment** konzentriert sich auf die Bereiche Mode, Schönheitspflege, Haushaltswaren, Design, Glas und Medien.

Auf den diversen Etagen gibt es selbstredend auch ein breitgefächertes **kulinarisches Angebot**, in manchen Fällen haben die Restaurants auch längere Öffnungszeiten. Auf dem 240 m^2 großen Torget sind mehrere Cafés versammelt, auf der 2. Etage befindet sich ein empfehlenswertes vegetarisches Restaurant und im obersten Stock der gute Italiener Pane fresco mit Pasta, Pizza, Salaten sowie Fleisch- und Fischgerichten.

Info

Nordiska Kompaniet
Hinkommen: U-Bahnstation Kungsträdgården, Bus-Linien: u. a. 2, 65, 96
Information: Nordiska Kompaniet (NK), Hamngatan 18–20, Tel. 08 762 800 0, www.nk.se/stockholm; Mo–Fr 10–20, Sa 10–18, So 11–17 Uhr; Bobergs Matsal Mo–Fr 11–15, Sa 12–17 Uhr.

Åhléns City
Hinkommen: U-Bahnstation T-Centralen, Bus-Linien: u. a. 54, 57, 69 (Haltestelle Sergels torg)
Information: Åhléns City, Klarabergsgatan 50, Tel. 08 676 600 0, www.ahlens.se; Mo–Fr 10–21, Sa 10–19, So 11–19 Uhr; im Kaufhaus befindet sich auch eine **Touristeninformation** (2. Stock).

83 Swedish Design

Tipp

Design-Messe „Formex“ und „Stockholm Design Week“

Halbjährlich findet in Stockholm Mitte Januar und Mitte August mit **Formex** Skandinaviens größte Messe für Möbel, Innenarchitektur und Design statt. Bei rund 850 Ausstellern können sich die 25.000 Besucher dann über neue Trends informieren, Ware kaufen oder bestellen und der Verleihung des renommierten Nova Award beiwohnen. Ausstellungsort ist Stockholms Mässan, Mässvägen 1, Älvsjö. Der Messe folgt Anfang Februar die **Stockholm Design Week** mit Ausstellungen, interaktiven Experimenten und Aktionen im gesamten Stadtgebiet. Parallel dazu gibt es die **Stockholm Furniture Fair & Northern Light Fair**. Zusammen bieten sie einen Anlass, Stockholm zu einer touristisch eher ungewöhnlichen Zeit zu besuchen. Infos: www.formex.se & www.stockholmdesignweek.com.

Der Ruhm des schwedischen Möbel- und Produktdesigns rührt aus den 1920er-Jahren her, als die klaren und einfachen, gleichzeitig aber benutzerfreundlichen Formen weltweit bekannt wurden. Ab den 1990er-Jahren stieß schwedisches Design erneut auf internationales Interesse. Da liegt es nahe, sich während eines Stockholm-Aufenthalts auch in den Stammhäusern der bekannten Manufakturen umzusehen. Eine Konzentration von Studios und Showrooms aufstrebender Designer findet sich im Westen Södermalms, wo seit 2009 ein ganzes Quartier als „**STHLM Design District**“ firmiert – mit rund 30 Firmen, in denen u. a. Textilien und Möbel gestaltet werden.

Geht es um die schon weltweit etablierten Designstücke und Klassiker, sollte man allerdings eher Östermalm aufsuchen. Etwa den mondänen Strandvägen, wo die 2018 renovierte **Malmstenbutiken** seit 1940 Originale und Repliken des Möbeldesigners Carl Malmsten (1888–1972) verkauft, daneben auch moderne Möbel, Kunsthandwerk und Dekoartikel. Unmittelbar nebenan residiert seit 1927 die Firma **Svenskt Tenn**. Ursprünglich bekannt geworden durch ihre Zinn-Produkte (*tenn* = Zinn), wurde das Sortiment bald schon um Möbel und Einrichtungsgegenstände erweitert. Vor allem die Klassiker des schwedisch-österreichischen Architekten und Designers Josef Frank ziehen viele Besucher hierhin, auch wenn sich die wenigsten die Originale leisten können. Dafür gibt es aber eine Souvenirabteilung mit Glas- und Töpferwaren jüngerer Kunsthandwerker sowie einen Teesalon mit leichten Gerichten.

Nur einige Gehminuten entfernt, kann man sich in der Fabriksbutik des westschwedischen Unternehmens **Kasthall** umschauen. 1889 gegründet, war Kasthall die erste Teppichfabrik des Landes. Internationale Berühmtheit erlangte sie mit ihren robusten Teppichen und Läu-

Design von Svenskt Tenn

fern im zeitgenössischen Design, z. T. handgewebt und stets von höchster Qualität.

Populär wie nie: Swedish Design (Swedish School of Textiles)

Wiederum nur einen Katzensprung entfernt lockt an der Birger Jarlsgatan die rostrote Fassade der Firma **Norrgavel** Freunde **zeitgenössischen Möbeldesigns** an. Inhaber und Chefdesigner Nirvan Richter stellt im Flagshipstore seine teils minimalistischen, aber immer komfortablen und mehrfach preisgekrönten Möbel aus. Sehenswert sind allein schon die 7 m hohen Schauräume, die einst Strindbergs Intima Teater, später u. a. ein Kino und den legendären Rockclub Gino beherbergten. Einen Block weiter nördlich, an der Ecke Riddargatan und Nybrogatan, bietet die **Nordiska Galleriet** ein breites Spektrum an zeitgenössischen Designermöbeln, Deko- und Einrichtungsgegenständen, wobei das Angebot nicht auf schwedische Produkte beschränkt ist. Vor allem der dänische Möbelhersteller Fritz Hansen ist hier mit einem eigenen, großen Showroom vertreten.

Über 60 schwedische Designer präsentiert das **Design House Stockholm**, ein Label, das mehrere Shops in Schweden, aber auch in Frankfurt, London oder San Francisco unterhält. Das Flaggschiff des Unternehmens hat seit einiger Zeit seine Räumlichkeiten im Kaufhaus NK (S. 194) und ist die beste Adresse, wenn man einen Überblick über zeitgenössische schwedische Möbel, Glaswaren, Porzellan, Stoffe etc. erhalten möchte.

Info

Malmstenbutiken, Strandvägen 5B, www.malmsten.se; Mo–Fr 10–18, Sa 10–16, So 12–16 Uhr, im Sommer So geschlossen 83a

Svenskt Tenn, Strandvägen 5, www.svenskttenn.se; Mo–Fr 10–18.30, Sa 10–17, So 11–16 Uhr, im Sommer Mo–Fr 10–18, Sa 10–16 Uhr

Kasthall, Ingmar Bergmans gata 4; www.kasthall.se; Mo–Fr 10–18, Sa 10–16 Uhr 83b

Norrgavel, Birger Jarlsgatan 27, www.norrgavel.se; Mo–Fr 10–18, Sa 10–16, So 12–16 Uhr (im Sommer So geschl.)

Nordiska Galleriet, Nybrogatan 11, www.nordiskagalleriet.se; Mo–Fr 10–18, Sa 10–17, So 11–16 Uhr

Design House Stockholm at NK Stockholm, Hamngatan 18–20 (Erdgeschoss), www.designhousestockholm.com; Mo–Fr 10–20, Sa 10–18, So 11–17 Uhr

84 Shoppinggalerien in der City

Man muss nicht unbedingt den Weg zur hypermodernen Mall of Scandinavia (S. 119) oder zum Einkaufszentrum Täby Centrum auf sich nehmen. Denn zum Shoppen bietet die Stockholmer Innenstadt viele lohnende Alternativen.

Der exklusivste Einkaufstempel ist gleichzeitig einer der ungewöhnlichsten: die **Sturegallerian** in Östermalm. Vom Stureplan aus ist nicht zu erkennen, dass sich hinter der Fassade aus dem 19. Jh. ein verschachtelter Komplex verbirgt, der sich bis zur Grev Turegatan erstreckt. Dort, wo sich früher Hinterhöfe aneinanderreihten, bummeln nun finanzkräftige Kunden durch die verschiedenen, durch Rolltreppen miteinander verbundenen Ebenen, besuchen Juweliere oder hochpreisige Boutiquen. Einzigartig ist die Verbindung mit dem Sturebad, einer wahren Jugendstilperle (S. 180). Der Sturehof, ein Großrestaurant und Fischmarkt, bildet ebenso einen eigenständigen Bereich innerhalb des Einkaufszentrums wie der Nachtclub und VIP-Treff Sturecompagniet. Besonders schön sind die Restaurants und Bars in der Galerie, die mit ihrer Innenarchitektur Pariser Eleganz der Belle Époque widerspiegeln. Allen voran Tures Brasserie & Bar und Grand Escalier, das über einen wunderbaren Innengarten verfügt.

Wenige Gehminuten entfernt bildet die **Birger Jarlspassagen** eine Querverbindung zwischen Birger Jarlsgatan und Smålandsgatan. Man muss aufpassen, dass man den Eingang nicht verpasst, denn dieser glasgedeckte Promenierweg ist Stockholms kleinste Galerie. Ihre Geschäfte gehören zur Luxusklasse, was aber keinen von einem Bummel abhalten sollte. Denn die bereits 1897 eröffnete Passage zählt mit ihren dekorierten Holzpaneelen und der indirekten Beleuchtung sicher zum Edelsten, was Stockholm diesbezüglich zu bieten hat.

Die größte innerstädtische Mall Stockholms ist **Gallerian**. Ihr Angebot deckt ein breites Spektrum ab. Hier gibt es Geschäfte wie H&M, Esprit oder Media Markt. Große Pluspunkte sind die absolut zentrale Lage, die Vielzahl an Cafés und Restaurants sowie die **modernste Touristeninformation** der Stadt.

Edel: die Birger Jarlspassagen

Ebenfalls im Zentrum liegt die 2012 eröffnete Einkaufsgalerie **Mood Stockholm**, die einen ganzen Block einnimmt. Mit über 30 Geschäften und Boutiquen wendet sie sich an zahlungskräftigere Kunden, was zur direkten Umgebung der **exklusiven Einkaufsmeile Biblioteksgatan** passt. Doch auch hier gilt: Anschauen kostet nichts. Die Innenarchitektur ist stylish, mit vielen Plätzchen zum Ausruhen und einer überschaubaren Anzahl an Restaurants und Cafés. Von der dritten Etage hat man Zugang zum Dachgarten, der zwei moderne Holzhäuser trägt, die man als Minikonferenzräume mieten kann.

Doch auch in anderen Stadtteilen außerhalb des Zentrums kann man seine Shoppinglust ungehemmt ausleben. Z. B. auf Kungsholmen in der modernen **Västermalmsgallerian** (Fleminggatan/St Eriksgatan; www.vastermalmsgallerian.se) oder in der 2013 eröffneten Galerie **Hornstull** auf Södermalm (Långholmsgatan/Hornstullsgatan; www.hornstull.se). Recht zentrumsnah gibt es auf Södermalm nahe dem Medborgarplatsen die kleinere Galerie **Bruno Götgatsbacken**. Hier sind Boutiquen und schwedische Modeläden zu Hause, aber auch das populäre, asiatisch inspirierte Restaurang Ljunggren, dass sich abends manchmal in einen Club verwandelt, in dem die Nacht durchgetanzt wird.

Schöner Shoppen im Mood

Info

Sturegallerian 84a, Stureplan 4, www.sturegallerian.se; Mo–Fr 10–19, Sa 10–17, So 12–17 Uhr

Gallerian 84b, Hamngatan 37, www.gallerian.se; Mo–Fr 10–20, Sa 10–18, So 11–18 Uhr

Mood Stockholm 84c, Regeringsgatan 48 / Norrlandsgatan 13, www.moodstockholm.com; Mo–Fr 10–19, Sa 10–18, So 11–17 Uhr

Bruno Galleria Götgatsbacken 84d, Götgatan 36, www.brunogotgatsbacken.se; Mo–Fr 11–19, Sa 11–18, So 12–17 Uhr

85 Hipper Shopping-Distrikt: SoFo

Es ist kein Zufall, dass man den Namen des Södermalm-Quartier südlich der Folkungatan, also „Söder om Folkungagatan“, zu „SoFo“ abgekürzt hat. Offensichtlich stand hier „SoHo“ Pate, jenes New Yorker Viertel „South of Houston Street“, das weithin als Szene-Hotspot gilt.

Bunt ist Trumpf im Coctail

Noch vor 15 Jahren hätte wohl kaum ein Tourist seine Füße in diese Gegend gelenkt, in der nicht nur nichts los, sondern das zudem auch wenig ansehnlich war. Seitdem sich in SoFo aber – zunächst der niedrigen Mieten wegen – Künstler, Designer und sonstige kreative Köpfe niedergelassen haben, boomt das Quartier. Heute ist es ein geeignetes Ziel für alle, die auf der Suche nach ungewöhnlichen Shops, Retro-Artikeln, unabhängigen Modelabels, Avantgardekunst und coolen Clubs sind.

Ein geeigneter Startpunkt für eine Shoppingtour durch SoFo ist die U-Bahnstation Medborgarplatsen. Hier kann man sich in den Cafés oder der Markthalle mit einem Frühstück oder – etwas deftiger – zur Mittagszeit in der **Kultkneipe Kvarnen** (Tjärhovsgatan 4) stärken. Unterwegs sollte man einen Blick in den witzigen Hutladen **Hattbaren** (Götgatan 39) werfen, der bereits seit 1917 vor Ort ist. Dann geht's ins eigentliche SoFo, am besten über die Götgatan bis zur Folkungagatan und auf dieser nach links bis zur Södermannagatan.

Auf dieser quert man als nächstes die Bondegatan, wo das kleine Ladenlokal **Coctail** mit quietschbunten Deko- und Kitsch-Artikeln aufwartet (Nr. 34). Auch gibt es weitere Shops mit Produkten aufstrebender Designer. Nur einen Steinwurf entfernt, auf der Södermannagatan selbst, ist **Grandpa** (Nr. 21) eine vor allem bei männlichen Shoppern sehr angesagte Adresse für aktuelle Mode und Schuhe. Auch dieser Laden konnte expandieren, u. a. mit einer Filiale auf Kungsholmen (Fridhemsgatan 43). Wer stilvolle Second-Hand-Ware mag, sollte in der folgenden Querstraße Skånegatan die **Stadsmission** (Nr. 75) aufsuchen, wo es bei Möbeln, Haushaltswaren und Textilien so manches Schnäppchen gibt, mit deren Kauf man übrigens die Stockholmer Obdachlosenhilfe unterstützt.

Hier ist man bereits an der Ecke zur Nytorgsgatan und dem gegenüberliegenden Platz Nytorget. Die Straße lohnt einen Bummel mit ihrer Konzentration von Cafés, Restaurants und weiteren avantgardistischen Modeläden.

Südlich vom Nytorget setzt sich der SoFo-Distrikt mit einer Anzahl interessanter Geschäfte fort. Hier haben sich auffällig viele Hairstylisten niedergelassen. Da ist es ganz passend, dass einer der Plätze in SoFo den Namen **Greta Garbos torg** trägt; vor ihrer Filmkarriere arbeitete „die Göttliche" hier in einem Friseursalon.

Nach einem Bummel kann man am Platz Nytorget eine Pause einlegen

Info

Essen & Trinken: In SoFo herrscht wirklich kein Mangel an Cafés und Restaurants, auch manche Geschäfte sind mit einem Café kombiniert. Zwei Tipps für eine Stärkung während oder nach der Shoppingtour:

Nytorget Urban Deli, Nytorget 4, www.urbandeli.org; So–Do 8–24, Fr/Sa 8–1 Uhr. Delikatessenmarkt, Restaurant, Café, Bar – ein guter Platz also für alle Gelegenheiten zwischen Frühstück und Absacker.

Restaurant Pelikan, Blekingegatan 40, Tel. 08 556 090 92, www.pelikan.se; tgl. 17–24, Fr/Sa bis 1 Uhr. Das Pelikan ist seit 1733 eine Institution auf Södermalm mit herrlich-altmodischen Speisesälen und sehr guter, deftiger und dabei recht preiswerter schwedischer Hausmannskost.

Stora Gungan

Essen & Trinken: kulinarisches Stockholm

86 Eine der schönsten Markthallen weltweit: Östermalms Saluhall

Neben den Food Malls und Deli-Abteilungen der großen Kaufhäuser (allen voran NK, S. 194) offerieren in Stockholm auch einige Markthallen frische schwedische Leckereien und Spezialitäten aus aller Welt. Etwa die Hötorgshallen in der neuen City (S. 117) oder die Söderhallarna am Medborgarplatsen auf Södermalm (S. 51). Angeführt jedoch wird die Liste von der Östermalms Saluhall, auch Östermalmshallen oder kurz **Hallen** (die Halle) genannt. Die bekannteste und größte (und leider auch teuerste) der Stockholmer Markthallen schafft es regelmäßig in die Top-Ten-Listen internationaler Reisemagazine. Man findet sie am südwestlichen Teil des Östermalmstorg im Stadtteil Östermalm, an der Ecke Humlegårdsgatan-Nybrogatan.

Schon allein der Bau ist sehenswert: Die ca. 3.000 m² große Halle hat einen quadratischen Grundriss und einen erhöhten Mittelteil, was für Lichteinfall sorgt. Vier ungleiche Portale gewähren Einlass, wobei das schräg zum Östermalmstorg gelegene mit seinem Turm das eindrucksvollste ist. Außen verdeckt eine schön dekorierte Ziegelsteinfassade die komplizierte Gusseisenkonstruktion im Inneren, die für Schweden ein Novum darstellte. Die Architekten Isak Gustaf Clason und Kasper Salin hatten 1883–86 auf Reisen nach Deutschland, Italien und vor allem nach Paris die dortigen Markthallen und die neuen Möglichkeiten, mit Eisen monumentale Spannweiten zu schaffen, studiert. Mit dem Bau der Östermalmshallen schlossen sie bewusst an diese Vorbilder an, um einen modernen kulinarischen „Tempel" zu schaffen, der sowohl den Bedürfnissen der Gourmet-Köche als auch denen der ge-

Kulinarisches Paradies – Innenaufnahme vor dem Umbau 2016–19

Außenansicht

wöhnlichen Hausfrauen gerecht wurde. Es dauerte nur ein halbes Jahr, um den mächtigen Backsteinkomplex zu errichten. Ein Rekordwert, der nur durch den Einsatz von bis zu 500 Arbeitern gleichzeitig gelang. Am 30. November 1888 wurde die Halle im Beisein von König Oskar II. feierlich eröffnet, einen Tag später wurden die Tore für die Allgemeinheit geöffnet. Zeitgenössische Architekturkritiker rügten weniger das Gusseisen als vielmehr die exzessive Verwendung von Backstein. Dies umso mehr, als fast gleichzeitig in unmittelbarer Nähe auch der Königliche Hofstall (Kungliga Hovstallet, S. 41) und die Große Brauerei im selben Stil und mit den gleichen roten Ziegeln aus Börringe entstanden. „Schlachthausarchitektur" schimpften einige damals, während man sich heute einig ist, dass Östermalms Saluhall eines der schönsten schwedischen Ziegelsteingebäude des späten 19. Jh. ist.

Im Lauf der Zeit blieben von ehemals fast 40 nur noch 17 Händler übrig, die in hölzernen Pavillons ihre Waren feilbieten: Obst, Gemüse, Fleisch (u. a. Ren und Elch), Käse, Kaffee, Tee und vor allem frischer, geräucherter oder gebeizter Fisch sowie Schalentiere aus schwedischen Gewässern. Die in- und ausländischen Delikatessen können auch vor Ort verkostet werden. Fast alle Händler haben Stehtische, Sitzgelegenheit gibt es in einer Reihe von Restaurants, die z. T. einen eigenen Eingang zur Straße hin besitzen. Bis 2016 blieb das Innere nahezu unverändert, dann begannen die notwendigen Renovierungsarbeiten (bis Ende 2019). Um den Marktbetrieb in dieser Zeit aufrechtzuerhalten, wurde neben der Östermalms Saluhall eine temporäre Halle aufgebaut. Gleichzeitig wurde ein angrenzendes Gebäude in das Hotel Diplomat samt Restaurant und Cocktailbar umgewandelt, ein Ableger der Nobelherberge auf dem Strandvägen.

Info

Hinkommen: U-Bahnstation Östermalmstorg, Buslinie 54 (Östermalmstorg), 69, 76 (Nybroplan), 1, 2 (Stureplan).

Information: Östermalms Saluhall, Nybrogatan 31, Östermalmstorg, www.ostermalmshallen.se; Mo–Do 9.30–18, Fr 9.30–19, Sa 9.30–16 Uhr.

Essen & Trinken: **Lisa Elmqvist**, Östermalms Saluhall, Tel. 08 553 404 10, www.lisaelmqvist.se. Von der Marktfrau zum Königlichen Hoflieferanten: In der vierten Generation bietet das Familienunternehmen frischen Fisch und Schalentiere, selbstgeräucherte Delikatessen aus dem Meer (Lachs, Aal), alles frisch, lecker und ästhetisch serviert. **Nybroe Smørrebrød** Östermalms Saluhall, Tel. 08 662 23 20, www.nybroe.se. Der einzige Ort, an dem man original dänische Smørrebrød (belegte Brote) bekommen kann; mit den Klassikern Bornholmer Räucherhering, Roastbeef mit Remoulade oder warme Leberpastete mit Bacon. Und im Ausschank selbstverständlich Tuborg, Aquavit und Gammeldansk.

87 Typisch Schwedisch: Smörgåsbord, Fika, Kräftskiva

Smörgåsbord

Wie das dänische Pendant „Smørrebrød" hat es auch das schwedische **Smörgås** in den internationalen Sprachgebrauch geschafft, meist in Verbindung mit dem Smörgåsbord. Wörtlich genommen ist ein Smörgås nichts anderes als ein Butterbrot (eigentlich „Buttergans", weil früher die Butterflocken bei der Eigenherstellung an weiße Gänse erinnert haben sollen). Beim Smörgåsbord (bord = Tisch) werden viele der Beilagen zu einem kalten und warmen Büffet komponiert, bei dem Brot und Butter allerdings nur noch eine untergeordnete Rolle spielen. Beim klassischen Smörgåsbord startet man mit verschiedenen geräucherten und eingelegten Fischen, vor allem Lachs, Hering, Makrele und Aal. Dann wendet man sich den warmen Speisen wie Fleischbällchen mit Kartoffeln, Aufschnitt nebst Knäcke- und anderem Brot zu. Zum Abschluss gibt es Käse, Früchte und Kuchen. Üblicherweise ist solch ein Smörgåsbord für das Mittagessen (Frukost, Lunch) vorgesehen, zum Abendessen (Middag) wird meist noch eine Suppe o.ä. gereicht.

Weihnachtliches Smörgåsbord

Das typische kalt-warme Buffet kann man an vielen Stellen in Stockholm bekommen, oft in den Restaurants der Hotels. Aber auch im größten Restaurant innerhalb des Freilichtmuseums Skansen, dem **Solliden**, wird Juni bis Aug. tgl. 12–16 Uhr ein traditionelles Smörgåsbord angeboten (www.skansens restauranger.se; S. 75). In Södermalm ist das nicht nur gute, sondern auch relativ preiswerte Smörgåsbord des **Hotel Rival** 87 eine Empfehlung, das es jeden Sonntag gibt. Bekannt und beliebt ist auch das Smörgåsbord, das man im **Ulriksdals Wärdshus** ganzjährig zum Mittagessen aufbaut. Das wohl beste und umfangreichste, allerdings auch teuerste Smörgåsbord Stockholms offeriert die **Veranda** im Grand Hôtel sowohl mittags als auch abends, abgerundet mit dem hoteleigenen Aquavit. Längst nicht so ausladend, dafür aber mit dem einmaligen Ambiente des **Oldtimer-Schärenboots S/S Stockholm**, wird jeden Sa und So um 12 Uhr eine dreistündige Brunch-Kreuzfahrt angeboten, die vom Strandvägen (Kaiplatz 16) in die Schären und nach Vaxholm startet. Während der Tour richtet auf dem Schiff das **Taube Restau-**

rang ein solides schwedisches Smörgåsbord mit viel Lachs und Hering an (www.tauberestaurang.se und www.stromma.se).

Krebsessen

Kräftskiva

Wer sich im August in Stockholm aufhält, hat Gelegenheit, eine weitere kulinarische Tradition Schwedens live zu erleben: das alljährliche **Krebsfest** (Kräftskiva). Im privaten Kreis gehören ausreichend schwedische Fluss- bzw. Signalkrebse oder Meereskrebse (Havskräftor; dt.: Kaisergranat oder Scampi), Krebsmesser, Baguette, Zitrone, Dill, diverse Dips, Bier und Aquavit dazu, genauso wie eine ausgelassene Stimmung mit lustiger Deko und gemeinsamem Singen. Auch in vielen Restaurants (z. B. Den Gyldene Freden in Gamla Stan, Ulriksdals Wärdshus oder Sturehof am Stureplan), vor allem in der Altstadt, stehen dann die Krebse auf dem Speiseplan, wobei man hier das Zerlegen und Pulen der Schalentiere nicht unbedingt selbst erledigen muss.

Tipp

Kaffeepause: „Fika“

Auch wenn manche deutsche Ohren bei dem Wort erschrecken mögen, ist die Fika nichts anderes als die schwedische Tradition des Kaffeetrinkens. Das Fik ist der Ort, an dem man das tut, also z. B. ein Café, eine Konditorei, aber auch das Zuhause, die Kaufhaus-Cafeteria oder die Kantine. Eine genaue Definition der idealen Fika-Zeit gibt es nicht, doch spielt sich die vormittägliche Kaffeepause recht früh ab (Förmiddagsfika, gegen 10 Uhr), und das eigentliche Fika am frühen Nachmittag (etwa 14–15 Uhr). Entscheidend ist der soziale Charakter des Fika, das Zusammensein und Miteinander-Sprechen. Zum Kaffee (oder Tee bzw. Schokolade) nimmt man normalerweise sog. Bullar ein, Gebäck oder Süßes. Besonders nett ist die Kaffeepause natürlich in Cafés oder Konditoreien mit langer Fika-Tradition, von denen es in Stockholm eine ganze Menge gibt, z. B. die **Vetekatten** in der City (Kungsgatan 55, Mo–Fr 7.30–20, Sa/So 9.30–19 Uhr, www.vetekatten.se; mit Filialen in der Östermalms saluhall und im Kaufhaus Åhléns City) oder die **Tössebageriet**, die seit 1920 am gleichen Platz in Östermalm besteht (Karlavägen 77, Mo–Fr 7–18, Sa 9–17, So 9–16 Uhr; www.tosse.se).

Info

Essen & Trinken:
Hotel Rival, Mariatorget 3, Tel. 08 545 789 00 www.rival.se; jeden So 13–17.30 Uhr als Brunch-Buffet, SEK 325.
Ulriksdals Wärdshus, Ulriksdals Slottspark, Solna, Tel. 08 850 815, www.ulriksdalswardshus.se; großes Büffet „Ulriksdalsbordet“ Sa 11.30–16.30, So 12–16.30 Uhr, SEK 470.
Veranda, Södra Blasieholmshamnen 8, Tel. 08 679 350 0, www.grandhotel.se; Mai–Aug. Mo–Fr 12–15 u. 18–22, Sa/So, 13–16 u. 18–22, Sept.–April tgl. 18–22, Sa/So auch 13–16 Uhr; SEK 565.

Buchtipps: Wer sich selber an der schwedischen Küche versuchen möchte, dem seien folgende Bücher mit leckeren Rezepten, vielen Bildern, kleinen Geschichten und landeskundlichen Informationen empfohlen:
Margareta Schildt Landgren: **Das Schweden Kochbuch. Rezepte und Geschichten aus Margaretas Küche**. Gerstenberg Verlag 2013.
Hannah Widell / Amanda Schulman: **Schwedischer Inselsommer. Unsere Lieblingsrezepte**. Bassermann Inspiration 2015.

88 Die Crème de la Crème: Stockholms Zwei- und Drei-Sterne-Köche

In Stockholm ist in den letzten Jahren eine Generation innovativer Köche herangewachsen, die den Anschluss an höchstes internationales Niveau gefunden haben und dementsprechend ausgezeichnet wurden, z. B. mit zwei oder drei Sternen des Guide Michelin.

Frantzén* 88a**

Lange war das Frantzén bescheiden und unauffällig in einem historischen Haus in Gamla Stan untergebracht. Doch trotz seiner geringen Größe (maximal 16 Gäste) konnte sich das Feinschmeckerlokal bereits 2013 einen zwölften Platz auf der Liste „The World's 50 Best Restaurants" ergattern und bald darauf schon zwei Sterne im renommierten Guide Michelin. Der Aufstieg auf den kulinarischen Olymp gelang dann 2017 nach dem Umzug des Frantzén ins Zentrum nahe dem Hötorget. 2018 bekam der Gourmettempel des schwedischen Koch-Superstars Björn Frantzén als erster und einziger in Schweden drei Michelin-Sterne. Das Lokal ist auf drei Etagen eines Hauses aus dem 19. Jh. untergebracht. Nach dem Eintritt gelangt man in den mit Teppichboden ausgelegten Salon und gönnt sich einen Aperitif, bevor einem der Chefkoch das kulinarische Programm erklärt. Auf der zweiten Etage schließlich tafeln die maximal 23 Gäste, die Speisen werden am Tisch zubereitet und erklärt. Nach dem Mahl gibt es in der Lounge Digestif, Kaffee und Petits Fours.
Zum Fixpreis von 3.000 SEK werden zum Mittag- oder Abendessen jeweils 11 Gänge gereicht, hinzu kommen die gepfefferten Getränkepreise. Sechs Stunden sollte

Besonders feine Küche steht im Frantzén auf dem Plan

man für das extravagante kulinarische Abenteuer einplanen – und natürlich Monate im Voraus reserviert haben; angeblich stehen bis zu 30.000 Feinschmecker auf der Warteliste …

Oaxen Krog & Slip** 88b

Wer beim Namen „Krog" eine gemütliche, altmodische Gaststätte erwartet, sieht sich vom 2015 auf Djurgården eröffneten Oaxen Krog getäuscht. Das Restaurant ist in einer ehemaligen Kleinwerft untergebracht, mit großer Glasfront, Wellblechverkleidung und weitgehend modern gehaltener Inneneinrichtung mit maritimem Dekor. Die Inhaber, Magnus Ek und seine Frau Agneta Green, hatten 1994 ihren Krog auf dem Inselchen Oaxen im südlichen Schärengarten eröffnet, bevor sie in die Hauptstadt zogen. Das Haus ist unterteilt in den „Krog", der sich dem Fine Dining verschrieben hat, und den „Slip", ein Bistro mit einfacheren und preiswerteren Gerichten, Austern und Snacks. Durch Letzteres betritt man das Lokal und gelangt dann durch eine kleine Tür in den stilvollen, mit Eichenmöbeln ausgestatteten Speisesaal des „Krog". Bei der Küche des Krog liegt der Schwerpunkt auf frischen, regionalen Produkten wie Kräutern, Gemüse und Honig direkt von der Insel Djurgården (wo die Gaststätte eine eigene „Oaxen Farm" unterhält), Fisch und Schalentieren aus dem Schärengarten oder Lamm aus der Mälarsee-Region, die zu ambitionierten 10- bzw. 6-Gang-Menüs komponiert werden. Im Sommer sitzt man auf der Terrasse direkt am Wasser und kann bei herrlichem Ausblick und vorzüglichem Essen einen unvergesslichen Abend verbringen. Und wenn man gar nicht mehr fort möchte? Dann kann man in dem zum Oaxen gehörenden Hotelschiff Prince van Orangiën eine der komfortablen Kabinen beziehen.

Tolle Lage: das Oaxen Krog & Slip

Info

Frantzén, Klara Norra Kyrkogatan 26, Tel. 08 208 580, www.restaurantfrantzen.com; Do–Sa zum Abendessen, Mi–Sa zum Mittagessen geöffnet. 11-Gang-Menü SEK 3.000 (Weinbegleitung SEK 1.500).

Oaxen Krog & Slip, Beckholmsvägen 26, Tel. 08 551 531 05, www.oaxen.com. Di–Sa ab 18 Uhr (nicht später als 20 Uhr eintreffen). Im Krog 6-Gang-Menü SEK 1.900 (Weinbegleitung SEK 1.150), 10-Gang-Menü SEK 2.100 (Weinbegleitung SEK 1.300), im Slip Hauptgerichte SEK 145–370. Für ein Essen im Krog sollte man weit im Voraus reservieren, im Slip kann man auch auf gut Glück vorbeischauen.

89 Weitere Sterne und Haute Cuisine

Nach den Kriterien des Guide Michelin und anderer Gastro-Kritiker fallen mindestens zehn weitere der über 1.000 Stockholmer Restaurants in eine Kategorie, die größte Gaumenfreuden erwarten lässt. Erstaunlich an der Stockholmer Szene ist hierbei das oft junge Alter der Küchenchefs und ihrer Teams.

Eine Ausnahme stellt diesbezüglich der mit einem Michelin-Stern ausgezeichnete **Operakällaren** dar, der bereits seit 1787 für exquisite Küche steht. Sein Speisesaal aus dem 19. Jh. ist der wohl schönste aller Stockholmer Restaurants, mit original erhaltenen Malereien, Kristallleuchtern und vergoldeten Paneelen. Viele Berühmtheiten speisten und speisen hier, August Strindberg und Anders Zorn waren gar Stammgäste. Anders als in kleineren Gourmet-Restaurants hat man hier die Auswahl zwischen Menüs und à la carte, wobei der Maître de Cuisine, Alessandro Catenacci, für gleichbleibend höchste Qualität sorgt. Zum Opernkeller gehören noch zwei Bistros; anstelle von Fine Dining wird hier mehr Wert auf schwedische Hausmannskost gelegt. Doch auch die **Operabaren** ist von der Innenarchitektur her ein absoluter Genuss und im **Bakfickan** ist das Interieur aus dem Jahre 1962 ebenfalls original erhalten. Im Sommer wird das Ensemble durch eine Terrasse mit herrlichem Blick auf Kungsträdgården und Jakobskirche abgerundet.

Auf eine ähnliche Historie blickt das **Bistro Matbaren** zurück, ein populäres Sterne-Lokal im Grand Hôtel mit Gourmet-Snacks und mittelgroßen À-la-carte-Gerichten. Mathias Dahlgren hat 1997 als bislang einziger schwedischer Koch den Bocuse d'Or gewonnen und unterhält neben dem stilvoll-modern eingerichteten Matbaren das vegetarische Restaurant Rutabaga und die Bäckerei Green Rabbit.

Nicht weit entfernt, zwischen dem Humlegården und dem Stureplan, gibt es mit dem **Ekstedt** einen weiteren Vertreter der innovativen skandinavischen Haute Cuisine. Der aus Südschweden stammende Niklas Ekstedt und sein junges Team führen eine Bras-

Frischer Fisch ist ein Highlight der schwedischen Küche

serie, deren Einrichtung mit viel hellem Holz und ausschließlich schwedischen Materialien das kulinarische Programm widerspiegelt: bodenständig und trotzdem verfeinert, unter Verwendung lokaler und saisonaler Rohwaren, die über dem offenen Birkenholzfeuer geräuchert oder gegart werden. Sein Konzept bezeichnet Ekstedt als „Gegenteil der futuristischen Molekulargastronomie".

Als Newcomer bekam das ebenfalls nahe dem Humlegården gelegene **Volt** 2015 seinen ersten Michelin-Stern. In den hellen und zurückhaltend eingerichteten Räumen des von außen kaum erkennbaren Lokals werden kreative Menüs serviert, die preislich noch nicht ganz so abgehoben sind. Die Atmosphäre ist jung, locker und entspannt und das Essen: vorzüglich!

Weitere Stockholmer Gourmet-Lokale, die 2018 mit einem Michelin-Stern ausgezeichnet wurden, sind: **Gastrologik**, Artillerigatan 14 (www.gastrologik.se), **Sushi Sho**, Upplandsgatan 45 (www.sushisho.se), **Agrikultur**, Roslagsgatan 43 (www.agrikultur.se) und **Aloë**, Svartlösavägen 52 (www.aloerestaurant.se).

Köche bei der Arbeit

Info

Operakällaren, Operahuset, Karl XII:s torg, Tel. 08 676 580 0, www.operakallaren.se. Di–Sa 18–22 Uhr, 5-Gang-„Menu du Chef" SEK 1.300 (Weinbegleitung SEK 1.200). 89a

Mathias Dahlgren - Matbaren, Södra Blasieholmshamnen 6, Tel. 08 679 358 4, https://mdghs.se/matbaren. Mo–Fr 12–14, Mo–Sa 18–24 Uhr. À-la-carte-Gerichte SEK 145–795. 89b

Ekstedt, Humlegårdsgatan 17, Tel. 08 611 121 0, www.ekstedt.nu. Di–Do ab 18, Fr ab 17, Sa ab 16 Uhr, 5-Gang-Menü SEK 990. 89c

Volt, Kommendörsgatan 16, Tel. 08 662 340 0, www.restaurangvolt.se; Di–Sa 18–24 Uhr, 6-Gang-Menü SEK 885 (Weinbegleitung SEK 785), 4-Gang-Menü SEK 685 (Weinbegleitung SEK 585). 89d

90 Unter freiem Himmel

Im kurzen, aber intensiven schwedischen Sommer zieht es die Stockholmer nach draußen. Die Cafés, Bars und Restaurants bieten „Utesevering“ (wörtlich übersetzt: Außenservierung) und stellen wo immer möglich Sitzgelegenheiten nach draußen. Auf **Djurgården** etwa werden im **Rosendals Trädgårdscafé**, einem beliebten Gewächshaus-Café mit großem Garten, Bio-Delikatessen serviert, während man bei **Josefina** Cocktails und Sekt zum Sonnenuntergang schlürft oder im lauschigen Innenhof des Cafés **Blå Porten** Kuchen und Sandwiches genießt. Vor allem die Stadtteile Södermalm und Kungsholmen warten mit einer Reihe von lebhaften Open-Air-Lokalen auf.

Södermalm

Biergarten mit fantastischer Aussicht: Mosebacke

Da Södermalm der höchstgelegene Stadtteil Stockholms ist, verfügen die Biergärten oft über einen fantastischen Panoramablick, vor allem die am Nordufer der Insel. So etwa die zum Södra teatern gehörigen **Mosebacketerrassen**. An schönen Tagen ist hier viel los. Bier und andere Getränke holt man sich am „Ölkiosk“, bodenständige Gerichte am Grillstand. Alternativ stehen die Bars und Restaurants im Inneren zur Verfügung. Die Stimmung ist gut bis ausgelassen, oft wird Livemusik gespielt und später tobt die Party drinnen sowie auf den noch höher gelegenen Dachgärten oft bis in die tiefe Nacht. Ein weiteres beliebtes Gartenlokal ist das **Fåfängan restaurang** am östlichsten Punkt der Insel. Oberhalb der Anlegestelle für die Finnland-Fähren platziert, kann das Lokal mit einem herrlichen Blick auf Djurgården, den Sonnenuntergang und die ein- und auslaufenden Schiffe aufwarten. Eingerahmt von Linden und einem hübschen Park, sitzt man hier an Biertischen, genießt die Aussicht, das Leben im Allgemeinen und feiert den schwedischen Sommer. Für den Hunger gibt es rustikale Küche, in den Innenräumen auch im Winter (Sa/So) in Form eines guten Brunch-Büffets.

Zwischen Mosebacke und Fafängan lockt an der aussichtsreichen Fjällgatan oberhalb des Fotografischen Museums mit **Hermans** ein weiteres nettes Lokal mit Sommergarten: ein lauschiger Ort mit vegetarischem Büffet, Hängematten und tollem Blick. Allerdings handelt es sich nicht um einen Biergarten – in diesem Café wird kein Alkohol ausgeschenkt. Die Innenräume des Hermans sind auch in der kalten Jahreszeit geöffnet.

Auch im Süden Södermalms verlagert das Szenelokal **Trädgården** unter der Brücke der Hammarby-Schleuse seine Aktivitäten ab Mai nach draußen. Dann gibt es hier Partystimmung und Tanzvergnügen zu elektronischer Musik. Draußen wird Boule oder Tischtennis gespielt, drinnen gibt es Hamburger und im Restaurant **Växthuset** vegetarisches Essen bis 3 Uhr morgens. In den Kellergewölben finden Kunstausstellungen statt.

Kungsholmen

Auch auf Kungsholmen, auf der anderen Seite des Mälarsees, gibt es einige empfehlenswerte Adresse. An der Uferstraße Norr Mälarstrand sind besonders zwei nah beieinanderliegende Läden hervorzuheben. Zum einen der **Mälarpaviljongen**, eine viel frequentierte Location am Wasser mit großem Garten, eigenem Designshop, häufiger Livemusik (meist Jazz) und Restaurant, die ihren Gästen ein „regenbogenfarbenes Willkommen" bereitet. In diesem Sinne beschäftigt der Mälarpaviljongen immer auch Servicekräfte, die wegen ihrer sexuellen Orientierung aus ihrer Heimat fliehen mussten, z. B. aus Uganda. Und zum anderen die **Orangeriet**, ein herrliches Lokal mit großer hölzerner Terrasse, das ebenfalls direkt am Wasser liegt. Hier entspannt man bei fruchtigen Cocktails oder genießt die mediterrane Küche. Im Nordwesten der Insel ragt am **Kristinebergs Strand** die Bar **Piren** mit ihrer breiten Holzplattform in die Bucht Ulvsundasjön. Ganzjährig bekommt man hier vor allem gute Seafoodgerichte, und im Sommer genießt man den Sundowner auf der Terrasse mit Blick auf die Boote im Mälarsee.

Ein schöner Ort für einen Drink: das Lokal Orangeriet

Södermalm
Mosebacke Etablissment 90a, Mosebacke torg 1–3, Tel. 08 531 993 50, www.sodrateatern.com.
Fåfängan restaurang & café 90b, Klockstapelsbacken 3, Tel. 08 642 990 0, www.fafangan.se.
Herman 90c, Fjällgatan 23B, Tel. 08 643 948 0, www.hermans.se.
Trädgården 90d, Hammarby Slussväg 2, www.tradgarden.com.

Kungsholmen
Mälarpaviljongen 90e, Norr Mälarstrand 64, Tel. 08 650 870 1, www.malarpaviljongen.se.
Orangeriet Bar & Café 90f, Norr Mälarstrand (Kajplats 464), Tel. 08 684 238 73, http://trattorian.se/orangeriet-boka-bord/.
Piren Restaurang & Bar 90g, Kristinebergs Strand 2, Tel. 08 618 303 0, www.piren-bar.se.

Info

91 Keller-Restaurants der Altstadt

Trotz der barocken und klassizistischen Fassaden in Gamla Stan sind Bausubstanz und Straßenverläufe mittelalterlich. Die hohen Giebelhäuser der gotischen Zeit hatten oben einen Hebebaum zum Bestücken der großen Spitzböden und unten mächtige Gewölbekeller, in denen ebenfalls Waren untergebracht werden konnten. Manche dieser Keller wurden durch Balkendecken in mehrere Etagen unterteilt, in anderen Häusern lagen gleich mehrere Kellerräume übereinander und in wieder anderen waren die Kellergewölbe eines ganzen Quartiers durch Gänge miteinander verbunden. Schon im 17. Jh. begannen die Stockholmer, in diesen alten Gemäuern Kneipen und Gaststätten einzurichten. Schnell wurden sie zu einem Charakteristikum der Altstadt. Einige haben sich bis auf den heutigen Tag erhalten.

Den Gyldene Freden

Das älteste, bekannteste und vielleicht auch das beste der Kellerrestaurants in Gamla Stan ist „Der Goldene Frieden", dessen Name auf den Frieden von Nystad im Jahre 1721 zurückgeht. Ein Jahr später wurde in dem Haus auf der Fußgängerzone Österlånggatan das Lokal eröffnet, in dem später viele Künstler und andere Persönlichkeiten des Kulturlebens verkehrten, u. a. der Liedersänger Carl Michael Bellman – eine Art schwedischer Nationaldichter. Dem Maler Anders Zorn gefiel es hier sogar so gut, dass er den „Freden" 1919 kurzerhand kaufte, um ihn vor der Schließung aufgrund der Pleite zu bewahren. Heute gehört das Gebäude der Schwedischen Akademie, die auch über die Vergabe des Literaturnobelpreises entscheidet. Seit 1900 treffen sich deren Mitglieder jeden Donnerstag zum Dinner im Bellman-Saal. Unter diesem prächtigen Speiseraum geht es hinab zu drei Gewölben, wo man im urigen und authentischen Ambiente des 18. Jh. vorzüglich tafelt. Die Küche serviert schwedische Klassiker auf hohem Niveau, und das noch nicht einmal zu abgehobenen Preisen. Vor allem mittags kann man hier nicht nur gut, sondern auch recht preiswert essen.

Gediegen: der „Goldene Frieden"

Gemütlich: Fem Små Hus

Fem Små Hus

Schräg gegenüber der Bronzeplastik „St. Georg und der Drache" liegt dieses charmante Restaurant aus dem 17. Jh., das in sieben miteinander verbundenen Kellergewölben untergebracht ist, die sich wiederum unter – daher der Name – fünf kleinen Häusern zwischen der Österlånggatan und Skeppsbron erstrecken. Das heutige Restaurant bietet nicht nur eine eindrucksvolle historische Umgebung, sondern auch klassische schwedische Küche mit französischem Einschlag, darunter ein „kleines Smörgåsbord" mit Hering, Lachs, Krabben und Elch.

Tipp

Außer den Gourmet-Tempeln bieten viele Restaurants Mo–Fr zwischen meist 11.30 und ca. 14 Uhr ein preiswertes **Tagesgericht** an (dagens rätt / Lunch Meny; SEK 110–150), mit Salat, Brot und oft einem Getränk. Oft kann man zwischen zwei oder drei Gerichten wählen.

Kryp in

Quer durch Gamla Stan zieht sich die kleine Prästgatan, die sich von allen Altstadtgassen vielleicht am ehesten ihr mittelalterliches Aussehen bewahrt hat. In der Nachbarschaft eines eingemauerten Runensteins geht es hier hinab in das gemütliche Kellerrestaurant Kryp in, wo man schwedische Spezialitäten wie Rentier, Dorsch oder Hering bekommt. An den Wochenenden ist das Kryp in auch mittags geöffnet, inzwischen gibt es auch einen „Ableger" auf Södermalm (Timmermansgatan 22 am Mariatorget).

Källaren Movitz

Der „Movitzkeller" ist ein authentisches, gemütliches Gewölberestaurant in einem Haus aus dem 17. Jh. im ehemaligen deutschen Quartier. Der Name geht auf eine Figur aus den Liedern von Carl Michael Bellmann zurück. Auf der überschaubaren Speisekarte stehen vor allem Pasta und andere italienische Gerichte mittlerer Preisklasse, aber auch Schwedisches wie Rentierfilet oder Köttbullar. Wer nicht speisen mag, sondern nur Lust auf einen Drink hat, geht eine Treppe hinauf ins Pub.

Info

Den Gyldene Freden, Österlånggatan 51, Tel. 08 249 760, www.gyldenefreden.se. Mo–Fr 11.30–22, Sa 13–22 Uhr. Mittags u. a. preiswertere Speisen wie Köttbullar (SEK 220), abends Hauptgerichte SEK 200–430, 4-Gang-Menü SEK 650. 9Ia

Fem Små Hus, Nygränd 10, Tel. 08 108 775, www.femsmahus.se. tgl. 11.30–23.30 Uhr; Hauptgerichte SEK 220–500, verschiedene 3- und 4-Gang-Menüs ca. SEK 500–800. 9Ib

Kryp in, Prästgatan 17, Tel. 08 208 841, www.restaurangkrypin.se. tgl. 17–23, Sa/So zum Lunch 12–16 Uhr. Hauptgerichte SEK 200–300. 9Ic

Källaren Movitz, Tyska brinken 34, Tel. 08 209 979, www.movitz.com. Di–Fr 17–23, Sa/So ab 16 Uhr, Hauptgerichte SEK 150–330. Pub: Mo–Do 16–1, Fr 16–3, Sa 13–3, So 15–1 Uhr. 9Id

92 Teufel Alkohol? Systembolaget, Brauereien und ein Schnaps-Museum

Schon von den alten Wikingern wird behauptet, dass sie mächtige Trunkenbolde waren. Aus dem mittelalterlichen Schweden kennt man viele Geschichten von ausufernden Saufgelagen und alkoholgeschwängerten Katastrophen. Das Monopol auf das Bierbrauen und Destillieren lag lange in den Händen der Klöster, bis Gustav Wasa es im Zuge der Reformation der Krone einverleibte. Seit dieser Zeit liegen Herstellung und Ausschank alkoholischer Getränke mehr oder weniger in den Händen des Staates. Immer wieder hat er dieses Privileg genutzt, um dem „Teufel Alkohol“ den Kampf anzusagen und versucht, den Alkoholkonsum der Schweden einzudämmen. Das ging über Rationierung, die fast einer Prohibition gleichkam (die Abstinenzbewegung war im 19. Jh. in Schweden eine wichtige politischen Gruppe) und vor allem über den Preis.

Schnapsmuseum

> **Tipp**
>
> **Spritmuseum & Absolut Art Collection** 92a
>
> Bier, Schnaps und Wein – und das schwierige Verhältnis der Schweden zum Alkohol, das sind Themen des Spritmuseum, das sich seit 2012 auf Djurgården zwischen Vasa-Museum und Gröna Lund befindet. In ständigen und Wechselausstellungen kann man sich hier etwa über die Geschichte des Bierbrauens informieren, die Entwicklung bekannter schwedischer Marken (z. B. Absolut Wodka) verfolgen oder in der Kunsthalle themenbezogene Werke u. a. von Andy Warhol, Damien Hirst und Keith Haring bewundern. Neben Café, Restaurant und Shop wird das Angebot durch einen Raum für Verkostungen komplettiert.
> **Spritmuseum & Absolut Art Collection**, Djurgårdsvägen 38, Tel. 08 121 313 10, www.spritmuseum.se; Mo–Di 10–17, Mi–Sa 10–19, So 12–17 Uhr. Im Sommer Außenservierung und Bar am Wasser. SEK 120, Eintritt plus traditioneller „Smakbricka“ (drei Schnäpse) SEK 250, Jugendliche (15–18 J.) SEK 50.

Bis heute können Getränke mit einem Alkoholgehalt von mehr als 3,5 Volumenprozent – abgesehen vom Gaststättenausschank – ausschließlich in den Filialen des staatlichen **Systembolaget** (kurz meist Systemet oder Bolaget genannt) und nur von Personen über 20 Jahren gekauft werden. Durch den EU-Beitritt Schwedens mussten allerdings nach und nach einige strenge Bestimmungen über Bord geworfen werden. So sind Restaurants und Bars nicht länger gezwungen, ihre Alkoholika über das Systembolaget zu bestellen und im Sinne des freien Warenverkehrs können sich Schweden Spirituosen aus dem EU-Ausland direkt per Versandhandel zuschicken lassen.

Wegen der hohen Freimengen auf den Fähren und des großen Markts an Schmuggelware und Selbstgebrannten konnten auch die extrem hohen Preise nicht gehalten werden.

Dabei war Stockholm immer eine Biermetropole. Auch nach dem Wegzug der größten schwedischen Brauerei Münchenbryggeriet aus Södermalm (S. 86) wird in der Stadt in großem Stil Bier gebraut und abgefüllt, etwa von den Konzernen Carlsberg Sweden oder Spendrups. Daneben hat sich in jüngerer Zeit eine lebhafte Szene von **Mikrobrauereien** etabliert, die mit z. T. exotischen Bierprodukten erfolgreich auf den Markt drängen. Junge Brauereien, die in den letzten Jahren von sich reden gemacht haben, sind z. B. die Stockholm Brewing Co. auf Södermalm (Södermannagatan 49, www.stockholmbrewing.com), das Omnipollo (Klippgatan 14), die winzige Pang Pang Brewery (Hökarängen, www.pangpangbrewery.se), die Macken Bryggeri (http://mackenbryggeri.se), die Modernist Brewery auf der Folkungagatan (www.modernistbrewery.com) oder die Fjäderholmarnas Bryggeri (S. 155).

Schnapsgeschäft

Besonders interessant ist die **Nya Carnegiebryggeriet** 92b in Hammarby Sjöstad südlich von Södermalm. Ein breiter Fahrradweg und die Anlegestelle der M/S Emelie vis-à-vis sorgen für gute Erreichbarkeit. Hinter der durchgehenden Glasfront liegen die Brauräume, die man sich bei einer kurzen Gratis-Tour zeigen lassen kann. Zudem gibt es ein gutes Restaurant und eine Bar – selbstverständlich mit Brauereiausschank. Die Palette reicht vom süffigen Leichtbier Halvljus (2,2 %) bis zu Starkbieren wie Krakatau (8,5 %) oder dem „Champagner-Bier“ Brutus (9,5 %).

Info

Systembolaget, www.systembolaget.se. Die Filialen sind normalerweise Mo–Fr 10–20, Sa 10–15 Uhr geöffnet.
Nya Carnegiebryggeriet, Ljusslingan 15 (Hammarby Sjöstad), Tel. 08 510 650 82, www.nyacarnegiebryggeriet.se.
Führungen: kurze (ca. 20 Min.) kostenlose Führungen ohne Voranmeldung Fr 16.30–20 u. Sa 12.30–16.30 Uhr. Längere Führungen mit anschließender Bierverkostung (insgesamt ca. 1 Std.) Di–Do 17, Fr 16, 17.30, 19, Sa 15, 16.30, 18 Uhr, SEK 350, Voranmeldung über die Website.
Modernist Brewery, Folkungagatan 136, 116 30 Stockholm.

det gamla
obs. de kungl. inskr.
kaffe

Ausflüge

93 Bei Königs zu Besuch: Schloss Drottningholm

Nur 4 km westlich vom Stockholmer Brommaplan (Straße 275) liegt auf der Insel Lovön direkt am Ufer des Mälarsees das Schloss der schwedischen Königsfamilie, Drottningholm. Dieses Ausflugsziel, das als erstes schwedisches Kulturdenkmal in die Liste des Weltkulturerbes der **UNESCO** aufgenommen wurde, zieht in der Saison Besucher aus aller Welt an.

Zunächst gelangt man zum Besucherzentrum mit u. a. Restaurant, Café und gut sortiertem Souvenirladen. Jenseits der Straße wurde im ehemaligen Dragonerstall das Museum de Vries mit der weltweit größten Bronzesammlung des flämischen Bildhauers Adriaen de Vries (1556–1626) eingerichtet. Der Strom der Touristen bewegt sich aber auf das Schloss zu, das seit 1982 die offizielle königliche Residenz ist. Das bedeutet, dass man sozusagen bei Königs zu Besuch und angehalten ist, deren Privatsphäre zu achten (Teile des Schlosses und des Parks sind der Öffentlichkeit nicht zugänglich).

Es war Königin Hedvig Eleonora, die 1662 dem Architekten Nicodemus Tessin d. Ä. den Auftrag gab, ein Lustschloss nach französisch-holländischem Vorbild zu errichten. Nach dem Tod seines Vaters übernahm 1681 Nicodemus Tessin d. J. die Bauleitung und vollendete das **Schloss Drottningholm** (Königinnen-Insel) nebst Schlosskirche. Bekannte Maler und Bildhauer (u. a. Burchardt Precht) trugen zu der repräsentativen Inneneinrichtung bei, im 18. Jh. kamen dann noch die Schlossflügel und neue Räume im Rokoko hinzu, darunter die sehenswerte Bibliothek.

Unmittelbar neben dem Schloss liegt das von C. F. Adelcrantz entworfene **Schlosstheater** (Drottningholms Slottsteater). Es wurde 1766 eingeweiht und

Das Zuhause der schwedischen royalen Familie

Königliche Symbole

hatte seine größte Zeit unter dem Theaterkönig Gustav III., der ab 1777 bis zu seiner Ermordung 1792 Schloss und Theater übernahm. In der Blütezeit des schwedischen Musik- und Theaterlebens wurden hier ausländische und gustavianische Opern, Dramen und Ballettvorführungen zum Besten gegeben. Doch dann geriet das Schlosstheater in Vergessenheit, bis es in den 1920er-Jahren wiederentdeckt und zu neuem Leben erweckt wurde. Abgesehen von der elektrischen Beleuchtung ist das Theater heute im selben Zustand wie zur Zeit Gustav III., vor allem die original erhaltene Bühnentechnik und die Sammlung von 30 Bühnenbildern ist einzigartig auf der Welt. Die im Theater aufgeführten Opern- und Ballettdarbietungen sind sehr populär, die meisten Karten werden bereits im Vorverkauf ab Ende März abgesetzt. Das Gebäude kann auf Führungen besichtigt werden.

Der ganzjährig frei zugängliche, große **Barockgarten** ist streng symmetrisch aufgebaut und nimmt in seiner Abfolge von Terrassen, Kaskaden, Buchsbaumskulpturen und Labyrinthen die Breite des Schlosses auf, eingerahmt von vierreihigen Lindenalleen. Zentral in der Sichtachse platziert ist der **Herkulesbrunnen** mit Bronzeskulpturen von Adriaen de Vries. Nördlich an den Barockgarten schließt ein Bereich mit Eichen- und Kastanienbäumen, gewundenen Pfaden, Dämmen und Teichen an. Er entspricht den englischen Gartenbau-Idealen, die unter Gustav III. populär wurden.

Geht man vom Schloss aus die Hauptsichtachse entlang, gelangt man zum Abzweig nach links zum China-Schloss. Auf dem Weg passiert man zunächst ein kupfernes **Wachzelt**, das unter Gustav III. errichtet wurde und an die Zelte im Haga-Park (S. 128) erinnert. Kurz danach steht man vor dem **Kina Slott** von 1769, einem kleinen Lustschloss im Stil des französischen Rokoko. Seinen Namen verdankt es den zahlreichen asiatischen Elemente außen wie innen (Lackierung, chinesisches Porzellan, ostindische Stoffe etc.).

Info

Hinkommen: U-Bahnstation Brommaplan, ab dort Buslinie 301, 323, oder Buslinien 176, 177. Besonders schön sind Fahrten mit dem historischen Boot MS Drottningholm oder anderen Schiffen, Ende April–Anfang Sept. mehrere Abfahrten tgl. ab Stadhusbron. Die Tickets der Strömma kanalbolag (www.stromma.se) enthalten bereits den Eintritt ins Schloss und ins China-Schloss. Sportlich Aktive nutzen den Fahrradweg vom Stadtzentrum Stockholms bis zum Schloss.

Schloss: **Drottningholms slott**, Tel. 08 402 628 0, www.kungahuset.se; Nov.–März Sa/So 12–15.30, April tgl. 11–15.30, Mai–Sept. tgl. 10–16.30, Okt. Fr–So 12–15.30 Uhr, SEK 130, 7–17 Jahre SEK 70; Kombiticket mit China-Schloss SEK 190, 7–17 Jahre SEK 100.
Drottningholms Slottsteater, Tel. 08 759 040 6, www.dtm.se; geöffnet (nur mit Führung, engl./deutsch) April & Okt. Fr–So 12–15.30, Mai–Aug. tgl. 11–16.30, Sept. tgl. 11–15.30, Nov.–Mitte Dez. Sa/So 12–15.30 Uhr, SEK 100, bis 18 Jahre frei.

94 Gustav Wasa und Tucholsky: Schloss Gripsholm in Mariefred

Das ca. 65 km westlich von Stockholm gelegene, idyllische Kleinstädtchen Mariefred, dessen Schloss bekannter ist als der Ort selbst, zählt zu den lohnendsten Ausflugszielen im Großraum Stockholms. Der Name Mariefred geht auf eine Klostergründung (Pax Marie) 1493 zurück. Die Geschichte des Ortes ist eng mit der des **Schlosses Gripsholm** verknüpft. 1380 ließ der Reichsfürst Bo Jonsson Grip auf der Insel eine Burganlage errichten, doch die Grundmauern des jetzigen Schlosses wurden um 1540 unter Gustav Wasa teilweise mit dem Material der zuvor zerstörten Klosteranlage gebaut.

Ab diesem Zeitpunkt wurde Schweden von der „Vasa-Burg" aus regiert, die ein entsprechend repräsentatives und eines Renaissancefürsten würdiges Aussehen bekam. Weitere bauliche Veränderungen erfolgten dann in der zweiten Hälfte des 18. Jh. unter Gustav III. Im Schloss können Einrichtungsgegenstände verschiedener Epochen von der Vasa-Zeit bis hin zum Theater im gustavianischen Stil besichtigt werden. In der „Galerie der Unsterblichen" findet sich die umfangreichste Portraitsammlung schwedischer Größen.

Idyllisch: Bahnhof von Mariefred

Das Schloss mit seinen mächtigen Rundtürmen befindet sich am Ortseingang (großer Parkplatz). Neben dem Weg zum Portal der Vorburg sind eine Reihe interessanter Runensteine aufgestellt. Hinter der Zugbrücke betritt man den äußeren Burghof mit den mächtigen Kanonen Eber und Sau, die in Russland erbeutet wurden. Dahinter führt ein Gewölbegang zum inneren Burghof mit einem hübschen Renaissance-Brunnen. Auch wer das Schloss nicht von innen besichtigen möchte, kann einen Blick in den Innenhof werfen oder einen empfehlenswerten Spaziergang einmal um die Burg herum durch den Schlosspark machen, der mit seinem Pavillon, dem Kräutergarten, Skulpturen und vor allem dem Blick auf den See zauberhaft ist.

Zwischen Ortszentrum und dem Schloss liegt der **Bahnhof**, der mit seinem historischen Warteraum, alten Blechschildern und anderen musealen Stücken aussieht wie aus einer Puppenstube. Er ist Endstation der Museums-Dampfeisenbahn, die in der Sommersaison in 40 Minuten bis nach Läggesta schnauft.

Kurt Tucholsky

In Deutschland verbindet man das Schloss mit dem Namen Kurt Tucholsky, der mit seiner Sommergeschichte „Schloß Gripsholm" (1931) die Anlage einem breiteren Publikum bekannt gemacht hat. So schrieb er ***„Das Schloß, aus roten Ziegeln erbaut, stand leuchtend da, seinen runden Kuppeln knallten in den blauen Himmel (...). Ich weiß nichts vom Stil dieses Schlosses – ich weiß nur: wenn ich mir eins baute, so eins baute ich mir".***

Tucholsky hielt sich seit 1929 ständig in Schweden auf, wurde 1933 aus Deutschland ausgebürgert und setzte seinem Leben 1935 ein Ende. Viele Bewunderer des Journalisten und Schriftstellers kommen nach Mariefred, um sein Grab zu besuchen. Dazu geht man auf einem herrlichen Spazierweg am Wasser entlang zum idyllischen Kern des Städtchens, in dessen Mitte der weiße Kirchturm hoch aufragt. Auch das putzige Rathaus, gut erhaltene Holzhäuser und Stadthöfe sowie manch nettes Geschäft an der Storgatan lohnen den Spaziergang. **Tucholskys Grab** findet man auf dem Friedhof Mariefred-Gripsholm, 15 Gehminuten von der Kirche entfernt (Hinweisschild am Friedhofseingang).

Schloss Gripsholm

Info

Hinkommen: Zug ab Stockholm nach Läggesta, ab dort mit Anschlussbus (ca. 4 km) nach Mariefred. Am schönsten ist die Reise mit dem historischen **Dampfer S/S Mariefred** (1903) ab/bis Stockholm, im Sommerhalbjahr tgl. außer Mo (www.mariefred.info; Tel. 08 669 885 0). Zusammen mit der Schnauferl-Bahn Mariefred-Läggesta lässt sich eine Rundreise zusammenstellen: mit dem Boot nach Mariefred, Besichtigung von Schloss und Stadt, dann mit der **Dampflok** nach Läggesta, ab da mit dem Schnellzug zurück nach Stockholm.

Information: Mariefreds Turistbyrå, Kyrkogatan 13, Rådhustorget, Tel. 015 229 790, www.mariefred.se; Juni–Aug. Mo–Fr 9–15 Uhr.

Schloss: Gripsholms Slott, Mariefred, Tel. 015 910 194, www.kungahuset.se; Mitte Mai–Sept. tgl. 10–16, Okt.–Nov. und April–Mitte Mai Sa/So 12–15 Uhr, SEK 130, 7–18 Jahre SEK 70.

Essen & Trinken: Gripsholms Värdshus, Kyrkogatan 1, Tel. 015 934 750, www.gripsholms-vardshus.se; das historische Wirtshaus, das bereits auf das 17. Jh. zurückgeht und Schauplatz mancher Inga-Lindström-Filme war, genießt einen guten Ruf als Hotel (45 Zimmer). Das vorzügliche Restaurant (Matsalen) ist Mo–Sa 12–17 zum Lunch und 17–21 zum Abendessen geöffnet, der Pub (Skänken) mit einfacheren Gerichten Mo–Fr 11.30–21, Sa/So 12–21 Uhr.

95 Wo die Wikinger wirkten: Birka

Gut 30 km westlich von Stockholm, auf der Insel Björkö im Mälarsee, liegt das berühmte Ausgrabungsgelände einer Ortschaft, die in der touristischen Literatur oft mit „Schwedens erster Stadt“ bezeichnet wird. Das ist insofern falsch, als es weder Städte noch Schweden im heutigen Sinn zur damaligen Zeit gab; der dort aufgefundene Königssitz war also auch nicht die wikingische Residenz eines „schwedischen Königs“. Dennoch: Das um 750 gegründete Birka war zusammen mit der Siedlung Haithabu beim heutigen Schleswig die größte skandinavische Siedlung zur Wikingerzeit – errichtet als wirtschaftliches, politisches und religiöses Zentrum. Zwischen dem 8. und dem 10. Jh. entwickelte sich Birka zum wichtigsten **Handelsplatz des Nordens**. Dies wird durch die gemachten Funde eindrucksvoll belegt: arabische Silbermünzen, chinesische Seide, friesische Keramik. Auch ein berühmtes Silberkreuz fand man hier, die erste Darstellung des Gekreuzigten, bei der interessanterweise Christus nicht ans Kreuz geschlagen, sondern gefesselt ist.

Die rund 700 wikingischen Einwohner Birkas hatten augenscheinlich Handelskontakte zur gesamten damals bekannten Welt, ebenso wie andere Skandinavier, Deutsche und Araber hier her kamen, um in Birka als Handwerker zu arbeiten oder Handel zu treiben. Auch fand in Birka der erste Kontakt mit dem **Christentum** auf schwedischem Boden statt, als 830 der junge Benediktinermönch Ansgar den Ort besuchte und über ein Jahr lang dessen Missionierung betrieb. Tatsächlich ließen sich einige Wikinger taufen, aber christlich wurde Birka nicht – stattdessen lebten Christen und Nichtchristen einträchtig nebeneinander.

Birkas **Blütezeit** währte rund 200 Jahre, dann setzte gegen Ende des 10. Jh. der Verfall ein – wahrscheinlich, weil sich die Routen der inzwischen größeren Schiffe

Ansgarkreuz

ändern mussten und weil andere Siedlungen wie Sigtuna und Uppsala die Mälarsee-Region kontrollierten. Schon 1060 vermerkt Adam von Bremen nach einem Besuch, dass er auf der Insel kaum noch Spuren einer Stadt entdecken konnte. Der Name des Ortes geriet in Vergessenheit.

Erst 1990–94 führte man systematische **Ausgrabungen** durch, die so aussagekräftig waren, dass Birka noch während der Arbeiten 1993 zum **UNESCO-Weltkulturerbe** deklariert wurde. In dem Museum werden die immer noch anhaltenden archäologischen Arbeiten dokumentiert und Artefakte präsentiert – die wertvollsten Funde allerdings sind nicht hier, sondern im Stockholmer Historiska Museet ausgestellt. Um die Attraktivität des Geländes zu erhöhen, wurden außerdem fünf Häuser rekonstruiert und die Vermarktung der Reederei Strömma übergeben.

Wikingerspiele

Besucher erreichen die Insel an der Anlegestelle im Westen, unmittelbar daneben liegt das 1996 eingeweihte **Museum** und **Informationszentrum**. 200 m weiter nördlich sieht man auf dem höchsten Punkt der Insel ein 1834 aufgestelltes Steinkreuz, das an den Besuch des Heiligen Ansgar anno 830 erinnern soll. Um das Kreuz sind noch die schwachen Reste eines ehemaligen Burgwalls zu erkennen. Nördlich davon liegt das Gebiet der „Schwarzen Erde", in der Hausfundamente, ein Stadtwall und Hafenstege freigelegt wurden. Östlich des ehemaligen bebauten Gebietes liegen die Grabhügel von Birka, der wohl eindrucksvollste Teil der Anlage, eine wahre Nekropole. Südlich davon befindet sich der aus zwei Anwesen bestehende Weiler Björkö und die 1930 eingeweihte Ansgar-Kapelle mit Skulpturenschmuck von Carl Eldh.

Zusammen mit Birka stehen auch die Überreste des **Königshofs** (Hovgården) auf der UNESCO-Liste. Er befindet sich auf der benachbarten Insel Adelsö und war noch nach dem Verfall Birkas bewohnt.

Info

Hinkommen: Mai–Sept. verkehrt die M/S Victoria von Stadshusbron im Zentrum Stockholms nach Birka. Die Tour dauert 7½ Stunden, SEK 400, 6–15 Jahre SEK 200. Auch von den Ablegestellen Härjarö, Rastaholm, Vårby, Mariefred und Hovgården gibt es in der Saison (kürzere) Bootsverbindungen. Im Ticket ist der Museumseintritt und eine geführte Tour (schwed./engl.) über das Gelände enthalten. Infos bei Strömma Kanalbolaget, Tel. 08 120 040 00, www.stromma.se.
Alternativ ist eine Anreise mit dem **Auto** bis zur Insel Adelsö (Fähre zwischen Munsö und Adelsö kostenlos) möglich, von Hovgården/Adelsö (Parkplätze an der Kirche) dann kurze Bootsfahrt nach Birka (ab Juli).

96 Ruinen, Rathaus, Runensteine: Sigtuna

Bereits 970 n. Chr. wurde Sigtuna von König Erik Segersäll gegründet und ist somit Schwedens erste Stadt. Die frühe Besiedlung belegen unter anderem die zahlreichen erhaltenen **Runensteine** – gut 150 sind es in der Kommune, ein gutes Dutzend im Zentrum. Hier wurden zum ersten Mal im Land Münzen geprägt, hier entstand einer der ersten Bischofssitze. Damit wurde Sigtuna zum Zentrum der christlichen Mission – mit einem Kloster und nicht weniger als sieben Kirchen.

Mit dem Überfall estnischer Seeräuber 1187 und dem Aufstieg Stockholms und anderer Städte im Mälarsee-Gebiet ging die Blütezeit der kleinen Stadt zu Ende. Die Kirchen verfielen, wurden als Steinbrüche benutzt und blieben als Ruinen stehen. Im 20. Jh. haben die Gartenstadt-Idee, kirchliche Einrichtungen und Stiftungen dem Ort neues Leben eingehaucht. Die Nähe zu Uppsala, Stockholm und dem Flughafen (14 km) hat die Gemeinde zu einem beliebten Wohnort werden lassen. Besucher können sich auf ein charmantes Städtchen voller Atmosphäre und mit vielen Sehenswürdigkeiten freuen.

Als kommerzielle Hauptschlagader durchzieht die **Stora gatan** Sigtuna, die als älteste Straße Schwedens gilt. Heute liegt sie etwa 3 m höher als zur Zeit der Stadtgründung. In pittoresken, bunten Holzhäuschen sind kleine Boutiquen, Cafés und Restaurants untergebracht. Im **Drakegården**, einem Haus aus dem 18. Jh., findet man die Touristeninformation. Ihm gegenüber steht hinter einem Platz das knuffige Rathaus mit Glockentürmchen, das 1744 eingeweiht wurde und bis 1948 in Gebrauch war. Das **kleinste Rathaus Schwedens**, *das* Symbol für Sigtunas Kleinstadt-Charme, kann mit seinem völlig unveränderten Ratssaal im Sommer besichtigt werden (tgl. 12–16 Uhr). Wenige Schritte weiter, an der zum Mälarsee führenden Laurentiigränd, folgt mit Tant Bruns Kaffestuga ein idyllisches Holzhaus-Café. Noch ein Stückchen weiter gelangt man auf der Stora gatan zum **Sigtuna museum**, das mit der Basisausstellung „Sigtuna im Mittelalter" interessante Funde aus der Blütezeit der Stadt zeigt.

Marienkirche von Sigtuna

Tipp

Selbstfahrer können den Besuch von **Sigtuna** gut mit dem von **Uppsala** verbinden, indem sie die E4 in Märsta verlassen und auf der Straße 263 auf Sigtuna zufahren. Knapp 2 km vor Sigtuna auf den Märstavägen abbiegen, das ist die eindeutig schönere Strecke. Ab Sigtuna folgt man dann den landschaftlich reizvollen Straßen 263 und 255 nach Uppsala. Ebenfalls ist eine Kombination mit dem Ausflugsziel **Skokloster** (S. 230) möglich.

An der Prästgatan, der nördlichen Parallelstraße der Stora gatan, gelangt man auf der Höhe des Rathauses zur kulturhistorischen Hauptsehenswürdigkeit des Städtchens. Hier liegen inmit-

Am Café Tant Brun nahe der Stora gatan

ten eines schönen, parkähnlichen Kirchhofs eine Kirchenruine und die einzig erhaltene der Mittelalter-Kirchen Sigtunas. Die St. Olofs-Kirchenruine, neben den Ruinen St. Lars und St. Per die eindrucksvollste, geht etwa auf das Jahr 1100 zurück, doch fanden Archäologen unter dem Boden Reste einer noch älteren Steinkirche. Gegenüber, hinter einem Kirchhofsgebäude mit deutscher Inschrift, erhebt sich eindrucksvoll die **Marienkirche**. Sie gehörte ursprünglich zu einer Klosteranlage, mit deren Bau die Dominikaner um 1230 begannen. In ihrer Mischung aus romanischen (Chor) und gotischen (Schiff) Stilelementen hat die Kirche, abgesehen von den Gewölbebögen im Kirchenschiff, weitgehend ihr Aussehen wie vor 700 Jahren bewahrt. Neu im damaligen Schweden war die Technik, Ziegel herzustellen und zu verwenden. Nach der Reformation ließ König Gustav Wasa das Kloster abreißen, die Marienkirche durfte als Gemeindekirche fortbestehen. Besonders sehenswert sind in der Kirche neben den mittelalterlichen Skulpturen der aus Norddeutschland stammende Altarschrank im Chor, das alte Taufbecken sowie der um 1400 in Schweden gefertigte Altarschrank im nördlichen Seitenschiff.

Info

Hinkommen: Mit dem Vorortzug (pendeltåg) 2 x stündlich nach Märsta, ab dort mit Buslinien 570, 575 nach Sigtuna. Juni–Aug. gibt es auch Schiffsverbindungen ab/bis Stockholm bzw. Uppsala via Skokloster.

Information: **Drakegården Turistbyrå**, Stora gatan 33, Tel. 08 594 806 50, www.destinationsigtuna.se.

Museum: **Sigtuna museum**, Stora gatan 55, Tel. 08 591 266 70, www.sigtunamuseum.se; Juni–Aug. tgl. 12–16, Sept.–Mai Di–So 12–16 Uhr.

Café: **Tant Bruns Kaffestuga**, Laurentiigränd 3. Bekanntes Café im Stil des 17. Jh. mit eigener Bäckerei in einer Nebengasse der Storagatan, Mo–Fr 10–19, Sa/So 10–20 Uhr.

Aktivitäten: Der **Wanderweg** „Upplandsleden“ (orangefarbene Markierungen) verläuft durch Sigtuna, ebenso die **Kanu-Route** „Vikingaleden“.

Kanuverleih: Rävsta Fritidscenter (zwischen Märsta und Sigtuna), Tel. 08 592 522 60, im Sommer Mo–Fr 8–16 Uhr.

97 Schwedens erste Hauptstadt: Uppsala

Es ist ungerecht, Schwedens viertgrößte Stadt (ca. 207.000 Einwohner) nur im Rahmen eines Ausfluges vorzustellen. Denn Uppsala, immerhin die erste Hauptstadt des Landes, Verwaltungszentrum, Sitz des Primas der Schwedischen Kirche und vor allem Universitätsstadt, hätte aufgrund der vielfältigen Sehenswürdigkeiten einen mehrtägigen Aufenthalt verdient. Wenn aber nur ein Tag zur Verfügung steht, sollte man sich auf das akademisch-kirchliche Viertel westlich des Flusses Fyris konzentrieren.

Einen ersten Überblick kann man sich am besten von der kanonenbestückten Terrasse des **Schlosses** aus verschaffen, wo Selbstfahrer mit etwas Glück auch einen Parkplatz finden. Das mächtige Gebäude auf dem Stadthügel geht auf eine Burganlage unter Gustav Wasa zurück, erhielt ihr heutiges Aussehen aber Mitte des 18. Jh. In dem geschichtsträchtigen Gebäude wurde Gustav II. Adolf zum König gekrönt und entsagte seine Tochter Kristina dem Thron.

Unterhalb des Schlosses liegt die 1817–41 erbaute **Universitätsbibliothek Carolina Rediviva** mit einem Bestand von rund 5 Mio. Büchern und 30.000 Handschriften. Man sollte in das Gebäude gehen und sich die fast 1.500 Jahre alte Silberbibel **Codex Argentus** ansehen – genauer: einen Teil davon – in dem Ausstellungsraum rechts vom Eingang. Auf das purpurfarbene Pergament haben zwei Schreiber mit Silbertinte die vier Evangelien in den Buchstaben des gotischen Alphabets abgefasst.

Die Övre Slottsgatan verbindet die Bibliothek mit dem Hauptgebäude der **Universität**, das 1887 eingeweiht wurde. Hier befinden sich große Teile der umfassenden Kunstsammlungen der Uni und die sehenswerte Aula. 1477 als Institution der katholischen Kirche gegründet, ist die Universität von Uppsala die älteste des Nordens! Der andere Weg führt von der Bibliothek durch ein parkähnliches Gelände hinab auf den Dom zu. Unterwegs liegt rechter Hand die **Dreifaltigkeitskirche** aus dem 14. Jh., eine Backstein-Basilika mit schönen Wandmalereien. Wenige Schritte dahinter öffnet sich der Weg zu einem großen Platz, der im Osten von der **Domkirche** begrenzt wird. Die mit 118,7 m genauso hohe wie lange Kathedrale ist die größte des Nordens, gleichzeitig Krö-

Uppsalas größte Sehenswuerdigkeit – der Dom

nungs- und erzbischöfliche Kirche. Der Dom spiegelt außerdem Etappen der schwedischen Geschichte wieder, u. a. wegen der Kapellen, die nach der Reformation zu Grabkapellen für Könige, führende Adelsgeschlechter und andere Persönlichkeiten umfunktioniert wurden. So gibt es hier u. a. die **Gräber** von Gustav Wasa, Johann III., Carl von Linné und Bischof Nathan Söderblom. Im nordöstlichen Chor ist mit dem vergoldeten Silberschrein und den Reliquien des Hl. Erik das wertvollste Andenken aus dem Mittelalter bewahrt.

Gegenüber den beiden Westtürmen befindet sich im **Gustavianum**, im Mittelalter Sitz des Erzbischofs, das berühmte, 1663 eingeweihte **Anatomische Theater** des Olof Rudbeck, eines von dreien, die in Europa noch erhalten sind. Bis zu 200 Studenten konnten hier der Sezierung von Leichen beiwohnen.

Pompös: die Aula der Universität

Unbedingt lohnend ist anschließend östlich der Kathedrale der Weg über die Domtreppen hinab zum **Fluss Fyris**, der mit seinem Wehr, den Straßencafés und Restaurants sowie den Brücken und dem Blumenschmuck einen ungemein stimmungsvollen Anblick bietet.

Zwar hätte Uppsala auch sonst noch viel zu bieten, doch sollten alle, die an der nordischen Vergangenheit interessiert sind, auf alle Fälle den 5-km-Abstecher nach **Gamla Uppsala** unternehmen, die vielleicht bedeutendste vorgeschichtliche Stätte des Nordens. Einst Königssitz des altnordischen Volkes der Svear, wurden hier die Herrscher der Völkerwanderungszeit in großen **Grabhügeln** beigesetzt. Die drei größten, der Sage nach für die Könige Aun, Egil und Adlis, sind um 500 n. Chr. angelegt worden. Vor der eindrucksvollen Nekropole vermittelt im **Historischen Zentrum** das im Jahr 2000 eingeweihte Museum ein anschauliches Bild vom Leben in der Eisen- und Völkerwanderungszeit. Ein kleiner Spaziergang – vorbei am Restaurant **Odinsborg**, Wotans Burg, wo es selbstgebrauten Met zu trinken gibt – führt zum ehemaligen Dom, **Gamla Uppsala kyrka**. Dies ist der Vorgängerbau der Kathedrale in Uppsala, wobei die heutige Kirche eigentlich nur aus dem ehemaligen Chor samt Apsis besteht. Aus dem Mittelalter bewahrt sind u. a. drei Triumphkreuze, eine schön bemalte Marien-Skulptur und ein Bischofsstuhl.

Info

Hinkommen: Ohne eigenen Wagen ist Uppsala am einfachsten per **Zug** (35 Minuten ab Stockholm, 18 Minuten ab Arlanda Airport) zu erreichen.

Information: **Destination Uppsala**, Kungsgatan 59, Tel. 018 727 480 0, www.destinationuppsala.se; Mo–Fr 10–18, Sa 10–15 Uhr.

98 Skokloster: weißes Barockschloss und rote Kirche

In der geschichtsträchtigsten Mälarsee-Region ist neben Drottningholm, Gripsholm, Uppsala, Sigtuna, Birka und Strängnäs besonders das Skokloster einen Ausflug wert, der am besten mit dem Wagen zu bewerkstelligen ist. Dazu fährt man ab Stockholm über die E18 und ab Bro über die Landstraßen 269/263. Für den 70 km langen Weg sollte man etwa eine Stunde einplanen. Vor allem die letzten 12 km legt man dabei auf einer wunderschönen Landstraße zurück, durch Felder und an Runensteinen vorbei.

Winterlandschaft um Skokloster

Im Ballsaal wird getanzt

Schon von weitem ist das weiße, blockhafte Barockschloss zu sehen, das herrlich auf einer Halbinsel liegt. Auf dem historischen Grund stand bereits im Mittelalter ein Zisterzienserkloster, an das heute noch die Kirche erinnert. Carl Gustav Wrangel, Sohn eines baltischen Adligen und einer der großen Feldherren des Dreißigjährigen Krieges, ließ ab 1655 das eindrucksvolle Schloss in vier Geschossen mit vier Ecktürmen um einen quadratischen Hof bauen. Die erhaltene Einrichtung, vor allem im Königssaal, Schlafgemach, Kuriositätenkabinett und Rüstkammer, vermittelt ein Bild, auf welch hohem Niveau der Adel in der Großmachtzeit lebte. Ganz fertig wurde der Prachtbau nie, so z. B. der große Bankettsaal im Obergeschoss – aber auch das macht das Ungewöhnliche dieses Schlosses aus: Wo sonst findet man einen Barockbau, dessen halb fertiges Obergeschoss ohne jegliche Veränderung seit dem 17. Jh. überdauert hat? Fast meint man, die Handwerker könnten jeden Moment zurückkehren, um ihre Arbeit wieder aufzunehmen.

Eingebettet ist das Schloss in einen wunderschönen, direkt am Wasser gelegenen und immer frei zugänglichen **Park** mit Linden-Alleen, Apfelbäumen und Kastanien

– ein ideales Plätzchen für ein Picknick. Oder, wenn das Wetter es zulässt, für einen Sprung ins kühle Wasser des Mälarsees vom alten Stein-Pier aus.

Innenansicht des Schlosses

Tipp

Selbstfahrer können den Besuch des Skokloster gut mit dem von **Sigtuna** verbinden. Dazu bleibt man hinter Sigtuna bis zum Abzweig nach Skokloster auf der Straße 263.

Sehenswert ist die rote Backstein-Klosterkirche unweit des Schlosses, die etwa ab 1250 gebaut, aber schon vor ihrer Einweihung um 1300 durch einen Brand schwer beschädigt wurde. Die dreischiffige Basilika erinnert an die Marienkirche in Sigtuna, hat aber einen viel höheren, freistehenden hölzernen Glockenturm. Der überwiegende Teil der wertvollen Ausstattung gelangte als Kriegsbeute unter Feldmarschall Carl Gustav Wrangel nach Schweden, darunter die Kanzel von 1612 aus Oliva bei Danzig sowie ein kostbarer **Altaraufsatz**. Aus dem Mittelalter stammen das Triumphkreuz und die Madonnenskulptur mit dem Kind. Die Angehörigen der Familie Wrangel sind im Chor in einer Grabkapelle beigesetzt, die ab 1630 errichtet wurde. Auch die vielen Wappenschilder im Kirchenschiff erinnern an die Adelsfamilie.

An der Kirche sind einige besonders schöne Exemplare von **Runensteinen** aufgestellt, deren Inschriften und bildliche Darstellungen (wikingische Krieger zu Pferd) durch rote Farbe leicht zu erkennen sind. Wer einen längeren Spaziergang machen möchte, könnte von hier aus auch die romantische **Kirchenruine** von Flasta aufsuchen.

Info

Hinkommen: Von Stockholm aus mit dem **Zug** nach Bålsta, ab dort mit Buslinie 311 bis Skokloster (ca. 75 Minuten Fahrzeit). In der Saison ist Skokloster auch mit dem **Ausflugsboot** M/S Kung Carl Gustaf ab Uppsala zu erreichen.
Museum: **Skokloster**, Tel. 08 402 306 0, www.skoklostersslott.se; Mai & Sept. Sa/So 11–14, Juni–Aug. tgl. 11–17 Uhr, SEK 80, bis 18 Jahre frei, Audioguide SEK 40.
Essen & Trinken: Im Schloss selbst gibt es unter den Gewölben der ehemaligen „Kleinen Küche" das **Schloss-Café** mit Sandwiches, Lunch und anderen kleinen Gerichten, auch Außenservierung; geöffnet Mai & Sept. Sa/So 11–16, Juni–Aug. tgl. 11–16 Uhr. Es ist möglich, sich im Café einen Picknickkorb zu bestellen und im Park zu essen (Tel. 073 800 1771). An der Kirche befindet sich die herrliche Holzvilla mit dem **Sjövillans Café**, das in der Sommersaison tgl. 11–16 Uhr geöffnet ist. Empfehlenswert ist auch die 2010 wiedereröffnete 1960er-Tankstelle Macken. In dieser Retro-Perle kann man nicht nur Benzin oder Diesel kaufen, sondern sich auch im Lebensmittelladen, im Café und im guten Restaurant mit Essen versorgen. Ebenfalls gehört ein Gästehafen zur Anlage: **Macken**, Tel. 018 386 011, www.skoklostermacken.se; Mo–Fr 9–18, Sa/So 10–17 Uhr.

99 Perle am Mälarsee: Strängnäs

Strängnäs, eine kleine, malerische Hafenstadt mit rund 13.000 Einwohnern, liegt 80 km von Stockholm entfernt am Südufer des Mälarsees. Schon im 12. Jh. zum Bischofssitz erhoben, war sie im Mittelalter eine bedeutende kirchliche Verwaltungsstadt. In Strängnäs ließ sich Gustav Wasa 1523 zum König ausrufen und 1626 wurde hier das zweite Gymnasium des Landes eingerichtet.

Autofahrer finden automatisch zum schönen, direkt am Wasser gelegenen **Stadtkern**, der sich zwischen dem Yachthafen, der Uferpromenade mit Park und dem Domhügel ausbreitet, überragt von einer großen Bock-Windmühle. An warmen Sommertagen findet man in den Restaurants und Cafés schnell ein Plätzchen, um den lebhaften Bootsverkehr zu beobachten und es sich gut gehen zu lassen. In den Gassen laden kleine Antiquitätengeschäfte und Boutiquen zum Shoppen oder Spazierengehen ein. Die schönste Straße von allen, die **Gyllenhjelmsgatan**, führt vom Hafen den Kirchberg hinauf zum bekannten **Löwenportal**, hinter dem der Turm der **Domkirche** aufragt, die größte Sehenswürdigkeit der Stadt. Im 13. Jh. begann man mit dem Bau einer dreischiffigen Backstein-Hal-

> **Tipp**
> Selbstfahrer können den Besuch von Strängnäs mit dem von **Gripsholm** zu einer schönen **Mälarsee-Rundfahrt** kombinieren.

Blick auf Strängnäs

lenkirche, die später um zahlreiche Kapellen und Anbauten erweitert wurde, in denen königliche und adelige Familien ihre Grabstätten bekamen. Der reich ausgestattete Dom weist u. a. Gewölbe- und Wandmalereien, zwei Passionsschreine aus Brüssel (1490) und eine prächtige Kanzel von 1789 auf. Besonders sehenswert ist das **Grabmonument Karls IX.**, gekrönt von einem Pferd mit Ritter in vergoldeter Kupferrüstung. Auch die Begräbnisinsignien Karls, die lange im Stockholmer Schloss aufbewahrt wurden, sind zu sehen. Ein außergewöhnliches Grabdenkmal ist die liegende Statue von Prinzessin Isabella, Tochter König Johans III. und Katarina Jagellonicas, die auf Schloss Gripsholm in Gefangenschaft geboren wurde und dort verstarb.

Um die Kirche herum liegen einige historische Gebäude, wie der heutige Bischofssitz Biskopsgården, das Paulinsche Haus, ein Bischofssitz aus dem Anfang des 17. Jh., und die in den 1480er-Jahren errichtete Rogge-Burg des umtriebigen Bischofs Kort Rogge, die heute als Filiale der Königlichen Bibliothek in Stockholm dient. In dem **Museum** bei der Domkirche, einst Druckerei und Bibliothek, erfährt man Wissenswertes über die Stadt und ihre Gebäude. In der pittoresken Altstadt finden sich zahlreiche Holzhäuser aus dem 17. und 18. Jh.

Mit etwas mehr Zeit könnte man sich in Strängnäs auch den gut erhaltene Bürgerhof Grassagården (im Sommer mit Gartencafé), die ehemalige Fabrik Gula Industrihuset (Kunstgalerie, Bäckerei, Geschäfte), das Schwedische Militärfahrzeugmuseum Arsenalen oder das Haus der Keramik im Park Ugglan anschauen. Wer Kondition hat, sollte hinauf zum Aussichtpunkt am neuklassizistischen Eko-Tempel wandern und den tollen Panoramablick auf Stadt, Hafen und See genießen.

Tipp

Umgebung von Strängnäs

Nicht nur Strängnäs selbst, sondern auch die Sehenswürdigkeiten in der unmittelbaren Umgebung sollte man bei einem Ausflug berücksichtigen. Vor allem die zwischen Strängnäs und Mariefred gelegene Gemeinde **Stallarholmen** hat viel zu bieten, angefangen bei den erstaunlich vielen Relikten aus der Wikingerzeit wie Runensteine und Grabhügel. Besonders sehenswert ist die Steinsetzung von Åsa. Aus einer anderen Zeit stammt das stattliche Barockschloss Mälsåker, das Besucher auf einer geführten Tour kennenlernen können. Auch Kirchenfans kommen in Strängnäs Umgebung auf ihre Kosten, besonders schön sind die Mittelalterkirchen von **Ytterselö, Överselö** (u. a. Kalkmalereien aus dem 15. Jh., 6 Runensteine) und von **Toresund** (Grabkirche für die Adelsfamilie Sture).

Von Strängnäs bieten sich verschiedene **Bootsfahrten** auf dem Mälarsee an. Eine regelmäßige Schiffsverbindung besteht über Mariefred nach Stockholm. Für sportlich Aktive stehen vier markierte **Radwanderwege** (je 20–30 km) zur Verfügung; Infos und Karten u. a. bei der Touristeninformation der Tankstelle in Stallarholmen.

Info

Information: **Strängnäs Turistbyrå**, Eskilstunavägen 2, Tel. 015 229 694, www.strangnas.se; Juni–Aug. Mo–Fr 9–15 Uhr.

Kirche: **Domkyrkan**, Biskopsgränd 2, Tel. 015 224 500, www.svenskakyrkan.se; Mitte Juni–Mitte Aug. tgl. 10–18, sonst 10–16 Uhr.

100 Vaxholm: Festungsstädtchen in den Schären

Ein Besuch des idyllischen Städtchens Vaxholm lässt sich prima mit einer gemütlichen Bootsfahrt verbinden: Die Reederei Waxholmsbolaget bedient die Strecke ab Stockholm vom Strömkajen aus, aber auch Strömma Kanalbolag bietet Bootstouren an. Da die Kleinstadt seit 1926 mit dem Festland durch eine Brücke verbunden ist, kann man ebenfalls per Bus oder Auto hierhin reisen.

Im Sommer geht es im 5.000-Einwohner-Städtchen Vaxholmen bunt und lebhaft zu: Rund 300.000 Touristen besuchen dann den herrlich gelegenen Ort auf der Insel Växon, der ein wichtiges Dienstleistungszentrum für die inneren Schären ist. Mehrere Unterkünfte unterschiedlicher Art und ein netter Campingplatz (mit Sandstrand und Kanuverleih) haben sich auf den Sommertourismus eingestellt.

Vaxholm liegt genau an der Stelle, an der die Einfahrt für Schiffe nach Stockholm eng und wegen der vielen Inseln besonders kurvig ist. Damit war der Platz schon immer von großer strategischer Bedeutung, um die Schiffspassage nach Stockholm zu schützen – was zur Anlage mehrerer Kastelle führte, die teils noch bis 2006 militärisch genutzt wurden. 1540 ließ Gustav Wasa die erste Festung anlegen, um die in den folgenden Jahrhunderten der heutige Ort entstand. Als die Dampfschiffe regelmäßig zu verkehren begannen und die Stockholmer ihre Sommerhäuser errichteten, entwickelte sich Vaxholm zum **Bade- und Freizeitort**.

Dessen fotogenes Wahrzeichen ist die Festung **Vaxholms Kastell**, die auf einer eigenen kleinen Insel thront. Die heutigen mächtigen Bastionen entstanden 1833–63, waren aber schon bald militärtechnisch überholt. Hier befindet sich jetzt das **Festungsmuseum**, das die 500-jährige Geschichte der Verteidigung der vielen Inseln dokumentiert. Der Transfer zum und vom Kastell geschieht auf kleinen Booten, von Mai bis Ende September verkehrt von 10 bis ca. 21 Uhr eine reguläre Fähre. Die Überfahrt dauert nur zwei Minuten.

Gegenüber dem Kastell erhebt sich das **Waxholms Hotell** mit seiner Jugendstil-Fassade. Nicht nur vom Holzbalkon der Gästezimmer hat man einen fantastischen Blick aufs Wasser, sondern auch vom verglasten Speisesaal in der zweiten Etage. Überhaupt ist der **Hafen**, bestehend aus dem ehemaligen Fischerhafen im Norden, dem Fährhafen am Hotell und dem Yacht-Hafen im Süden, das Herz des Städtchens. Geht man von hier am Wasser entlang nach Norden, kommt man in den ältesten Teil Vaxholms und sieht entlang der Straßen und Gassen manch schönes Holzhaus. Dabei kommt man auch zum putzigen **Heimatmuseum** (Vaxholms Hembygdsgård), das im Sommer Ausstellungen über Heringsfischerei oder das Fischerleben im 19. Jh. zeigt.

Das Waxholms Hotell

Die Festung aus der Vogelperspektive

Vom Hafen aus führt die Hamngatan nach Norden, die kommerzielle Schlagader des Städtchens. Hier gibt es eine Vielzahl von Cafés, Restaurants und Geschäften. Sie führt aber auch an der schlichten **Vaxholm-Kirche** vorbei, von der aus es nach rechts zum hübschen, von einem Zwiebeltürmchen gekrönten **Rathaus** geht, in dem sich auch die Touristeninformation befindet.

Weiter im Süden liegt der Süd- oder **Gästehafen** mit Anlegestellen für 120 Boote, dahinter ist die Fährstation, von der aus die kostenlosen Autofähren regelmäßig – meist im 30-Minuten-Takt – Besucher innerhalb weniger Minuten auf die Insel Rindö bringt.

Info

Information: **Vaxholms turistbyrå**, Rådhuset, Tel. 08 541 314 80, www.vaxholm.se. Mo–Fr 10–18, Sa/So 10–16 Uhr

Hinkommen: Buslinie 670 ab Ostbahnhof Stockholm oder U-Bahnstation Danderyd Hospital, Fahrzeit ca. 35 Minuten. Am schönsten ist die An-/Abreise mit dem Schären- oder Cindarella-Boot ab Strömkajen oder Nybrokajen (ca. 45–75 Minuten je nach Boot). Zwischen Vaxholm und dem Kastell in der Saison regelmäßige Bootsverbindungen. Selbstfahrer können Vaxholm im Rahmen einer Schärenrundfahrt (S. 152) besuchen.

Essen & Trinken: **Hamnkrogen**, Vaxholm, Söderhamnen 10, Tel. 08 541 320 39, www.hamnkrogenvaxholm.com; am Südhafen bietet das seit 1958 bestehende Restaurant gehobene Küche, aber auch traditionelle schwedische Gerichte zum Mittag- und Abendessen; Mo–Do 10.30–22, Fr 10.30–23, Sa 12–23, So 12–22 Uhr.

Museum: **Vaxholms Fästnings Museum**, Tel. 08 541 305 35, www.vaxholmsfastning.se; Juni–Aug. tgl. 11–17 Uhr, Mai Sa/So 12–16, Sept. Sa/So 11–17 Uhr, SEK 80 (bis 18 Jahre frei); Bootstransfer ab/bis Kai 9 während der Öffnungszeiten etwa alle 20 Minuten, Hin- und Rückfahrt SEK 50.

101 Saltsjöbaden: Seebad mit Grand Hôtel

Das Örtchen Saltsjöbaden (Salzmeerbad) verdankt seine Existenz einem einzigen Mann: Knut Agathon Wallenberg aus der einflussreichen Finanzdynastie der Wallenbergs. Seine Vision war ein **exklusiver Erholungsort** für die bessere Gesellschaft vor den Toren der Großstadt. Zu diesem Zweck kaufte er 1889 ein riesiges Areal, sorgte dafür, dass dort bereits vier Jahre später eine Eisenbahnverbindung, zwei Luxushotels sowie ein Sanatorium existierten und ließ das Land parzellieren, sodass die Oberklasse dort Grundstücke kaufen und darauf ihre Villen errichten konnte.

Das Kernstück des Fremdenverkehrs war von Anfang an die Zuglinie **Saltsjöbanan**. Mit ihrer engen Taktung und der kurzen Fahrzeit vom Stockholmer Bahnhof Slussen erlaubt sie noch heute, bei Badewetter von der Hauptstadt spontan zum Seebad zu fahren.

Am Zielort stoßen Besucher nur wenige Schritte von der Endstation entfernt auf das **Grand Hotel**. Als es 1893 durch Oskar II. feierlich eröffnet wurde, ließ er die gesamte schwedische Flotte in die Bucht beordern, um Salut zu schießen. Architekt

Party im Grand Hôtel

Ernst Josephson hatte sich vom Hôtel de Paris in Monte Carlo inspirieren lassen. Mit ihren Türmchen, dem schwarzen Dach und der Lage unmittelbar am Wasser zählt das Grand Hotel zu Recht zu den schönsten Hotelbauten Skandinaviens und ist das unbestrittene **Wahrzeichen des Ortes**. Hier traf sich nicht nur die bessere Gesellschaft zur Sommerfrische, sondern auch Geschäftsleute, Diplomaten und Politiker zu Konferenzen. Nach dem Abschluss eines der wichtigsten Verträge zwischen Arbeitgebern und Gewerkschaften sprach man 1938 vom „Geist von Saltsjöbaden". Darüber hinaus wurde das Hotel als mehrfacher Tagungsort der internationalen sog. Bilderberg-Konferenzen, als Austragungsplatz großer Schachturniere und als Gastgeber der OPEC-Konferenz von 1977 weltweit bekannt.

Neben dem Hotel sieht man das Klubhaus und die Marina der „Königlich Schwedischen Segel-Gesellschaft". Die kleine Brücke zwischen Hotel und Marina bringt einen auf das Inselchen Restaurantholmen mit dem Saltsjöbadens Friluftsbad und seinem **zweistöckigen Badehaus** aus den 1920er-Jahren. Als Meerbad gilt es als „Kallbadhus", also als Kaltwasserbad; zu Recht, denn es wird auch im Winter genutzt.

Bei einem Spaziergang durch den Ort stößt man auf den **Knut-Wallenberg-Park** mit einer Büste des Stadtgründers, vor allem aber auf viele weitere architektonische Perlen wie das ehemalige **Sanatorium**, das heute z. T. als Krankenhaus fungiert, die Steinvilla Vår gård (1893), die Grünewaldvillan aus dem gleichen Jahr sowie die 1897 errichteten Sjuvillorna (Sieben Villen). An hoch gelegener Stelle sieht man das 1931 eingeweihte Observatorium, das bis 2001 in Gebrauch war.

Eine andere große Sehenswürdigkeit findet man jenseits der Tattby-Brücke: die **Offenbarungskirche** (Uppenbarelsekyrkan). Sie wurde vom Architekten F. Boberg entworfen und nach dreijähriger Bauzeit 1913 am 60. Geburtstag des Stifters Knut Wallenstein eingeweiht. Wie sie da hoch oben auf der Klippe thront, mit ihrem weithin sichtbaren Backsteinturm und auf Granit gegründet, stellt sie zusammen mit der Engelbrekts-Kirche (S. 54) das beste sakrale Beispiel für die Nationalromantik dar. Boberg hatte für das Projekt einige der bekanntesten schwedischen Künstler der Zeit gewinnen können, u. a. Carl Milles, der die Bronzeportale, den Taufstein und den Alabasteraltar schuf. Nach dem Millesgården (S. 76) kann man hier die meisten Milles-Werke in Schweden bewundern. In der Kirche fand das Ehepaar Knut und Alice Wallenberg seine letzte Ruhestätte.

Info

Hinkommen: Der einfachste Weg ist der mit dem Vorortzug der Saltsjöbanan mit zwei Abfahrten pro Stunde. Die 15,6 km lange Strecke zwischen Slussen und der Endstation Saltsjöbaden wird in knapp 30 Minuten bewältigt. Wegen der Bauarbeiten am Slussen wird bis Ende 2020 bis zur Station Henriksdal ein Bus eingesetzt. Das Oneway-Ticket für die 2-Zonen-Fahrt kostet SEK 75.

Café: Stationshuset, Hotellvägen 1, Tel. 08 556 266 00, tgl. 9–17 Uhr; wunderschönes Holzhaus neben dem Grand Hotel mit vernünftigem Essen, u. a. sehr gutem Frühstück.

Kirche: Uppenbarelsekyrkan, Kyrkplan 2, Tel. 08 748 190 0, www.svenskakyrkan.se/saltsjobaden, Mo–Fr 8–16, Sa/So 9–16 Uhr.

Anhang

Stockholm in Zahlen

Geografische Lage:	18° 3′ östlicher Länge, 59° 20′ nördlicher Breite
Fläche:	Stadt Stockholm: 187 km² Gemeinde Stockholm: 382 km² Großraum Stockholm: 6.524 km²
Inseln:	14 in der Innenstadt
Brücken:	57 in der Innenstadt
Schären:	ca. 30.000
Parks & Grünflächen:	ca. 30 % der Fläche
Gewässer:	ca. 30 % der Fläche
höchste natürliche Erhebung:	102 m ü.d.M. (Högdalstoppen)
Wahrzeichen:	Stadthaus (1923 eingeweiht)
Höchste Bauwerke:	Kista Science Tower (158 m), Kaknästornet (155 m), Victoria Tower (120 m), Klara Kyrka (116 m), Stadshuset (106 m)
Einwohner:	Stadt Stockholm: 952.000 Gemeinde Stockholm: 1.539.000 Großraum Stockholm: 2.316.000
Einwohner mit Migrationshintergrund:	30,7 %
Bevölkerungsdichte:	5.100 Einwohner je km² (Stadt)
Menschen im Arbeitsverhältnis:	503.000, davon 254.800 Männer und 248.300 Frauen
Arbeitslosigkeit:	ca. 6 %
Wohnverhältnisse:	90 % der Stockholmer leben in Wohnungen, 10 % in Eigenheimen. 45 % wohnen zur Miete, 55 % in Eigentum
Kinderspielplätze:	239
Friedhöfe:	11
Sportplätze/-hallen:	27 Sportplätze, 37 Sporthallen
Schwimmbäder:	16
Fahrradwege:	ca. 800 km
Universitäten und Hochschulen:	16
Schulen:	353
Vorschulen:	1.002
Museen:	ca. 70, mit zusammen ca. 9 Millionen Besuchern pro Jahr
Bibliotheken:	51

Geschichtlicher Abriss

ca. 1250 Älteste überlieferte schriftliche Erwähnung der Siedlung „Stokholm". Der Regent Birger Jarl befestigt die Einfahrt in den Mälarsee mit einem Wehrturm, er gilt als Begründer der Stadt und das Jahr 1252 als Gründungsjahr. Das besiedelte Gebiet beschränkt sich auf die heutige Gamla Stan, allerdings war die Insel damals um ein Drittel kleiner als heute. Bau der Storkyrkan.

ca. 1270 Stockholm wird zum ersten Mal in einem Dokument als „Stadt" bezeichnet. Norddeutsche Kaufleute lassen sich wegen Steuerfreiheit in Stockholm nieder. Die Anlage der Stadt um den heutigen Stortorget ähnelt in Grundriss und Aufriss der Lübecker Altstadt.

1296–1478 Der 24-köpfige Stadtrat ist paritätisch mit deutsch- und schwedischsprachigen Bürgern besetzt, es gibt je einen schwedischen und einen deutschen Bürgermeister. Der Handel ist zunehmend von der Hanse abhängig.

1389–92 Die dänische Königin Margareta I. bringt ganz Schweden unter ihre Kontrolle, nur Stockholm hält dem legitimen schwedischen König Albrecht III. die Treue und wird deshalb vier Jahre von den Dänen belagert. Die Unterstützung der Stadt mit Lebensmitteln wird von Klaus Störtebeker und anderen Seeräubern (Vitalienbrüder) vom Meer aus besorgt. Dennoch wird Stockholm wie ganz Schweden Teil der dänisch dominierten Kalmarer Union.

1471 Der schwedische Adelige Sten Sture besiegt am 14. Oktober in der Schlacht am Brunkeberg (Norrmalm) mit Unterstützung der Stockholmer Bürgerschaft die Dänen unter König Christian I. Der Sieg wird mit Bernt Notkes Skulptur „St. Georg und der Drache" in der Storkyrkan verewigt.

1520 Dänenkönig Christian II. nimmt nach zwei Belagerungen Stockholm durch Verrat ein und lässt sich am 4. November zum schwedischen König krönen. Im Rahmen der Krönungsfeierlichkeiten lässt er am 8./9. November im sog. Stockholmer Blutbad (Stockholms blodbad) mehr als 80 Adelige und Geistliche der Opposition auf dem Stortorget hinrichten.

1523 Der bei dem Blutbad entkommene junge Adlige Gustav Eriksson vertreibt die Dänen aus Schweden und wird am 6. Juni (heute der schwedische Nationalfeiertag) unter dem Namen Gustav Wasa zum König gewählt. Mit seinem Einzug in Stockholm beginnt die Entwicklung zur wichtigen Residenzstadt.

1527 Mit der Einführung der Reformation werden die Stockholmer Klöster säkularisiert.

1529 Durch die Eingemeindung von Södermalm und Norrmalm vergrößert sich das Stadtgebiet um mehr als das Doppelte.

1600 Die Stadt hat erstmals mehr als 10.000 Einwohner.

ab 1618 Im Dreißigjährigen Krieg steigt Schweden unter Gustav II. Adolf zur europäischen Großmacht auf. Östermalm und Kungsholmen werden eingemeindet, bis 1680 steigt die Einwohnerzahl auf über 60.000 an, die Vororte („Malmarna") werden nach modernen Gesichtspunkten mit rechtwinkligen Straßenzügen ausgebaut.

1634 Stockholm wird offiziell Hauptstadt des schwedischen Reiches.

1679 Bei einem Brand wird das alte Renaissance-Schloss Tre Kronor komplett zerstört, die königliche Familie zieht zeitweilig in das Wrangelsche Palais auf Riddarholmen um.

1710 Der Nordische Krieg versetzt Reich und Stadt einen herben Rückschlag.

1713–14 Die Pest sucht Stockholm heim. Die Bevölkerungs- und wirtschaftliche Entwicklung stagniert.

1754 Fertigstellung des heutigen Palastes nach Plänen des Architekten Nicodemus Tessin d. J.

1772 Gustav III. kommt nach einem unblutigen Staatsstreich an die Macht und installiert ein absolutistisches System. Gleichzeitig sorgt der kunstliebende Monarch für viele Prachtbauten in Stockholm und Umgebung.

1792 In der Königlichen Oper wird Gustav III. bei einem Maskenball ermordet.

1808/09 Nach den Napoleonischen Kriegen und weiteren Kriegen gegen Russland wird König Gustav IV. Adolf abgesetzt und nach Schloss Gripsholm verbannt. Das Parlament wählt den französischen Adeligen Jean Baptiste Bernadotte zum Thronfolger, als Karl XIV. Johan begründet er die Dynastie der Bernadottes.

1800–50 Die Bevölkerung wächst auf über 80.000 Menschen und die Besiedlung greift über die Stadtgrenzen hinaus. Es entstehen eine Reihe von Elendsvierteln mit schlimmen hygienischen Verhältnissen, die immer wieder zu Epidemien führen. Stockholm besitzt keine Kanalisation und wird von Zeitgenossen als „schmutzigste Stadt in Europa" bezeichnet.

1860–85 Die Industrialisierung führt zur Verdoppelung der Einwohnerzahl auf 200.000, Mietskasernen ersetzten die kleinstädtische Bauweise. Der Generalplan von 1866 bringt nördlich des historischen Kerns eine Straßenführung nach Pariser und Wiener Vorbild mit sich; die großen Boulevards entstehen. Das Bürgertum lässt sich in Vierteln auf Östermalm und auf Lidingö nieder, während die Arbeiterviertel in den Vorstädten liegen.

1897 Die Stockholm-Ausstellung (Stockholmsutställningen) bringt einen enormen Modernisierungs-Schub mit sich. Prächtige großbürgerliche Wohnviertel entstehen (Strandvägen), Brücken werden gebaut, die erste Straßenbahn eingerichtet.

1900 Gründung der Nobelstiftung, vier Jahre nach dem Tod Alfred Nobels. Ein Jahr später werden am 10. Dezember in Stockholm die ersten Nobelpreise verliehen.

ab 1910 Eingemeindung großer Gebiete, die verkehrstechnisch durch Straßenbahnlinien an die Stadt angeschlossen wurden. Im Anschluss daran entstanden Vororte, Gartenstädte und Gebiete mit Freizeithäuschen.

1912 Die Olympischen Sommerspiele, die sechsten der Neuzeit, werden in Stockholm ausgetragen.

1917–21 Bei Unruhen und Demonstrationen in Stockholm werden demokratische und soziale Reformen gefordert; erste sozialdemokratische Regierung unter Hjalmar Branting (ab 1917) und Einführung des allgemeinen Wahlrechts für Männer und Frauen (1921).

1930 Durch die Stockholm-Ausstellung (Stockholmsutställningen) kommen neue, funktionalistische Impulse in die Hauptstadt, ein Jahr später wird mit dem Bau des berühmten „Kleeblatts" von Slussen begonnen.

1950 Eröffnung der ersten U-Bahnlinie (Tunnelbanan) in Stockholm. In den folgenden Jahren entstehen entlang der U-Bahnlinien Satellitenstädte wie Vällingby, Farsta, Rinkeby, Tensta und Sollentuna.

1952 Beginn der Abbruch- und Sprengarbeiten zur kompletten Umgestaltung des Stadtteils Norrmalm (Norrmalmsregleringen), bei der etwa 750 historische Gebäude abgerissen werden.

1956 Wiederentdeckung des 1628 gesunkenen Kriegsschiffes Vasa durch den Hobbyarchäologen Anders Franzén im Hafen von Stockholm. Das Wrack wird 1959–61 geborgen.

1965 Als Resultat der öffentlichen Kritik am Abriss vieler Häuser in Norrmalm und dem modernistischen Umbau des Viertels wird die gesamte Altstadt (Gamla Stan) unter Denkmalschutz gestellt.

1966 Einweihung der neuen City mit Sergels torg und den fünf Cityhochhäusern.

1971–74 Proteste von Grünen und Bürgerinitiativen gegen die Abholzung von Bäumen im Kungsträdgården kulminieren zum sog. Ulmenkrieg, führen aber dazu, dass die Stadtplanung nun fußgänger- und grünflächenfreundlicher wird.

1975 Am 24. April besetzen Terroristen der Rote Armee Fraktion (RAF) die Stockholmer Botschaft der BRD, nehmen Geiseln und ermorden zwei Menschen.

1982 Die Königliche Familie zieht vom Stockholmer Stadtschloss ins Schloss Drottningholm um.

1986 Der sozialdemokratische Premierminister Olof Palme wird nach einem Kinobesuch auf offener Straße am Sveavägen erschossen; der Mord wird nie aufgeklärt.

1994 Die 155 m lange Autofähre M/S Estonia mit fast tausend Passagieren an Bord sinkt am 28.September auf ihrer Nachtfahrt von Tallinn nach Stockholm vor der finnischen Insel Utö. Bei der Fährkatastrophe sterben 852 Menschen, darunter viele Stockholmer. 1997 wurde das Estonia-Memorial nahe dem Vasa-Museum auf Djurgården eingeweiht.

2003 Im September wird Außenministerin Anna Lindh im Kaufhaus NK von einem Messerattentäter tödlich verletzt.

2010 In der Vorweihnachtszeit entkommt Stockholm nur knapp einer Katastrophe: Das Selbstmordattentat eines gebürtigen Irakers an der belebten Einkaufsstraße Drottninggatan misslingt einzig deshalb, weil seine Autobombe nicht explodiert und einer der sechs Sprengsätze, die der Attentäter am Körper trägt, zu früh detoniert und außer ihm selbst niemanden tötet.

2013 In den Vororten kommt es zu teils gewalttätigen **Unruhen** Jugendlicher, bei denen u. a. Autos und eine Polizeiwache angezündet werden

2016 Im Zuge der europäischen Flüchtlingskrise sind Stockholmer Aufnahmelager und Registrierungsstellen überfüllt. Es kommt zu Übergriffen u. a. gegen Migranten und Asylsuchende.

2018 Vorwürfe um sexuelle Belästigung und Veruntreuung stürzen die Schwedische Akademie in eine schwere Krise, die Vergabe des Literaturnobelpreises 2018 wird daraufhin im Mai um ein Jahr verschoben. Im Sommer 2018 verbucht Stockholm den bisherigen Besucherrekord – und passend dazu monatelang die besten Sonnenschein- und Temperaturwerte. Von touristischem Interesse sind auch die Wiedereröffnung des National- und des Stadtmuseums, die Fertigstellung mehrerer Hotels und der Baubeginn des Nobelcenters.

Feste und Festivals

In Stockholm wie in ganz Schweden werden Feiertage wie Karfreitag (**långfredagen**), Ostersonntag (**påskdagen**), Ostermontag (**annandag påsk**), Pfingsten (**pingst**), Pfingstmontag (**annandag pingst**), Erster Mai (**första maj**), erster Weihnachtstag (**juldagen**), zweiter Weihnachtstag (**annandag jul**), Neujahr (**nyårsdagen**) und Heilige Drei Könige (**trettondedag jul**) ähnlich wie in Deutschland begangen. Ansonsten zeigt die schwedische Hauptstadt, dass sie es versteht, ganzjährig jeden Grund zum Feiern wahrzunehmen. Eine kleine Auswahl regelmäßig stattfindender Feste, Events, Kulturfestivals und Sportveranstaltungen (mehr Infos unter www.visitstockholm.com):

Januar/Februar

Winter Run: Ende Januar, in der nachmittäglichen Dunkelheit, beginnt das sportliche Jahr Stockholms mit einem 10-km-Lauf auf Djurgården, insbesondere auf Skansen. Der Winter Run ist aber auch ein Spektakel für die vielen Zuschauer: Die Rennstrecke ist von Fackeln begrenzt, Feuer-Artisten, Light Shows und DJs sorgen für Event-Stimmung und Musik. Infos: www.winterrun.com.

Formex; Stockholm Design Week: Die größte Messe Skandinaviens für Möbel, Innenarchitektur und Design Ende Januar wird Anfang Februar abgelöst von der Design-Woche mit Ausstellungen und Aktionen im gesamten Stadtgebiet. Infos: www.formex.se; www.stockholmdesignweek.com.

April

Valborgsmässoafton (Walpurgisnacht): Am 30. April begrüßt man den Frühling mit großen Feuern, alkoholischen Getränken und Gesängen. Besonders aufwändige Walpurgis-Feiern gibt es auf Skansen und vor allem in der Studentenstadt Uppsala. Infos: www.skansen.se.

Mai

Elitloppet: Das „Eliterennen“ gehört zu den prestigeträchtigsten Trabrennen der Welt und wird seit 1952 alljährlich auf der Trabrennbahn in Solvalla ausgetragen. Das Rennen über eine Meile (1,6 km) gilt auch als inoffizielle Sprint-Weltmeisterschaft der Traber. Infos: www.elitloppet.se.

Juni

Stockholm Early Music Festival: Seit 2002 wird an fünf Tagen in der ersten Juniwoche dieses größte skandinavische Musikfestival für mittelalterliche, barocke und Renaissance-Musik in Gamla Stan abgehalten. Die Konzerte finden mittags im Königlichen Münzkabinett, nachmittags in der Finnischen Kirche und abends in der Deutschen Kirche statt. Infos: www.semf.se.

Stockholm Marathon: Ebenfalls Anfang Juni laufen rund 18.000 Teilnehmer aus über 40 Ländern die Marathonstrecke ab/bis Olympiastadion und über die diversen Stockholmer Inseln. Das seit 1979 durchgeführte Sportereignis ist das größte dieser Art in Skandinavien und wird von mehreren Hunderttausend Zuschauern verfolgt. Infos: www.stockholmmarathon.se.

Nationaldagen (Nationalfeiertag, 6. Juni): Am Nationalfeiertag ist ganz Stockholm mit Flaggen und Fähnchen in den schwedischen Farben geschmückt, überall gibt es Musik und Paraden. Der Höhepunkt ist der Besuch der Königlichen Familie auf Skansen zur Hauptveranstaltung. Im Königlichen Schloss ist „Tag der offenen Tür". Davor werden auf Skeppsbron 50.000 gelbe und blaue Luftballons fliegen gelassen.

Skärgårdsbåtens dag (Tag des Schärenbootes): Seit 1964 gibt es, meist am zweiten Mittwoch im Juni, eine Parade der Oldtimer-Boote, die zu den Schären und auf dem Mälarsee unterwegs sind. Gegen 18 Uhr starten die geschmückten Dampfer unter lautem Tuten am Strömkajen und fahren nach Vaxholm, wo an diesem Tag ein Volks- und Hafenfest stattfindet (Rückfahrt gegen 21.30 Uhr). Infos: www.skargardstrafikanten.se.

Midsommar (Mittsommerfest): Das wohl wichtigste Fest Schwedens wird jeweils an dem Wochenende gefeiert, das dem 21. Juni am nächsten liegt. Mittsommerfeuer brennen in vielen Parks und an den Ufern der Stadt, dazu gibt es traditionelle Tänze um die mit Birkengrün geschmückte Mittsommerstange (majstång), Volksmusik und viel Alkohol. Besonders aufwändig und mit viel Folklore wird Mittsommer auf Skansen gefeiert.

Juli

Gotland Runt: Zum Monatswechsel Juni/Juli ist Stockholm Start- und Zielpunkt einer der weltweit größten und bedeutendsten Regatten. Die Teilnehmer der Regatta (offiziell: ÅF Offshore Race; organisiert vom Segelclub KSSS) segeln durch den Schärengarten zur Ostseeinsel Gotland, umrunden diese und fahren zurück nach Stockholm. Seit 2011 ist die Startlinie mitten im Stockholmer Hafen, zwischen Kastellholmen und dem Stadsgårdskajen. Infos: www.ksss.se.

DN-Galan: Seit 1967 trifft sich jedes Jahr im Juli die internationale Leichtathletik-Elite im Stockholmer Olympiastadion zu Wettkämpfen. Seit über 20 Jahren bekommt jeder Athlet, der bei der DN-Gala einen neuen Weltrekord aufstellt, einen 1-Karat-Diamanten als kleines Extra! Infos: www.diamondleague-stockholm.com.

Tjejmilen: Ebenfalls im Juli lockt dieser 10-Kilometer-Langstreckenwettlauf für Frauen jedes Jahr rund 25.000 Teilnehmerinnen nach Stockholm. Start und Ziel des Laufes, der u. a. durch Djurgården und über die Insel Lidingö führt, ist Gärdet. Infos: www.tjejmilen.se.

Stockholm Pride: Zehn Tage lang weht Ende Juli/Anfang August die Regenbogenfahne über Stockholm. Das größte Schwulen- und Lesbenfest des Nordens hat seinen Höhepunkt in der Pride-Parade durch den trendigen Stadtteil Södermalm, doch überall in der Stadt finden zu diesem Zeitpunkt Veranstaltungen, Debatten, Filmvorführungen o. ä. statt. Die Hauptbühne befindet sich im Pride Park (Fiskartorpsvägen 2) nördlich des Olympiastadions. Infos: www.stockholm pride.org.

August

Kulturfestivalen: Eine ganze Woche lang treten bei Stockholms größtem Kulturevent (2015 vor insgesamt 850.000 Besuchern!) Musiker, Schauspieler, Tänzer, DJs und andere Künstler aus Schweden und aller Welt auf. Die Hauptbühne befindet sich auf dem Gustaf Adolfs torg. Infos: www.kulturfestivalen.stockholm.se.

Midnattsloppet (Mitternachtslauf): Der 10-km-Mitternachtslauf Mitte August ist mit über 16.000 Teilnehmern und rund 200.000 Zuschauern nicht nur das zweitgrößte Lauf-Ereignis, sondern hat auch mit Getränke-Ständen, Samba-Gruppen und Livebands entlang der Route durch Södermalm mitreißende Volksfest-Qualität. Infos: www.midnattsloppet.com.

September

Stockholm Beer & Whisky Festival: Seit 1992 wird am letzten September- und am ersten Oktober-Wochenende das landesweit größte Fest gefeiert, in dem Bier, Cidre und Whisky im Vordergrund stehen. Zentrum der Aktivitäten ist der Augustendalstorget in Nacka Strand, wo nicht nur rund 500 schwedische und internationale Getränkemarken vorgestellt und verkostet werden, sondern es auch ein musikalisches und gastronomisches Begleitprogramm sowie Seminare und Preisverleihungen gibt. Infos: www.stockholmbeer.se.

Oktober

Stockholm Open: Das internationale Tennisturnier (ATP-Turnier), das seit 1969 Mitte Oktober ausgetragen wird, hatte seine glorreichsten Zeiten, als Spieler wie John McEnroe, Stefan Edberg und Boris Becker hier dominierten. Mit Ausnahme einiger Jahre in der Globen Arena fand und findet das Turnier in der Königlichen Tennishalle (Lidingövägen 75) statt. Infos: www.ifstockholm open.se.

Stockholm Jazz Festival: Das renommierte und traditionsreiche Musik-Event hieß früher Jazz & Blues Festival und fand im Juli und oft Open Air statt. Seit 1980 trat hier alles auf, was in der Szene Rang und Namen hatte, etwa Dizzy Gillespie, Stan Getz, Count Basie und B.B. King. Heutzutage ist das Festival auf 10 Tage ausgedehnt und auf Indoor-Bühnen wie das Konzerthaus, das Kulturhaus und den Fasching Jazzclub beschränkt. In den letzten Jahren sind beim „Jazzathon" mehrfach Weltrekorde gebrochen worden, indem in mehrtägigen ununterbrochenen Jam-Session mit jeweils über hundert Musikern Konzerte gegeben wurden. Infos: www.stockholmjazz.com.

November

Stockholm Filmfestival: 1990 wurde das erste Stockholm Filmfestival mit dem Film „Wild at Heart" von David Lynch eröffnet. Seitdem zeigt man in 10 Kinos der City alljährlich Filme etablierter sowie unbekannter internationaler Regisseure. Das Festival findet an vier Tagen im November vor einem breiten Publikum statt. Die Preise werden in 14 Kategorien vergeben, der wichtigste ist das „Bronzepferd", das mit 7,3 kg als schwerster Filmpreis der Welt gilt. Infos: www.stockholmfilmfestival.se.

Dezember

Nobeldagen (Tag der Nobelpreisverleihung, 10. Dezember): Dieser Tag steht in Stockholm ganz im Zeichen der Nobelpreisverleihungen durch König Carl XVI. Gustaf. Vor allem vor dem Konzerthaus (Zeremonie) und dem Stadthaus (Bankett) sowie vor den Hotels der Nobelpreisträger herrscht dann ein großer Auftrieb von Persönlichkeiten aus aller Welt, Medienvertretern und Zuschauern. Infos: www.nobel.se.

Santa Lucia (Luciafest, 13. Dezember): Weil einst der 13. Dezember als kürzester Tag des Jahres galt, etablierte sich in Schweden das traditionsreiche Mittwinterfest zu Ehren der Lichterkönigin Lucia. U. a. Krankenhäuser, Kirchen, Altenheime und Kindergärten werden von jungen, weiß gewandeten und singenden Mädchen mit einer Lichterkrone auf dem Kopf besucht. Infos: www.skansen.se.

Traditionelle Weihnachtsmärkte: Die größten Weihnachtsmärkte gibt es im Kungsträdgården und auf Skansen.

Reisepraktische Informationen

Information
Stockholm Visitor Center, Kulturhuset, Sergels torg 3–5, Tel.: +46-8-50828508, Instagram/Facebook/Twitter: @visitstockholm, www.visitstockholm.com, Jan.–April Mo–Fr 9–18, Sa 9–16, So 10–16 Uhr, Mai–Mitte Sept. Mo–Fr 9–19, Sa 9–16/18, So 10–16 Uhr. Beratung, Hotelbuchungen, Stadtpläne und -prospekte wie „What's on", Verkauf von Tickets für Veranstaltungen und des Stockholm Pass.
Eine weitere Touristeninformation befindet sich im **Airport Arlanda** (Ankunftshalle Terminal 5; u. a. Hotelbuchungen, Verkauf des Stockholm Pass, Fahrkartenverkauf für Flughafenbusse und Arlanda-Express). Ansonsten gibt es u. a. im **Hauptbahnhof** sowie in den Kaufhäusern **Nordiska Kompaniet** und **Gallerian** Touristeninformationen. Informationen über die Stockholmer Schären gibt: **Stockholms Skärgård**, Strandvägen, Kajplats 18, Tel. 08 100 222, www.visitskargarden.se.

Stockholm Pass
Wie in vielen anderen Städten auch gibt es in Stockholm eine Karte, die für eine gewählte Zeitdauer zu einem festen Preis freien Eintritt in Museen und Attraktionen ermöglicht. Den Stockholm Pass, der 2016 die bisherige Stockholm Card ablöste, gibt es für 1, 2, 3 oder 5 Tage. Zu den **Museen** und **Kirchen** mit freiem Eintritt gehören u. a. Nobelmuseum, Fotografiemuseum, Vasamuseum, Königl. Schloss mit Antiquitätenmuseum und viele andere mehr. Zu den **Attraktionen** gehören u. a. Gröna Lund, Junibacken, Sky View, Tom Tits Experiment, Casino Cosmopol. Zu den **Boots-** und **Sightseeingtouren** (z. T. auch mit Führungen am Zielort) gehören u. a. Bootstouren zum Schloss Drottningholm, nach Sigtuna, zum Schloss Skokloster, nach Vaxholm, diverse Kanalrundfahrten, Sightseeing-Touren mit dem Bus, Nutzung der Hop-on/Hop-off-Bus- und Bootstouren, geführte Altstadt-Wanderung.
Zudem bekommt man in einigen Museen, deren Eintritt frei ist, mit dem Stockholm Pass einen **kostenlosen Audioguide** (Königl. Münzkabinett, Armee-Museum, Mittelaltermuseum), einen 20-%-Rabatt im ABBA-Museum sowie diverse **Vergünstigungen** bei Fahrrad-, Kanumiete und Flughafenbus.
Gegen einen Aufpreis bekommt man zum Stockholm Pass auch die **Travelcard,** die die freie Nutzung des gesamten ÖPNV (Busse, S-Bahn, U-Bahn, Fähren) ermöglicht.
Die Frage, ob sich der Erwerb des Stockholm Pass lohnt, hängt ganz vom Besichtigungsprogramm und der individuellen Planung ab. Dabei sollte man bedenken, dass einige Stockholmer Museen ohnehin freien Eintritt gewähren und in sehr vielen Kinder und Jugendliche bis 17, 18 oder sogar 19 Jahren nichts zahlen müssen. Wer allerdings an einigen Bootstouren teilnehmen und mehrere hochpreisige Museen wie das Vasa-Museum besuchen möchte, könnte in zwei Tagen in etwa so viel sparen, wie ein zweiter Stockholm-Pass kosten würde! Oft werden übrigens auf den Websites wie www.visitsweden.com Rabattaktionen durchgeführt, bei denen in gewissen Zeiträumen der Stockholm Pass deutlich günstiger erworben werden kann. Oder, wenn man IKEA-Family-Mitglied ist, den Drei-Tage-Pass zum Preis des Zwei-Tage-Passes bekommt.

Preise (Stand 2018)					
Stockholm Pass			Travelcard		
	Erwachsener	Kind (6–15 Jahre)		Erwachsener	Kind
1 Tag	SEK 645	SEK 323	**24 Std.**	SEK 125	SEK 85
2 Tage	SEK 845	SEK 423	**72 Std.**	SEK 250	SEK 165
3 Tage	SEK 1.045	SEK 523			
5 Tage	SEK 1.345	SEK 673			

Stichwortverzeichnis

Der Autor

Ulrich Quack, in Wegberg am Niederrhein geboren, ist als Studienreiseleiter und Reisejournalist tätig und an kulturgeschichtlichen Publikationen und Filmen beteiligt. Schweden gehört beruflich und privat zu seinen bevorzugten Zielen. Stockholm ist für ihn eine der schönsten und spannendsten Städte Europas. Besonders faszinieren ihn die Perspektiven, die man von Södermalm aus auf die Stadt, die Ostsee und den Mälarsee hat und die je nach Tages- und Jahreszeit wechseln. Sein Lieblingsplatz? „Die Stadt ist voller ‚Lieblingsplätze'. Aber an einem sonnigen Mittag am Ufer von Kastellholmen picknicken oder den Sonnuntergang über dem Mälarsee auf Riddarholmen beobachten – das ist Stockholmgenuss pur!" In Iwanowski's Reisebuchverlag sind von ihm weitere Bände vorwiegend zum skandinavischen Raum erschienen, u. a. Schweden, Norwegen, Dänemark und 101 Kopenhagen.

Bildnachweis

ABBA-The Museum: S. 78, 79; Lola Akerström/imagebank.sweden.se: S. 122–123, 126; Anna Andersson/imagebank.sweden.se: S. 88; Tommy Andersson/imagebank.sweden.se: 91; Astrid Lindgrens Värld: S. 165; Gerhard Austrup: 121, 189; Lina Bielsten, www.ostermalmshallen.se: 40; Rolf Cederström/waldermarsudde.se: S. 65; Melker Dahlstrand/imagebank.sweden.se: S. 21, 178; Alexis Dalfoss/kungahuset.se: S. 41; Lars Edelholm/waldermarsudde.se: S. 64; Ingemar Edfalk/imagebank.sweden.se: S. 42; Nationalmuseum/Bruno Ehrs: S. 62; Magnus Elgquist, www.ostermalmshallen.se: S. 204; Ola Ericson/imagebank.sweden.se: S. 6, 16, 17, 27, 28, 49, 55, 61, 90, 128, 134, 138, 153; Tuukka Ervasti/imagebank.sweden.se: 92, 93, 180, 188, 196, 199, 211; Dirk Kruse-Etzbach: S. 8, 10–11, 13, 14, 15, 18, 19, 20, 22, 24, 25, 32, 33, 35, 37, 39, 43, 45, 46, 52, 53, 58–59, 60, 63, 68, 69, 70 (oben), 73, 74, 75, 98, 99, 100, 102, 103, 110, 111, 124, 125, 130, 132, 140–141, 144, 145, 146, 147, 148, 149, 161, 167, 177, 182–183, 184, 194, 202–203, 205, 212, 216, 217, 218–219, 220, 221, 222, 223, 226, 227, 228, 229, 238; Fem Sma Hus: S. 215; fjaderholmarnaskrog.se: S. 154, 155; flickr.com: S. 26 (Auntjojo), 47 (Manuel Menal), 56 (Tony Webster), 84 (Guillaume Baviere), 85 (Thérèse Hébert & Jean Robert Thibault), 89 (Santi Villamarin), 104, 106 (webbgun), 105 (Udo Schröter), 135 (Helen Simonsson) , 137 (Carles Tomas Marti), 198 (Per Olof Forsberg) unter https://creativecommons.org/licenses/by/2.0/; 108 (Derbeth), 109 (Balazs Szanto) unter https://creativecommons.org/licenses/by-sa/2.0/; 142, 143 (Arild) unter https://creativecommons.org/licenses/by/4.0/; Gösta Florman (1831–1900) / The Royal Library: S. 66; fotolia.de: S. 76 (Mikhail Markovskiy/© VG Bild-Kunst, Bonn 2018), 77 (nizzit/© VG Bild-Kunst, Bonn 2018), 133 (SophySweden), 139 (Allan), 232 (Gunnar); Stefan va (Frantzén Group): S. 208; Tove Freiij/imagebank.sweden.se: S. 81; Conny Fridh/imagebank.sweden.se: S. 192, 213; Viktor Gårdsäter/Folio/imagebank.sweden.se: S. 171; Grand Saltsjobaden: S. 236; Gyldne Freden: S. 214; Historiska Museet: S. 70 (unten), 71; Sara Ingman/imagebank.sweden.se: S. 179; Karolina Kristensson/Nordiska Museet: S. 112; kungstornet.se: S. 113; langholmen.com: S. 131, 186; Cecilia Larsson Lantz/imagebank.sweden.se: S. 50, 54, 80, 96–97, 114, 115, 116; Mona Loose/imagebank.sweden.se: 127; Ulf Lundin/imagebank.sweden.se: S.107; Maria Ljunggren/SMM: S. 44; Mallofscandinavia.org: S. 119 (oben); Katarina Nimmervoll/Historiska Museet: S. 162–163; Nobel Media AB 2015. Photo: Alexander Mahmoud: S. 67; Nordiska Kompaniet: S. 195; Werner Nystrand/Folio/imagebank.sweden.se: S. 166, 176; Oaxen Krog: S. 209; Simon Paulin/imagebank.sweden.se: S. 48, 51, 82–83, 95, 190–191, 201; Miriam Preis/imagebank.sweden.se: S. 210; Magnus Rietz/stromma.se: S. 160; Carolina Romare/ imagebank.sweden.se: S. 206, 207; Sofia Sabel/imagebank.sweden.se: S. 197; Lioba Schneider/jumbostay.se: S. 187 (2x); Mikael Sjoberg: S. 200; Skokloster: S. 230 (2x), 231; National Museum of Natural History, Martin Stenmark: S. 168, 169; Strömma.se: S. 152, 158, 159, 224, 225, 234, 235; Sture plansgruppen.se: S. 34; Martin Svalander/imagebank.sweden.se: S. 164; Patrik Svedberg/imagebank.sweden.se: S. 94; Gomer Swahn, Kungl. Hovstaterna: S. 129; Sweden Arena Management: S. 118, 119 (unten); Björn Tesch/imagebank.sweden.se: S. 36, 156; Henrik Trygg/imagebank.sweden.se: S. 150–151, 174, Helena Wahlmann/imagebank.sweden.se: S. 172–173; Susanne Walström/imagebank.sweden.se: S. 87, 170; Wikipdia: Hesekiel S. 30, Stern S. 31, unter http://creativecommons.org/licenses/by-sa/3.0/.

Vordere Umschlagklappe: Dirk Kruse-Etzbach (Nr. 1, 3, 6, 7), Ola Ericsson/imagebank.sweden.se (Nr. 2, 4 und Buchrückseite unten), Martin Svalander/imagebank.sweden.se (Nr. 5), Lola Akerström/imagebank.sweden.se (Buchrückseite oben).

IWANOWSKI'S REISEBUCHVERLAG

EUROPAS NORDEN

Das komplette Verlagsprogramm finden Sie unter www.iwanowski.de

Iwanowski's Reisebuchverlag GmbH
Salm-Reifferscheidt-Allee 37 | D-41540 Dormagen
Tel: +49 (0) 21 33/26 03-0 | Fax: -34
E-Mail: info@iwanowski.de

IWANOWSKI'S REISEBUCHVERLAG

REISEFÜHRER AUF EINEN BLICK

REISEHANDBÜCHER

Afrika
Äthiopien *
Botswana *
Kapstadt & Garden Route *
Kenia/Nordtanzania *
Madagaskar *
Mauritius mit Rodrigues *
Namibia *
Réunion *
Ruanda *
Seychellen
Südafrika *
Uganda *

Amerika
Bahamas
Barbados, St. Lucia & Grenada
Costa Rica *
Chile mit Osterinsel *
Florida *
Guadeloupe
Hawaii *
Kalifornien *
Kanada/Osten *
Kanada/Westen *
Karibik/Kleine Antillen *
New York *
USA/Große Seen|Chicago *
USA/Nordosten *
USA/Nordwesten *
USA/Ostküste *
USA/Süden *
USA/Südwesten *
USA/Texas & Mittl. Westen *
USA/Westen *

Asien
Oman *
Rajasthan mit Delhi & Agra *
Shanghai *
Singapur *
Sri Lanka *
Thailand *
Tokio mit Kyoto *

Australien / Neuseeland
Australien *
Neuseeland *

Europa
Berlin *
Dänemark *
Finnland *
Irland *
Island *
Lissabon *
Madeira mit Porto Santo *
Malta, Gozo & Comino *
Norwegen *
Paris und Umgebung *
Piemont & Aostatal *
Rom *
Schottland *
Schweden *
Tal der Loire mit Chartres *

101...-Serie: Geheimtipps und Top-Ziele
101 Berlin *
101 Bodensee
101 China
101 Deutsche Ostseeküste
101 Florida
101 Hamburg *
101 Indien
101 Inseln
101 Kanada/Westen
101 Kopenhagen *
101 Lissabon *
101 London *
101 Mallorca
101 Namibia
101 Nepal
101 Reisen für die Seele – Relaxen & Genießen in aller Welt
101 Reisen mit der Eisenbahn – Die schönsten Strecken weltweit
101 Safaris
101 Skandinavien
101 Stockholm *
101 Südafrika
101 Südengland
101 Tansania
101 Wien *

REISEGAST

in ...
Ägypten
China
England
Indien
Japan
Korea
Polen
Russland
Südafrika
Thailand

Reise-Blog ...
IWANOWSKI.DE/BLOG

Legende:
* mit Extra-Reisekarte
auch als ebook (epub)
Karten gratis downloaden

Das komplette Verlagsprogramm finden Sie unter www.iwanowski.de

Iwanowski's Reisebuchverlag GmbH
Salm-Reifferscheidt-Allee 37 | D-41540 Dormagen
Tel: +49 (0) 21 33/26 03-0 | Fax: -34
E-Mail: info@iwanowski.de